KB040646

CPS 창의적 문제해결

– 창의력 교육의 길을 찾다

CREATIVE PROBLEM SOLVING

김영채 · 정세영 · 정혜인

박영사

머리말 PREFACE

본서는 창의적 사고와 창의적 문제해결의 기능과 전략을 교육하기 위한 창의력 교육프로그램을 다루고 있다. 창의적인 사람은 신선하고 새로운 방식으로 사고할 줄 알며 남들보다 한발 앞서 도전할 줄 아는 기업가 정신의 사람이다. 이들은 끊임없이 지식과 경험을 업데이팅 하며 습득한 것들을 비판적으로 활용하고 종합하여 새로운 아이디어와 지식을 재생산할 줄 아는 사람이다. 이들은 특별한 성격이나 타고난 재능 때문이 아니다. 구체적인 내용의 창의적 사고 자체는 자기 스스로 발견하고 훈련해야 하지만 문제해결의 요소가 되는 기능과 전략은 가르칠 수 있다. 본서는 다음과 같은 몇 가지 내용에 초점을 두고 있다.

1. 천재의 창의력(창의성)이 아니라 '일상의 창의력'을 다루며 창의력(창의적 사고능력)이란 문제해결을 위한 사고의 기능이고 전략이라 정의한다. 그리고 창의적인 잠재능력은 보편적이며 훈련과 노력을 통하여 상당 수준까지 개발될 수 있다고 전제한다.
2. 창의적 문제해결에는 발산적(확산적) 사고와 수렴적(비판적) 사고가 균형 있게 작동되어야 한다. 발산적 사고는 '많은' 아이디어들을 생성해 내는 사고이다. 그것이 창의적 문제해결에 가장 중요하기는 해도 그래도 그것만으로 충분한 것은 아니다. 창의력이라 하면 발산적 사고를 떠올리고 그것이 창의력 교육의 전부라 믿는 사람도 있다. 그러나 창의적 문제해결에는 발산적 사고와 수렴적 사고가 두 개의 축으로 상보적으로 동행하여 수행되어야 한다.
3. 4장(문제의 확인/발견)에서 7장(미니 버전)까지는 창의적 문제해결의 과정을 CPS 문제해결 모형에 따라 6개 단계로 나누어 단계별로 관련의 이론과 함께 '연습 활동'들을 제시하고 있다. 각기의 단계에는 '생성하기'와 '수렴하기'의 두 개의 국면이 차례대로 작동하고 있는데, '생성하기'는 발산적 사고이고 '수렴하기'는

수렴적 사고이다. 이들 기초적 사고 과정은 그 자체가 목적이 아니라 창의적 문제해결을 위한 수단이다. 각 단계의 '연습 활동'은 여러 가지 장면의 것들을 비교적 다양하게 제시하고 있어 학습자의 요구와 수준에 따라 선택적으로 사용할 수 있다. 그리고 일부의 '연습활동'에 대해서는 별도로 핵심의 포인트를 설명하거나 바른 해답을 제시하고 있다.

창의적 사고의 기능과 전략을 교육하는 것은 자동차 운전을 교육하는 것에 비유해 볼 수 있다. 자동차 운전은 의도적이고 계획적으로 배우고 가르쳐야 한다(남이 운전하는 것을 들여다본다고 될 일이 아니다). 자동차 운전교육은 안전한 교습소에서 기초적인 운전방법을 익히고, 다음으로 실제의 도로현장에서 가이드를 받으며 안전 운전하는 것을 배운다. 그리고 현장운전의 경험이 쌓이면 운전하는 실력은 정교하게 다듬어지고 거의 반자동적인 좋은 습관으로 성장해 가게 된다. 창의적 문제해결력의 교육도 이와 매우 비슷해 보인다.

학습과 사고는 나누어진 둘이 아니라 통합된 하나이고 하나 되게 해야 한다. 더 많은 창의적 사고는 더 많은 내용지식을 리드하고, 더 많은 내용 지식은 더 높은 창의력으로 리드할 수 있어야 한다. 우리는 지식을 사고하고 경영할 줄 아는 창의적인 역량을 교육할 수 있어야 한다. 졸저 '학교 창의력'(2021, 박영사)은 창의력을 교과수업과 창의적 체험활동을 중심으로 보다 포괄적으로 접근하고 있어 본서에서 다루고 있는 'CPS 창의적 문제해결'을 좀 더 넓은 시각에서 이해하는 데 참고될 수 있을 것이다. 이들이 학교의 창의적인 교수학습과 사회실현 그리고 비즈니스의 생산성과 경쟁력을 향상시키는 데 도움될 수 있기를 기원한다.

이렇게 원고를 마무리하게 되니 깊은 감회를 느끼게 된다. 그리고 여러 선생님들에게 감사의 말씀을 전하고 싶다. 학문의 길을 안내해 주신 국내외의 여러 선생님들에게 깊은 사은의 말씀을 드린다. 여러 선생님들은 이미 고인이 되셔서 마음이 많이 허허해진다. 대한사고개발학회의 동학들과 연구소의 스텝들에게도 고마움을 전한다. 마지막으로 출판을 맡아준 박영사의 안종만 회장, 안상준 대표 그리고 장규식 과장과 편집을 맡아주신 이면희 선생님께 감사드립니다.

2021. 5

김 영 채

CPS 창의적 문제해결력, 교육 프로그램의 구성과 지도요령

창의적인 사람은 '새로운' 방식으로 생각하고 남들보다 한발 앞서 도전할 줄 아는 미래지향적인 사람이다. 이들은 계속하여 공부하고 업데이팅 하며 획득한 지식을 비판하고, 활용하며, 새로운 아이디어와 지식으로 재생산할 줄 아는 사람이다. 이들은 특별한 성격이나 타고난 재능 때문이 아니다. 그런데 창의적인 사람을 교육하고 향상시키려면 크게 보아 세 가지의 노력을 투자해야 한다. 하나는 새롭게 경험하고 도전해 보는 다양한 맥락의 기회를 제공해야 하고, 둘째는 이들을 활용할 때 격려하고 도와주는 것이고, 셋째는 창의적으로 사고하고 행동할 때 수용하고, 보상하고 그리고 가이드 하는 것이다. 이러한 원칙은 창의력 교육 프로그램을 실제로 지도하는 과정에서도 마찬가지로 적용되어야 한다.

Ⅰ. 교육 프로그램의 구성

1. 1장(창의력의 개관)은 창의력에 대하여 개괄적으로 이해하고 적극적인 삶의 태도를 향상시키는 것을 강조하고 있다.
2. 2장(발산적 사고)과 3장(수렴적 사고)은 창의적 문제해결을 위한 기초적인 사고의 내용과 사고도구들을 다루고 있다.
   - 발산적 사고는 '많은' 아이디어들을 생산해 내는 것이며 창의적 문제해결의 핵심적인 사고기능이다.
   - 수렴적 사고와 발산적 사고의 차이를 제대로 이해해야 한다. 수렴적 사고는 생성해 낸 아이디어들을 평가하고 판단하는 것이므로 발산적 사고와는 '목적'이 다르다.
   - 발산적 사고와 수렴적 사고는 창의적 문제해결 과정의 두 개의 축이기 때문에 서로 상보적으로 그리고 균형 있게 사용되어야 한다.

3. 4장(창의적 문제해결(I) – 문제의 확인/발견) ~ 7장(창의적 문제해결 – 미니버전)은 창의적 문제해결의 과정을 CPS 모형에 따라 6개의 단계로 나누어 제시하고 있다.

- 각기의 단계는 개괄적인 내용과 함께 이를 구체적으로 적용하고 익히기 위한 '연습활동'으로 이루어져 있다.
- 각기의 단계에는 '생성하기'와 '수렴하기'의 두 개의 국면이 차례대로 작동되어야 한다. '생성하기'는 발산적 사고이고, '수렴하기'는 수렴적(비판적) 사고이다.
- 발산적 사고와 수렴적 사고의 두 가지의 사고과정과 이들을 위한 사고도구들은 그 자체가 목적이 아니라 문제해결을 위한 수단이다. 그러므로 다양한 장면에서 다양한 버전의 자료를 가지고 이들을 연습해야 한다.
- 이들 사고기능과 문제해결의 전략이 문제/도전의 요구에 따라 반자동적으로 사용할 수 있게 할 수 있는 대로 자주 연습해야 한다. '전략'이란 사고의 도구/방법을 선택적으로 활용하고 문제해결의 과정을 통제할 수 있는 요령이다.

Ⅱ. 교육 프로그램 연습활동의 지도요령

1. (준비)

- 커다란 보드(용지)와 포스트잇 등의 용품을 준비한다.
- 기록자와 사회자(진행자)를 결정한다. 기록자는 참가자들의 반응을 한두 개의 단어로 간단하게 그리고 빠르게 기록한다. 또는 발표할 내용이 적힌 포스트잇을 읽고 보드 위에 붙인다. 사회자는 진행이 즐겁게 그리고 자유롭게 이루어지게 하며, 가능한 자신의 의견은 자제한다. 사회자가 기록자를 겸할 수도 있다. 기록자를 가끔씩 바꾸어 여러 사람이 기록자 경험을 가져보게 하는 것도 중요하다.

2. (소집단 활동)

- 개인 활동이나 전체 집단 활동뿐 아니라 가능한 몇 개의 소집단으로 나누어 활동하는 것을 권장한다. 활동을 할 때는 '협력의 원리'를 강조하며 다른 사람의 반응(의견)에 편승해 보고, 공동 작업하고 리더십 기능을 배우고 그리고 공동 작업으로 성공하는 경험을 가질 수 있게 한다.

• 가볍게 경쟁하는 분위기도 효과적일 수 있다. 그러나 '경쟁'이 물질적인 보상에 연계되어서는 안 되고 승리하는 자체를 즐기게 해야 한다. 그리고 누구나 승리하는 경험을 가질 수 있게 팀 구성을 수시로 바꾼다. 경쟁은 반응의 개수(유창성 점수)를 기준으로 하되 점차 독창성의 개수나 독창적인 아이디어의 내용을 기준 하는 것으로 발전해 간다.

3. (연습활동의 지도)

• 각 장의 끝부분에는 비교적 다양한 종류의 '연습활동'들이 제시되어 있는데, 가용한 시간과 학습자/연수자의 수준에 따라 이들 가운데 선택하여 사용할 수 있다. 사고의 기능과 전략을 향상시키려면 다양한 영역과 맥락의 자료를 사용해야 하고, 또한 다양한 지시, 격려, 자극, 암시, 요구 등을 사용해야 한다. 연습활동들 가운데 일부는 7장의 말미에서 '핵심 포인트'를 별도로 설명하고 있다.

• 연습을 위하여 사용하는 자료는 비교적 쉬운 인위적인 과제(꾸며낸 것)에서 '현실 과제'를 다루는 것까지 발전해 가고 있다. 그러나 인위적 과제 – 현실적 과제 – 현실 과제들을 적당히 섞어 연습하는 것이 효과적이다.

• 어떤 발산적/수렴적 사고도구 또는 문제해결의 어떤 단계를 사용할 때는 그것을 '왜'(목적) 사용하며, '어떻게' 사용하며, 그리고 '어떤' 결과(효과)를 기대할 수 있는지를 주목하고 확인한다. 그리하여 사고기능(방법)과 전략을 이해하고 적용하는 능력뿐 아니라 초인지적 사고능력을 기르며, 또한 문제해결에 대한 적극적인 태도와 자신감을 가질 수 있게 한다.

• 열린 문제와 열린 질문을 격려하며, '자유'와 '융통성' 있는 분위기를 강조한다. 진행자는 참가자들을 관심을 갖고 수용하고 존중해야 하며 미팅의 세션이 비판이나 판단으로부터 자유로운 분위기에서 진행되도록 노력해야 한다.

4. (연습활동의 종료)

• 사람들은 다양한 문제/도전들을 다루는 능력(기능)과 자신감이 생기면 이제는 더욱 스트레칭하여 지역사회의 실제생활 또는 비즈니스의 도전과 과제를 다루어 보는 기회/경험을 가지고 싶어 할 것이다. 그러므로 창의적 문제해결의 '행위계획'을 실행해 보거나 발명/발견의 기회를 가질 수 있게 배려해야 한다.

• 프로그램의 세션을 종료하기 전에는 다음과 같은 질문의 활동을 가진다.
  – 무엇이 잘되었고 가장 좋았는가?
  – 무엇이 부족했는가?
  – 앞으로 개선하면 좋을 것들은?

  이렇게 활동하면 전체 과정을 점검하고 반성해 보게 된다. 이러한 활동은 초인지적 기능을 개발하고 나아가 학습한 기능을 효과적으로 전이, 적용하는 데 도움 될 수 있다.

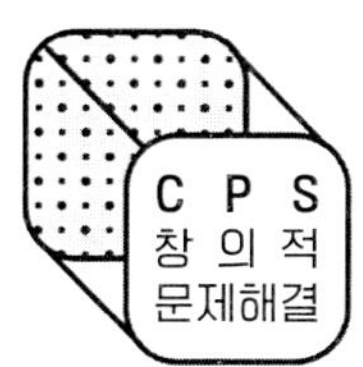

차례 CONTENTS

Chapter 04 창의적 문제해결(Ⅰ): 문제의 확인/발견

Chapter 05 창의적 문제해결(Ⅱ): 아이디어 생성

Chapter 06 창의적 문제해결(Ⅲ): 행위를 위한 계획

Chapter 07 창의적 문제해결: 미니 버전

Chapter 08 창의력의 평가

CHAPTER

01

창의력의 개관

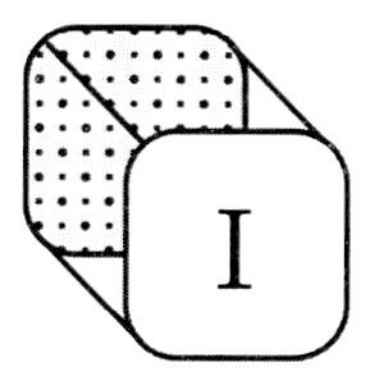

I 창의력의 이해

1. '왜' 창의력인가?

'왜' 창의력을 말하는가? 오늘날은 과학이나 비즈니스뿐 아니라 공부와 스포츠 등 사회의 어디서든 창의력의 중요성을 쉼 없이 강조하고 있다. 일상의 대화에서도 창의력이란 말은 매우 자연스럽게 사용되고 있다. 학교가 창의적이고, 부모 노릇이 창의적이고, 축구가 창의적이고 또는 손님 접대가 창의적이라 말하기도 한다. 사실 '창의적'이란 접두사를 붙여 말이 되지 않는 것이 없어 보인다. 왜? 그것은 세상이 과거의 어느 때보다 빠른 속도로 변화하고 있기 때문일 것이다.

살펴보면 사회변화의 속도와 범위가 가속화되고 있고 경쟁이 치열해지고 있다. 개인이나 조직은 새롭게 변화하지 않으면 시대를 앞서가기 어렵고, 때로는 생존이 어려울 수도 있다. 이와 함께 새로운 종류의 복합적인 과제들이 급증하고 있다. 그것은 새로운 지식, 정보 및 자료가 급속도로 발전하고 있기 때문이다. 그래서 오늘의 시대를 '지식 가치 시대', '지식 기반 시대' 또는 'AI 시대' 등으로 부르고 있다. 이러한 사회에서는 아이디어와 지식이 바로 가치와 부 그리고 권위의 원천이 된다.

이러한 변화는 학교를 위시한 사회 도처에 엄청나게 새로운 요구와 도전들을 제시하고 있다. 이들 가운데 가장 중요한 것은 아마도 '사고(생각)할 줄 아는 능력'일 것이다. 그것은 창의적이고 비판적인 생각의 힘일 것이며 한마디로 요약하면 '창의적인 문제해결의 능력', 즉 창의적인 사고 능력일 것이다. 창의력은 많은 독창적인 아이디어들을 생산해 내는 사고에 한정되지 아니한다. 창의적인 사고에는 분석적이고 논리적인 비판적 사고가 동행되어야 한다. 창의력의 중심에는 새로운 여러 아이디어를 생성해 낼 줄 아는 창의적(발산적) 사고와 생성해 낸 아이디어(대안)를 정리하고, 사정하고, 판단할 줄 아는 수렴적(비판적) 사고가 있어 이들은 상보적으로 동행하여 균형을 이루어야 한다. 학교는 이러한 창의적인 사고기능과 전략을 의도적으로 그리고 계획적으로 가르치고 배우게 해야 한다. 이러한 기능과 전략을 교과목을 공부/수업할 때뿐 아니라 교과 외 활동에서도 활발하게 적용하고 자동적인 것이 되도록 완성해 가게 도와주어야 한다. 학교는 (비즈니스 세상에서도 마찬가지이지만) 학생들에게 교과목의 내용 지식을 학습하여 익히도록 하는 데 만족해서는 안 된다. 학습한 내용지식을 '어떻게 사고' 하고 활용할 수 있는지를 학습과 함께 가르쳐야 한다. 거기에는 배운 지식을 적용하고 확대하고 새롭게 변환하고 조합할 줄 아는 창의적 사고의 기능과 전략이 당연히 포함될 것이다. 이것은 바로 교과 학습과 창의적 사고가 상호 의존하는 통합적 수업을 의미한다. 본서는 이러한 창의적 사고의 기능과 전략을 체계적으로 가르치고 있다. 다시 말하면 창의적이고 비판적인 사고의 기능(역량)과 전략을 직접적으로 연습하여 개발하고자 한다.

2. 창의력이란 무엇인가?

창의력(창의성)에 대한 정의는 비교적 다양하다. 창의(력)를 어떻게 정의하느냐는 것은 창의적 과정을 이해하고 교육하는 데도 중요하다. 창의력에 관한 연구는 창의력에 대한 정의와 내용을 개념화하면서 계속하여 진화하고 있다고 말할 수 있다. Torrance(2000)는 이렇게 말한다: "지난 세기 동안 창의력의 정의에 대한 논쟁은 계속되고 있다. 여러 가지 정의들이 내려지고 있지만 어느 것도 완전히 정확한 것은 아니다. … 정의는 끝없이 계속될 것이다. 그러나 사람들은 그것 때문에 불안해하지는 않을 것이며 오히려 창의력에 대하여 더 많이 알게 될 것이다. 정의를 너무 제한하는 것은 옳은 일이 아니다"(pp. 12－13). 창의력에 대한 정의의 진화는 창의력의 학문적 발전의 궤적이라 말할 수도 있다. 창의력(성)을 성격이나 산출이나 환경에 따라 정의할 수도 있지만 대부분의 연구자들은 창의력(성)을 '산출'(products)에 따라 또는 '과정'(process)에 따라 정의하고 있다.

(1) 산출에 따른 정의

대부분의 학자들은 창의력을 '산출'에 따라 정의하고 있다. 산출에는 연필이나 자동차와 같은 관찰 가능한 대상(산출)뿐 아니라 아이디어/지식, 마케팅 전략이나 서비스 등이 다양하게 포함된다. 여기서는 창의력에는 '새로움'과 '가치로움'의 두 가지의 요소 준거가 있다고 말한다.

(i) 새로움

'창의적인 것'(creativeness)은 '새로운' '것'이어야 한다. 이를 '신기성'이라 말하기도 한다. 여기서 말하는 '것'에는 행동, 아이디어, 대상, 현상, 제품, 서비스, 기술 및 과정(방법) 등이 모두 포함된다. J. P. Guilford(1950)는 창의력이란 '발산적 사고'(확산적 사고)와 같은 것이며, 그래서 '새로운'(new, novel) 것을 생성해 내는 사고라고 정의한다. 그러므로 새롭지 아니한 것은 어떠한 것도 '창의적인 것'이 아니다. 창의력에 대한 협의의 정의는 '창의력＝발산적 사고'라고 말한다.

그러나 창의(력)의 '새로움'에 대하여서는 몇 가지 질문이 따라오게 된다: 얼마만큼 새로워야 하는가? 누구에게 어떻게 새로워야 하는가? 새롭다는 것은 무엇인가? 기존의 것에서 다소간 '더 낫게'(better) 창의한 것인가, 아니면 기존의 것을 혁명적으로 갈아치우는 전혀 '다른'(different) 어떤 것인가? 새로움의 정도는 점진적인 것과 혁명적인 것의 두 개의 축을 가지고 있는 하나의 연속적인 스펙트럼으로 생각해 볼 수 있다. 이를 보여주고 있는 것이 [그림 1－1]이다.

그러나 새롭다고 모든 것이 창의적인 것이라 말할 수는 없다. '새로움'(신기성)이란 심리학적으로 정의하면 그것을 대하는 사람에게 '놀라움'(surprise)을 주는 어떤 것이며, 그래서 '놀랍다'고 느끼게 하는 것이다. 그러나 '새로움＝놀라움'만으로는 창의의 충분 조건이 되지는 못한다. 왜냐하면 창의적인 것은 새로우면서 또한 유용하고 가치가 있어야 하기 때문이다. 기존의 것을 맹목적으로 거부하거나 사회규범을 부정하거나 또는 광기로 자제력을 잃고 행동한다면 놀랍기는 하지만 그래도 우리는 이것을 '창의적'이라 부르지는 않는다. 이런 것들은 '의사 창의력'(擬似創意力, pseudo creativity)이라 부를 수 있을 뿐이다. 새로우면서 사회적으로도 '유용한 것'을 공적(公的) 창의력이라 하며, 사회적인 인정과는 관계없이 자신에게만 '새로운' 것을 사적(私的) 창의력이라 구분하기도 한다.

▼ [그림 1-1] 새로움: 변화의 스펙트럼

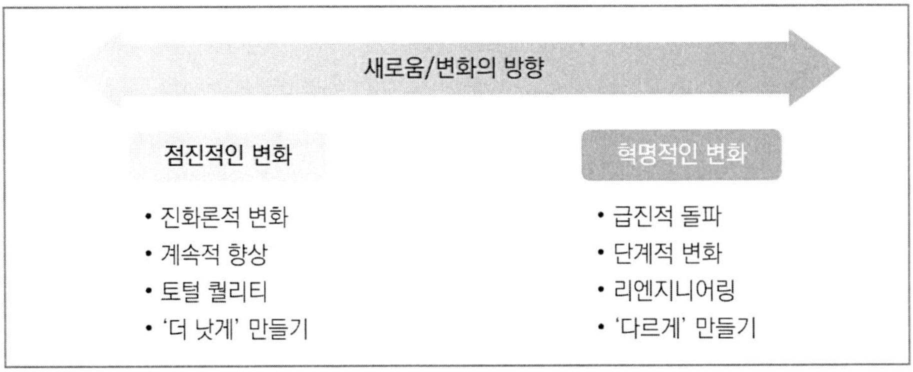

점진적인 변화	혁명적인 변화
• 진화론적 변화	• 급진적 돌파
• 계속적 향상	• 단계적 변화
• 토털 퀄리티	• 리엔지니어링
• '더 낫게' 만들기	• '다르게' 만들기

새로움/변화의 방향 →

(ii) 가치로움

창의적인 것은 '새로운' 것이어야 할 뿐 아니라 한걸음 더 나아가 그것은 '가치 있는' 것이어야 한다. '가치로움' 대신에 '유용한'(유용하고 가치 있는)이란 표현도 자주 사용되고 있다. 보다 정확히 표현하면 창의적인 것은 다루는 목표에 '적절하고'(relevant), '새롭고', '유용해야' 한다. 어떤 아이디어나 산출이 새롭다는 것은 기존의 것에서 얼마를 수정/변형한 것일 수도 있고 또는 매우 엉뚱해서 파열적 내지 혁명적인 것일 수도 있다. 그러나 그것이 어떠한 수준의 것이든 간에 창의의 산출은 목표에 적절하고, 새롭고, 유용하고 그리고 질적인 수준이 높아야 한다. 특히 비즈니스에서는 새로움, 독창성만으로는 충분하지 아니하다. 창의적이려면 아이디어가 비즈니스에 적합하고, 가치 있고 그리고 실행(사업화)이 가능해야 한다. 그리하여 제품을 향상시키거나 새로운 것을 생산해 내거나 또는 새로운 마케팅 방법을 창안하든지 하여 비즈니스에 이윤을 내고 도움이 될 수 있어야 한다. 가치 있는 것은 '만족감'을 느끼게 해 주는 어떤 것이다.

그리고 창의적인 것은 가치 있어야 한다는 것과 관련해서도 몇 가지 질문을 제기해 볼 수 있다. 창의적인 것은 반드시 가치가 있어야 하는가? 얼마만큼 가치 있어야 하는가? 그리고 가치가 있는지 없는지를 누가 판단하는가? 따져보면 생산해 낸 어떤 아이디어나 산출이 정말로 가치 있는 것인지는 생산자 본인이 판단하는 것이 아니다. 그것은 소비자나 그 분야의 전문가들의 몫이다. 어떤 새로운 아이디어나 산출에 대하여 가치 부여하는 것은 그것을 사용하는 소비자 또는 전문영역을 지키는 전문가들이기 때문이다.

이러한 의미에서 보면 '새로운' 것과 '유용한' 것은 본래적으로 모순적이고 갈등적인 것일 수 있으며 그래서 긴장을 유발하는 것 같이 보일 수도 있다. 새로워도 유용한 가치가 없으면 소용이 없고, 또한 유용한 것이지만 새로운 것이 아니면 이 또한 창의적인 것이 아니다.

(2) 과정에 따른 정의

창의력을 문제해결의 과정에 따라 정의하는 대표적인 사람에는 E. P. Torrance 그리고 Osborn 등의 CPS 사람 등이 있다. Torrance(1995)는 창의력을 창의적 사고라 부르면서 다음과 같이 정의 한다: "우리는 창의적 사고를 아이디어 또는 가설을 생성하고, 그것을 검증하고, 얻은 결과를 커뮤니케이션 하는 과정"(p. 42)이라 정의한다. 좀 더 자세하게 다음과 같이 정의하기도 한다: "창의적 사고란 우리가 어떤 문제, 어떤 결손 또는 어떤 지식에서의 괴리에 민감해지거나 그것을 자각하고, 그것에 대하여 가설을 형성하고 해결책을 찾으려 실험하고, 가설을 수정하고 교정하며 그리고 얻은 결과를 커뮤니케이션 하는 것이라 정의할 수 있다. 이러한 정의가 함의하고 있는 것은 새로운 어떤 것, 이전에는 본 적이 없거나 존재하지도 않았던 어떤 것을 창의해 낸다는 것이다. 그리고 거기에는 모험적인 사고, 자명하거나 평범한 사고에서 벗어나는 것 등이 포함된다. 그것은 알려지지 않고 아직 탐색되지 아니한 어떤 것에로 성공적으로 발을 들여 놓는 것이다"(p. 351).

또한 그는 창의력을 과정에 따라 정의할 때의 이점도 설명하고 있다: "나는 창의력을 성격, 산출 또는 환경보다는 하나의 과정으로 정의한다. 만약에 우리가 창의적 과정을 이해할 수 있다면 어떤 사람이 이러한 과정을 어떻게 마스트할 수 있으며, 거기에 어떤 종류의 환경과 어떤 종류의 산출이 포함되어 있는지를 알 수가 있을 것이다. 또한 나는 어린이들에게 그리고 그들의 창의에 더 많은 관심을 가질 필요가 있다고 생각한다"(p. 21). 실제로 그는 FPSP를 개발하거나, 창의적인 교수–학습 방법이나 창의적인 독서 방법을 다루거나 또는 창의력 검사 TTCT를 제작하면서 이러한 자신의 견해를 충실하게 따르고 있음을 본다.

마지막으로 어떻게 하면 어떤 것이 정말로 '창의적인' 것이라 말할 수 있는지를 Csikszentmihályi(1996)에 따라 마무리해 본다. 그는 '창의적', '창의적인 사람'이란 용어가 일상에서 아무렇게나 너무 광범위하게 사용되고 있음을 지적하면서 창의력을 다음과 같은 두 가지 현상과 구분하고 있다. 첫째는 귀에 쏙쏙 들어오는 머리 좋은 대화를 하고, 다양한 관심을 가지고 있고, 박학다식하여 많이 알며 그리고 머리가 잘 돌아가는 사람을 가리키는 것이다. 이들은 창의적이기보다는 '재능 있는' 또는 '똑똑한 사람'이라 말해야 한다.

둘째는 세상을 아주 새롭고 독창적으로 경험하는 사람을 가리킨다. 이들은 지각/이해가 신선하고, 판단이 매우 통찰적이며 중요한 발견을 하고 있을지도 모른다. 그러나 그것을(그러한 경험을) 아는 사람은 당사자 자기 자신뿐인 경우가 대부분이다. 그러므로 이들은 '개인적으로 창의적'이라 말할 수는 있어도 세상이 인정하는 진짜로 창의적인 사람은 아니다. 이들은 기껏해야 '사적으로' 창의적이라 말할 수밖에 없다.

진짜의 '창의'는 공적(公的)인 것이며 공공의 발전에 기여해야 한다. Edison, Picasso, Leonardo나 Einstein과 같이 우리들이 살아가는 문화를 어떤 중요한 면에서 변화시킨 사람들을 가리킬 때 '창의적'이란 용어를 사용하는 것이다. 각자의 분야에서 문화를 발전시킨 이들의 업적은 엄청나게 새롭고 유용할 뿐 아니라 그것은 사적인 경험이 아니라 '공적인'(public) 성취이기 때문이다.

그러나 이렇게 이야기한다고 하여 창의란 위대한 천재들만의 몫이고 일상을 살아가는 평범한 일반 사람들과는 상관이 없는 것처럼 잘못 이해해서는 안 된다. 그렇지 않다. 인간 세상에서 이루어지고 있는 창의적인 성취의 대부분은 −하는 일을 더 낫게 하고, 크고 작은 새로운 산출을 생산해 내는 것은− 결코 역사 교과서에 이름이 오를 것 같지 아니한 수많은 평범한 일상의 사람들이 만들어 내고 있음을 우리는 알고 있다. 그리고 학생들이 경험하는 새로운 학습은 대부분이 자신에게만 '새로운' 사적인 창의적인 것이다.

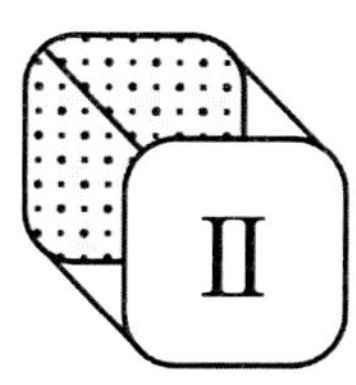

창의력의 유형

'창의적인' 것은 새롭고 독창적이며 또한 유용하고 가치 있는 것이다. 그러나 '새로움'(독창성)의 정도나 수준은 다양할 수 있으며, 그리고 창의가 미치는 효과나 임팩트의 스펙트럼도 많이 다를 수 있다. 이에 따라 '창의'는 몇 가지의 유형 내지 종류로 구분해 볼 수도 있다.

(1) H-창의(력)와 P-창의(력)

'H-창의'(historical creativity)는 역사적으로 새로운 창의를 말하고 반면에 'P-창의'(psychological)는 개인 자신에게 새로운 창의적인 것을 말한다. 개인의 지식에서 이전에는 없었던 가치 있는 아이디어를 생성해 내었다면 그것은 P-창의이다. 이렇게 보면 창의(력)는 새로운 학습과 비슷하게 된다. 그러나 그것이 자신뿐 아니라 역사상 다른 어느 누구도 생각해 본 적이 없는 것이라면 그것은 P-창의일 뿐 아니라 더 나아가 H-창의이다. Eysenck(1994)는 신기성, 즉 새롭다는 것에는 두 가지 서로 다른 의미가 있으며 이들을 구분하여 사용할 필요가 있음을 지적한다. 하나는 '개인적' 새로움(private novelty)이고, 다른 하나는 '공적인' 새로움(public novelty)이다(Eysenck, 1994). 전자는 자신이 발견한 것이 자신에게 새롭고 독창적인 것을 말하며, 후자는 자신뿐 아니라 공적으로 다른 여러 사람에게도 새로운 것을 말한다.

(2) 범례적 창의와 혁명적 창의

변화는 낮은 수준의 것에서 혁신적이고 혁명적인 높은 수준에 이르는 하나의 연속선 같은 것으로 생각해 볼 수 있다([그림 1-1] 참조). 전자는 기존의 것에서 수정·변형하여 다소간 '더 낫게' 하는 것이고 후자는 기존에는 볼 수 없었고 생각하지도 못했던 완전히 '다른' 혁명적이고 파열적인 것이다. 이들은 두 개 축을 가지고 있는 하나의 연속선적인 것이라 볼 수가 있다.

전자와 같은 낮은 수준의 창의를 범례적 창의(paradigmatic) 또는 점진적 창의(incremental)라 부르고, 후자와 같은 높은 수준의 것을 혁명적 창의(revolutionary) 또는 파열적 창의(disruptive)라 부른다. 우리가 접하는 대부분의 창의는 범례적, 점진적인 것이다. 그러나 위대한 발명과 같이 기존의 패러다임을 바꾸어버리는 '통찰이 번쩍이는' 혁명적인 창의도 적지 않게 발견할 수 있다.

(3) 소문자-c 창의(력)와 대문자-C 창의(력)

Craft(2003)는 창의를 소문자－c 창의(little－c creativity)와 대문자－C 창의(big－C creativity)로 구분한다. 그녀는 "창의란 독창적이면서 가치 있는 결과를 생성해 내는 상상적 활동"이라고 정의하면서 '상상적 활동'을 '가능성의 사고'로 좀 더 넓혀 정의한다. 대문자－C의 창의는 역사적이고, 혁신적인 산출을 생산해 내는 것으로 바로 창의력 관련의 서적에서 흔히 등장하는 거인들의 창의를 말한다. 반면에 소문자－c의 창의는 지금의 자기 자신에게 '새롭고', '더 나은' 것을 생성해 내는 것으로 "이렇게 보면 독창적인 아이디어나 어떤 방법을 찾아내는 창의는 학습 자체와 매우 비슷하다"(Craft 2003, p. 4). 그래서 창의는 학습의 한 형태라 말한다.

그런데 Kaufman & Baer(2004)는 보다 자세하게 '창의력의 네 가지 c 모형(Four c model)'을 제시하고 있다. 이 모형은 창의력을 미니－c, 리틀－c, 프로－c 및 빅－C'의 네 가지 수준으로 나누고 있다. 그리고 이 모형을 이론적으로 뒷받침하고 있는 것이 창의력의 위계적 모형인 APT 모형(Amusement Park Theoretical (APT) model of creativity)이다. '네 가지 c 모형'의 첫 번째는 '미니－c 창의력'(mini－c level creativity)이라 부르는데 이것은 어떤 경험, 행위 또는 사건을 새롭게, 개인적으로 유의미하게 해석할 줄 아는 창의력이다. 두 번째 수준은 '리틀－c 창의력'(little－c)인데 이것은 어떤 분야의 특별한 전문가가 아닌 개인의 일상의 창의적 행위를 말한다. 세 번째 수준은 '프로－c 창의력'(pro－c)은 전문가 또는 어떤 영역을 마스터 하여 전문지식을 가지고 있는 사람의 창의적 행위이다. 마지막 수준은 '빅－C 창의력'(Big－C)은 어떤 영역에서 혁명적인 유의미한 변화를 일으키고 역사책에 기록될 수 있는 창의적인 것이다. 그리고 APT 모형은 창의력에 대한 영역 일반적인(domain－general) 견해와 영역구체적인(domain－specific)

견해의 통합을 시도하고 있다. 요약하면 '미니-c', '리틀-c' 및 '프로-c'의 세 가지 수준까지는 소문자 c 창의력이고 '빅-C'는 대문자 C 창의력이다.

(4) 일상의 창의(력)와 천재의 창의(력)

초기의 창의력 연구는 주로 위대한 천재에 초점을 두었고, 그리하여 창의(력)라 하면 천재를 떠올리기 쉽다. 그러나 오늘날 대부분의 연구자들은 창의란 특별한 사람의 전유물이 아니라고 말한다. 그리고 거의 모든 평범한 사람도 창의적인 잠재력을 갖고 있을 뿐 아니라 실제로 역사를 움직여 가는 대부분의 창의는 평범한 사람들이 이루고 있음을 강조하고 있다. 이를 '보통 사람의 창의력', '일상의 창의력' 또는 '민주적 창의력' 등으로 부르고 있다. '일상의 창의력'에 포함되어 있는 몇 가지 가정들을 정리해 보면 다음과 같다.

(i) 창의(력)는 낮은 수준에서 높은 수준에 이르는 하나의 연속선을 이루고 있으며, 창의적인 것은 '매우 높은 수준'의 것에 제한되지 않는다는 것이다(여기서 말하는 수준은 '새로움'의 수준이다).

(ii) 사람은 누구나 다소간 창의적인 잠재력을 갖고 태어나며 "창의적인 능력과 동기는 보편적이다"(Torrance, 1995, p. 351), 그리고 이러한 잠재능력은 훈련과 교육적 경험을 통하여 개발하고 향상시킬 수 있다.

(iii) 창의적인 잠재능력이 실제에서 발현되는 형식이나 구조는 일반적이고 보편적이라고 본다.

"일반의 보통 사람들이 생산해 내는 창의와 유명한 사람들이 보여주는 창의는 다르지 아니한 동일한 과정을 통하여 만들어지며 이들은 창의의 '연속성' 같은 것을 보여 준다"(Weisberg, 2006, p. 521). 다시 말하면 아이디어 생성 과정이나 창의적 문제해결 과정의 기본적인 구조는 다르지 않아서, 예컨대 이 책에서 집중적으로 다루고 있는 발산적-수렴적 사고의 균형 있는 사용 및 창의적 문제해결의 단계와 같은 것은 누구에게나 마찬가지로 적용된다고 본다. 다만 그것이 표현되는 질적인 수준이나 스타일은 다를 수 있다고 본다.

마지막으로 Weisberg(2006)의 이야기를 인용해 본다: "우리는 모든 창의란 통상적 사고에 기초한 것이라 결론 내린다. 이것은 세계적인 혁신을 생산해낸 개인들의 인지적 특징도 기본적으로 보아 우리들 일반인들이 가지고 있는 것과 다르지 않다는 것을 의미한다. … 그러면 위대한 창의적 성취를 이루어 낸 사람들이 우리 일반인들과 차이나는 것은 없는 것일까? 하나의 가능성은 그러한 혁신적 성취자의 동기 수준이 보통 사람들과는 다를 수 있다는 것이다(p. 598).

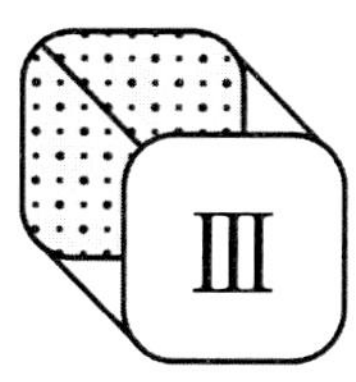

III 창의력 관련의 용어들

(1) 창의, 창의력 그리고 창의성

'창의력'과 관련한 몇 가지 용어들을 정리해 본다. 영어로는 'creativity'이지만 이를 과정적(過程的)인 것으로 표현할 때는 '창의'라 표현할 수 있다. 그리고 이를 현상적인 것 또는 인과적인 것을 나타내는 것에는 창의력, 창의성, 창조력, 창조성, 또는 창발력(창조 개발력) 등의 몇 가지 용어가 같이 사용되고 있다. 보다 일반적으로는 '창의성'이나 '창의력'이 많이 사용되고 있지만 이들은 어느 것이나 상호교환적인 것으로 사용할 수 있다. 물론 두 가지 용어 간에는 뉘앙스에 다소간 차이가 있어 보이기는 한다. 예컨대 '창의성'은 '창의적인 성격'을 그리고 '창의력'은 '창의적인 능력'을 쉽게 떠올리게 한다. 그러나 creativity가 의미하는 '창의'는 매우 복합적인 개념이라서 거기에는 창의적인 능력이나 창의적인 성격 측면이 함께 포함되어 있다.

(2) 상상력과 종합력

창의(력)를 의미하는 별도의 용어로는 종합력, 상상력, 발견이나 발명, 통찰(력) 또는 혁신 등의 용어가 자주 그리고 중요하게 사용되고 있다. 특히 많이 사용되고 있는 것은 상상(력)(imagination)과 종합(력)(synthesis)일 것이다. 새로운 아이디어를 생산해 내려면 상이한 여러 요소나 부분을 새로운 전체로 연결해야 하고 그리고 그렇게 할 수 있으려면 상상적인 사고를 적용해야 하기 때문일 것이다. 종합력이란 요소와 부분을 조합하여 새로운 하나의 전체를 구성하는 능력을 말한다. 그것은 요소나 부분을 다루는 것과 이들을 다시 조합하고 배열하여 이전에는 명백하게 존재하지 않았던 어떤 새로운 양식이나 구조를 만드는 과정이다. 상상력이란 듣기나 보기와 같은 직접적인 감각을 통하여 지각하지 아니하고 멀리 떨어져 있는 요소나 부분까지도 마음속에서 연결하여 새로운 이미지(image)를 형성하는 능력을 말한다. 많은 서적에서는 창의력이란 바로 상상력 또는 상상적 사고라 말하고 있다. 상상은 새로운 아이디어를 생각해 내는데 핵심적인 기능이기 때문이다.

그리고 상상을 공상(환상, fantasy)과 구분하는 사람도 있고 공상을 상상적 사고의 한 측면으로 보는 사람도 있다. 공상은 사람들이 '실현 가능성'이 작거나 거의 없는 가상적이고, 불가능한 것을 심상이나 생각으로 떠올렸을 때 생겨난다. 그러나 상상은 가능성이 있고, 실제적인 심상을 만들어 내는 것이기 때문에 공상과 심상은 실제적인 '현실성'과 관련이 있느냐 없느냐에 따라 구분하고 있지만 이렇게 구분하기란 애매할 수밖에 없다. 그렇지만 TTCT 창의력 검사에서는 '공상'(환상)할 줄 아는 능력을 창의적인 강점의 하나로 중요하게 다루고 있다.

(3) 발견과 발명

창의(력)를 의미하는 용어로 '발견'(discovery)이나 '발명'(invention)을 사용하기도 한다. 사전에는 발견은 '찾지 못하거나 알려지지 않은 사물, 사실, 현상을 찾아내는 일'이라 하고, 발명은 '기존의 개념이나 방식을 수정하거나 변형'하여 '새로움의 요소를 보여주는 물체, 과정 또는 기술을 생산해 내는 것'이라 말하고 있다. 그리고 발명과 같은 지적 재산을 보호하기 위한 것이 '특허'이다.

창의와 발명/발견은 모두가 '새로운' 것을 생산해 낸다는 데 공통점이 있다. 그러나 전자는 주로 개념적인 '아이디어'를 많이 다루는 반면 후자는 어떤 대상이나 현상에 대한 유형적인 것이라는 데 차이점이 있다. 그래서 '창의'와 '발명/발견'을 상호 교환적인 것으로 사용하는 경우도 있다.

(4) 통찰

창의(력)와 대등한 의미로 사용되고 있는 또 다른 용어에는 '통찰(력)'(insight)이 있다. Sternberg & Lubart(1995)는 "통찰이란 어떤 것을 새로운 방식으로 보는 것인데 대개는 갑자기 일어나는 것 같이 느껴지며 그래서 놀라움의 감정, 그리고 흔히는 환희의 감정을 유발시킨다"(p. 189)라고 말한다. 이들은 창의적 사고의 기초를 이루고 있는 통찰에는 세 가지 종류가 있는데 선택적 부호화, 선택적 비교 및 선택적 조합의 통찰 등으로 제안하고 있다. 그리고 Horwath(2009)는 전략적 사고의 중요성을 강조하면서 이렇게 말한다. "통찰(력)은 가치 전달에 필요한 새로운 접근 방식, 새로운 제품이나 서비스 혹은 새로운 해결책을 생성해 내기 위해 독특한 방식으로 두 가지 이상의 정보나 데이터를 하나로 결합시키는 것이다"(p. 147). 즉 통찰력은 받아들인 정보를 낱낱이 파헤친 다음, 그것들을 창조적인 방식으로 다시 연결하는 능력이란 것이다.

그런데 Weisberg(2006)를 비롯한 많은 연구자들은 '아하 경험'(Aha experience)이라 부르기도 하는 이 통찰은 사실은 한순간에 이루어지는 것이 아니라 통찰의 순간 자체는 새로운 아이디어가 생성되는 전체 과정 가운데 한 부분에 지나지 않는다고 보고 있다. 그리고 애플의 창업자인 스티브 잡스는 '창의력이란 단지 사물을 연결하는 것이다'(p. 105)라 말한다. 정보는 서로 떨어져 고립되어 있지만, 통찰(력)은 단편적인 정보들을 서로 연결하여 하나로 종합하여 새로운 의미나 아이디어를 생성해 내는 능력이다.

(5) 창의와 혁신

'창의'한다는 것은 새롭게 '변화'시키는 것이다. 그런데 '변화'와 함께 '혁신'이란 용어도 자주 사용된다. 그러면 창의와 혁신은 어떤 관계를 가질까? 이들은 같은 내용을 다르게 표현하는 것인가, 아니면 어느 것이 다른 것의 한 부분인가? 혁신(innovation, 革新)이란 기존의 껍질(가죽, 革)을 벗듯이 기존의 관습, 조직, 방법 따위를 바꿔서 새로운(新) 틀을 입히는 것이다. innovation은 라틴어 'inno'('~으로')와 'novus'('새롭다')의 합성어라 하는데 '새로운 것으로의 변화'를 의미한다. 변화와 변환(transformation)은 기존의 무엇을 새로운 방식으로 바꾸는 것을 의미한다. 창의나 혁신은 모두가 '변화'를 위한 것이지만 그러나 아무렇게나 일어나는 변화가 아니라 '계획적', '의도적'으로 목표해서 성취하는 변화를 의미한다.

전통적으로 '창의'에 대한 연구는 개인이나 집단 요인에 초점을 두고 있고, 새로운 아이디어를 생성해 내는 데 집중하고 있다. 그리하여 '창의'(력)를 논할 때는 사업화나 상업적인 성과는 별로 개의하지 아니하고 있다. 반면에 혁신은 새로운 아이디어를 적용하여 유용하고 가치 있는 제품(산출), 서비스, 방법이나 기술 등을 생산해 내는 데 초점을 두고 있다. 다시 말하면 혁신은 새롭고 유용한 아이디어와 개념을 사회적 또는 상업적인 가치가 있는 어떤 것으로 실행하거나 산출로 변환시키고 사업화하는 것이다. 그리고 이러한 과정에서 필요한 전략적인 요인과 사용 가능한 도구에 일차적인 관심을 두고 있다. 이렇게 보면 창의와 혁신은 강조를 두고 있는 중심에서 상당한 차이가 있어 보인다. 그러나 새로운 제품이나 서비스나 편익을 생산해 내거나 또는 새로운 비즈니스나 시장을 창조해 낼 수 있으려면 창의와 혁신이란 두 가지 영역 모두가 필요하다. 뿐만 아니라 이들은 반드시 하나의 전체로 통합되어 기능해야 한다.

Roberts(1988)는 혁신을 발명(invention)과 활용(exploitation)의 두 개 단계/국면으로 나누고 있다. '발명'이란 새로운 아이디어의 생성을 말하고, 활용이란 생성해낸 새로운 아이디어를 가치 혁신의 시각에서 적용하고 실현하는 것이다. West(2002)는 "창의는 아이디어를 개발하는 것이고, 반면에 혁신은 아이디어를 적용하는 것이다"(p. 254)라고 말한다. 그리고 Cropley(1999)는 혁신은 새로운 것을 창조할 뿐 아니라 그것을 구체적인 실제로 번역하고 적용해야 한다는 데 창의와 혁신은 차이가 있다고 말한다. 이렇게 보면 창의는 혁신의 선행 요건이라 볼 수도 있고 또는 혁신의 하나의 단계 또는 국면이라 말할 수도 있어 보인다.

또한 혁신은 두 개 국면을 가지고 있는 하나의 전체적인 과정이라 볼 수도 있다. 첫 번째는 아이디어의 생성 국면으로 여기에서 새로운 아이디어가 나타난다. 두 번째 국면은 이러한 새로운 아이디어를 실제의 작업 현장에 집어넣고 적용하는 실제적이고 행동적인 것이다. 창의는 행동 없이 일어날 수 있지만, 그러나 혁신에는 행동하고 실행하는 적용 국면이 필수적임을 지적하는 사람이 많이 있다.

요약해 보면, 창의와 혁신이란 새롭고 가치 있는 독창적인 아이디어와 통찰을 생산해 내고, 그런 다음 그것을 구체적인 실제로 '실행'하여 사람들이 수용하고 사용할 수 있게 사업화/상업화해 가는 과정이라 정의할 수 있다. 여기서는 '실행'이란 말을 사용하였지만 선행의 연구에서는 그 대신에 '활용, 적용, 도입, 실천' 등의 용어를 다양하게 사용하고 있다. 그리고 이러한 양면성을 강조하기 위하여 '창의와 혁신'이란 표현을 적극적으로 같이 사용할 수도 있겠다.

또한 창의-혁신-변화란 용어는 [그림 1-2]처럼 위계적인 개념으로 사용하는 것도 가능해 보인다(Damanpour & Aravind, 2012). 여기서는 시스템을 낮은 수준에서(예컨대, 개인) 고차적 수준의 높은 것으로(예컨대, 조직이나 국가) 나누고

▼ [그림 1-2] 시스템의 수준과 창의-혁신-변화의 위계적 이해

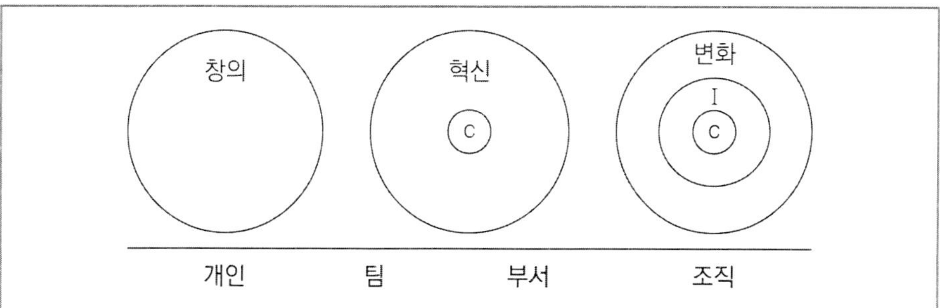

* 'c'는 creativity이고 'I'는 innovation임.
출처: Damanpour & Aravind(2012). p. 488

거기에 따라 용어를 달리 사용하고 있다. 체제이론에 따르면 수준이 높을수록 시스템은 보다 더 복잡해진다. 보다 간단한 수준의 개인을 다룰 때는 '창의(력)'를, 팀이나 작은 부서에서는 혁신과 거기에 포함되어 있는 창의(력)를, 보다 큰 부서나 조직에서는 창의(력)를 포용하는 혁신 그리고 나아가 혁신을 포용하는 '변화'란 개념을 사용하는 것이다. 이때 사용되는 창의(력)는 아이디어의 생성에 초점이 있고, 또한 혁신은 창의적인 아이디어의 실행과 사업화에 중심이 있다. 그리고 결국에 개인이나 조직은 창의와 혁신의 과정을 통하여 '변화'를 수행해 가게 될 것이다.

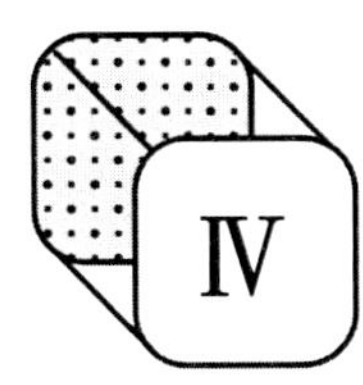

Ⅳ 창의력에 대한 오해와 장애

1. 창의력에 대한 오해

창의적인 것은 '새로워야' 한다. '새로운'이란 독특한, 특별한, 비범한, 신기한, 색다른 또는 상상적인 등의 단어를 떠올리게 한다. 그리고 창의력은 위대한 음악, 미술, 조각 등의 예술이나 문학 작품 등을 연상시킨다. 때로는 위대한 과학적 창의를 떠올리게 하며 열린 가능성과 미지를 향한 힘과 에너지를 생각나게 하기도 한다.

초기의 미학 연구자들은 창의력이란 '새로움'이 유일한 요인이라 생각하였다. 그러나 그 이후의 창의력 연구들은 놀랍게 '새롭다'는 것만으로는 창의력의 충분한 조건이 되지 못한다고 보게 되었다. 이미 언급해 둔 바와 같이 창의적인 것은 과제/장면에 적절해야 하고 그리고 유용하고 가치 있어야 하기 때문이다. 아무리 새로워도 소비자가 유용하고 가치 있다고 인정하지 않으면 그것은 창의적인 것이 아니다.

아래에서는 창의력에 대한 오해를 몇 가지로 나누어 정리해 본다. 불행히도 창의력을 신화같이 신비한 것으로만 생각하는 사람들도 여전히 적지 않게 있다.

(1) 창의력이란 소수의 위대한 천재들만 가지고 있는 신비하고 마법적인 어떤 것이라 믿는 것

창의력이란 타고난 천재적인 재능이나 특별한 성격 특성이라 보는 것이다. 초기의 연구는 위대한 천재에 초점을 두었지만 현재의 시각은 이와는 전혀 다르다. 오늘날은 위대한 천재뿐 아니라 거의 모든 평범한 사람들이 창의적일 수 있음을 강조하고 있다. 누구나 사람들은 다소간 창의적이며 또한 창의력은 노력과 연습으로 어느 정도는 개발할 수 있다고 본다. 창의력이란 운수 좋게 태어난 특별한 능력의 소수에 제한된 것이 아니란 말이다.

그러므로 정말로 중요한 것은 창의력을 어떻게 이해하고, 활용하고 그리고 최대로 개발/교육하는 것이다. 여기에서 중요한 것은 '창의적 잠재력'과 '창의적 수행'을 구분하는 것이다. 창의적 수행이란 구체적인 행동을 통하여 창의적인 산출이나 서비스, 창의적인 결과물을 밖으로 들어내 생성해 내는 것이다. 창의적인지 어떤 것인지는 행동을 통한 결과나 성과에 따라 판단하게 된다.

그러나 사람에 따라서는, 매우 불행하게도, 창의적인 잠재력은 가지고 있음에도 자신이 활용할 수 있는 창의적 자원을 제대로 개발하여 표현하지 못하는 경우도 많이 있다. 잠재력은 어디까지나 잠재력으로만 남아 있고 창의적 수행으로 표현되지 못할 수도 있다는 말이다. 창의력 교육/개발의 목적은 각자의 창의적 잠재력을 창의적 수행으로 최대화하는 것이다.

(2) 남들과 다르게 별나게 행동하거나 무조건적인 반대나 반발을 창의적인 것으로 보는 것

새롭고 놀라운 것이라 하여 모든 것이 창의적인 것은 아니다. 기존의 것을 무조건적으로 거부 또는 비동조하거나, 자기 멋대로 한다는 의미에서 '새로운' 것이거나 또는 현실과는 거리가 너무 먼 황당한 공상은 창의적인 것이라 말할 수 없다.

새롭고 별나도 '유용하지' 아니하면 창의적인 것이 아니다. 새로운 것도 건설적이고 인도적일 때 우리는 그것을 창의적이라 말한다. 진정으로 창의적인 사람은 남들과 함께 팀워크를 할 수 있어야 한다. 창의적인 사람은 사사건건 반사적으로 반대하거나, 물고 늘어지거나 또는 대놓고 남의 아이디어를 무시하지 아니한다. 오히려 남들의 말을 경청하면서 '더 낫게' 또는 '다르게' 할 수 없는지를 호기심을 가지고 끊임없이 질문하고 적극적으로 탐색한다. 창의적인 질문은 반대와 파괴에 목적이 있는 것이 아니며, 또한 단순히 누군가를 이기는 데 관심이 있는 것도 아니다. 창의의 과정은 더 나아지거나 달라지기 위한 적극적인 탐색의 과정이이야 한다.

(3) 창의력을 정신 질환, 광기(狂氣) 같은 것으로 보는 것

사람들은 창의적인 천재는 미쳤는가란 질문을 던지기도 한다. 예컨대 고흐(Vincent van Gogh)가 자신의 귀를 자르는 것을 창의적인 사람의 광기로 연결시키는 사람도 있다. 그러나 창의력을 광기와 연결시키는 논문이나 책들은 거의 전부가 에피소드에 근거하고 있을 뿐이고 과학적인 근거가 없다. 이와는 반대로 많은 연구들은 창의적인 활동에 빠져들고 몰입하는 집중의 시간이 힘들고 괴로울 수는 있지만 실제의 창의는 기본적으로 즐겁고 보상적인 것이라고 본다. 창의적인 행동은 결코 광기 있는 비정상적인 데서 나오는 것이 아니라 신체적으로 그리고 정신적으로 건강하고 건전한 사람의 자연스러운 것이다.

창의적인 태도로 창의적인 능력을 발휘하면 성취와 함께 만족과 보상을 가져온다. 자신의 창의력에 대하여 계속하여 배우고, 적용할 수 있으면 성취감과 함께 마음의 평화를 느낄 수 있다. 그리고 개인적으로 또는 집단이나 조직에 이익이 되는 산출과 결과를 얻을 수 있다. 발달, 발전 그리고 변화는 모두가 이러한 창의에서 가능해진다. 창의력 교육의 목표 가운데 하나는 정신 건강을 향상시키고 자아실현을 도와주는 것이다.

(4) 머리가 좋고 박학다식한 것을 창의적이라 보는 것

똑똑한 사람이 반드시 창의적인 것은 아니다. 아무리 재능 있고 똑똑한 사람이라 하더라도 새로운 것을 생산해 낼 수 없으면 창의적인 것이 아니다. 창의적인 것은 새로워야 할 뿐 아니라 남들의 인정을 받아 '유용'해야 한다. 그리고 개인적으로 새로운 것만으로는 창의적인 것이라 말할 수 없다. 우리는 영재를 '학교 영재'와 '창의적－생산적 영재'로 나누어 볼 수도 있다. '학교 영재'는 학교 성적이 좋고, 각종 시험을 잘 치고, 개인적 입신영달에 능숙한 사람이다. 반면에 '창의적－생산적 영재'는 새로운 독창적인 것을 생산해 내며 그리하여 남들과 사회발전에 중요한 기여를 할 수 있는 사람이다. 머리가 좋고 박학다식해도 창의적이지 못하고 이웃과 사회에 도움 되지 못하면 가치가 없다.

(5) 창의력은 특별한 부서의 특별한 직급의 사람에게만 필요한 것으로 보는 것

창의적인 사고가 더 많이 요구되는 부서나 직무가 있을 수는 있다. 그러나 우리가 다루는 대부분의 일은 어느 것이나 창의적으로 '더 낫게' 할 수 있는 것이다. 조직에서는 개인의 창의가 서로 연결되고 총합을 이루어 조직의 창의적 생산성이 결정된다.

요약하면, 창의력이란 누구나 어느 정도는 갖고 태어난 생득적인 것이며, 누구나 노력에 따라 창의적인 잠재력을 최대치로 개발할 수 있으며, 그리고 창의적인 활동은 그 자체가 즐겁고 보상적이고 자아실현적인 것이다. 창의적인 사고는 자신의 발전뿐 아니라 조직에 새롭고, 유용하고, 가치 있는 기여를 생산해 내게 하는 원천이 될 수 있다.

2. 창의력을 저해하는 장애 요인

다음에는 창의적 수행을 저해하고 장애가 될 수 있는 요인을 '진실이 아닌 가정하기', '습관과 통상적 관례' 및 '회의주의'의 세 가지로 나누어 음미해 본다.

(1) 진실이 아닌 가정(假定)하기

우리는 어떤 것을 '당연히 진실한' 것으로 가정해 버리고 '다르게', '더 낫게' 할 수 있는 가능성을 찾아보지 않을 때가 많다. 그러면 문제에 대한 이해가 잘못 될 수도 있고, '틀린 문제를 맞게 해결' 하려는 실수를 범할 수도 있다.

(ⅰ) 문제는 진술되어 있는 대로 받아들여야 한다는 가정

'왜' 그것이 문제인지를 당신 자신과 남들에게 열심히 물어 보아야 한다. '왜'(이유)라는 질문을 제기할 줄 아는 것은 창의적 문제해결에 이르는 하나의 강력한 방법이다.

(ⅱ) 창의란 하나의 아이디어이며, 불쑥 생겨난다는 가정

창의적인 아이디어는 완전하게 결점 없이 단번에 불쑥 떠오르는 것이 아니다. 대부분의 문제는 일련의 복잡한 문제해결 단계를 거치면서 여러 가지 아이디어가 생성되고, 수정되고, 대치되고, 다듬어지면서 비로소 해결되는 것이다.

모든 아이디어는 진화론적으로, 변증법적으로 발전한다.

(ⅲ) 창의란 무한정한 자원을 요구한다는 가정

자원이 부족하고 제한과 구속이 많을수록 창의적 사고가 더 많이 필요하다. 예컨대 연간 광고비 100만 원인 회사와 100억 원인 회사 가운데 어느 회사가 창의적인 광고 방법이 더 필요할까? 가진 것이 제한적일수록 창의적인 아이디어가 더 많이 필요하다. 마찬가지로 집이 가난할수록 자신이 창의적으로 작업해야 할 일이 더 많다고 생각해야 하는 것이 아닐까?

(ⅳ) 오랫동안 해 오던 것은 맞다는 가정

우리는 지금까지 해오던 문제 해결 방법에 조건화되어 있을 때가 많다. 그러면 어떻게 해야 할까? 해 오던 관행과 원리에 때때로 도전해 보고 그것이 정말로 맞는지를 자신에게 새삼스럽게 의문해 보아야 한다. 그래서 과거의 논리와 생각이 현재에도 계속하여 적용되는지를 살펴보아야 한다. 이러한 가정에 도전한 대표적인 보기로 사람들은 지구가 태양의 주위를 돈다고 믿은 Copernicus, 그리고 지평선 너머로 떨어지지 않는다고 믿으며 항해해 간 Columbus를 들고 있다. 고정 관념에 도전하는 것이 창의적인 것이다.

(ⅴ) 여러 가지의 해결 아이디어를 생성하는 것은 비효과적이란 가정

만약 당신이 '최선의 해결'을 요구하는 중요한 이슈/문제를 다루고 있다면 우선은 다양한 아이디어를 많이 생성해 내려고 노력해야 한다. 그런 다음 최선의 해결책을 선택해야 한다.

(2) 습관과 통상적인 관례

습관과 지금까지 해 오던 통상적인 방법은 경우에 따라서는 사사건건 의사결정을 새롭게 생각해야 하는 부담을 줄여주기 때문에 편리하고 도움될 수 있다. 그러나 해오던 방법을 되풀이하기만 한다면 새로운 것을 생산해 내어야 하는 창의에 그것은 장애가 될 수 있다. 습관에는 '좋은' 습관도 있고, 반면에 '나쁜' 습관도 있다. '창의적으로' 사고하고 행동하는 것은 좋은 습관이며 이러한 좋은 습관은 길러야 한다.

(i) 너무 많은 습관, 찾아보기 어려운 엉뚱한 생각

해오던 대로 습관적으로 하다 보면 새로운 자극에 노출되는 일이 적어진다. 창의적 사고를 향상시키려면 우리의 생활에 계속하여 '다양성'을 불어 넣어야 한다. 그래서 여기저기서 다른 생각, 별난 아이디어를 즐겨 해 보도록 노력해야 한다. 예컨대 다음과 같은 습관적인 규칙을 깨뜨리기 위한 노력을 해 보라.

- 지금까지 구독하던 신문 말고 다른 것을 읽어 본다.
- 가구를 다르게 배치해 본다.
- 다른 사람이 자동차를 운전하게 하고 뒷좌석에 타고 가 본다.
- 나가지 않던 회의나 모임에 참석하거나 평소 하지 않던 새로운 일을 해 본다.
- 목욕을 하고 마사지를 받는다.
- 짧은 글을 쓰거나 간단한 발표를 해 본다.

(ii) 그만 그만한 해결에 만족하는 습관

하나의 해답이 떠오르면(적어도 '그만 그만한' 적절한 것이라면) 그것으로 만족해버리는 습관은 창의적 사고를 방해한다. 떠오르는 첫 번째 생각에서 멈추어 버리면 그 이상의 대안을 찾아보지 못한다. 충동적인 한 개의 해답이 아니라 사려 깊은 몇 개의 해결책을 찾아보아야 한다. 그렇게 하려면 '해결책은 무엇인가?'라고 물을 것이 아니라 '가능한 해결책에는 어떤 것들이 있는가?'라고 질문해야 한다.

자유롭고 지내기 좋은 여건이나 조직 풍토를 미지근한 물로 알고 스스로 학습을 하지 않다가 마침내는 자신을 별 볼일 없는 인간으로 만들어버리는 '개구리'도 우리 주변에는 적지 않게 있다. 사고의 습관적인 틀로부터 벗어나려 하기는커녕 "하는 수 없지", "이런 것쯤은 알고 있었던 거야"라고 통큰 체하거나, 태만하거나 또는 그만 그만한 해결에 만족하면 결국은 발전 없이 정체하다가 도태할 것이다. 그것이 '삶겨 죽은 개구리'의 비극이다.

삶겨 죽은 개구리

개인이나 조직이 환경 변화에 따라가거나 한걸음 더 나아가 환경 변화를 예측하고 남보다 앞서 대처하는 것은 쉬운 일이 아니다. 세상 환경에는 혁명적으로 변하는 것도 없지 않지만, 대부분은 민감한 의식이 없으면 느끼지 못하게 조금씩 변화한다. 온도가 올라 죽을 지경이라야 비로소 죽는 줄도 모르고 죽어버리는 개구리처럼 우리는 세상의 변화를 깨닫지 못하고 하던 대로/있던 대로에 머물다가 마침내 별 볼 일 없는 모습으로 몰락하기 쉽다. '삶겨 죽은 개구리의 비극'은 비유의 좋은 교훈이 될 수 있다.

개구리를 뜨거운 물에 집어넣으면 바로 뛰쳐나오려 한다. 그러나 실내 온도 정도의 물이 든 냄비에 넣어 두면 도망가려 하지 않는다. 그런데 냄비 밑에 둔 히터의 온도를 서서히 올리면 재미있는 현상이 벌어진다. 20도에서 40도가 되어도 개구리는 가만히 있으면서, 오히려 기분 좋은 듯이 눈을 가늘게 뜬다. 그러다 온도가 계속해서 올라가면 어떻게 될까? 개구리는 점차 냄비에서 탈출할 힘을 잃고 제자리에 머물다가 결국에는 삶겨 죽고 만다. 언제든지 뛰쳐나올 수 있었는데 왜 가만히 있다가 '삶겨진 개구리'가 되는 것일까? 그것은 개구리 체내의 위험 감지기관이 갑작스런 변화에만 반응하고, 서서히 일어나는 변화에는 대응할 수 있는 구조가 아니기 때문이라고 한다.

(ⅲ) 기능고착의 습관

어떤 것에 대하여 한 가지로만 생각하는 습성이 있어 한 가지의 기능만을 생각하는 것을 기능고착(functional fixedness)이라 부른다. 예컨대 연필은 글을 쓰기 위한 것이고, 숟가락은 밥 먹을 때 사용하는 것으로만 생각하는 습관 등이다. 기능고착, 고정관념 또는 정신적 세트(mental sets) 등은 모두가 비슷한 개념이다. 우리는 어떤 핵심적인 단어나 구를 듣거나 읽으면 낯익은 친숙한 이미지에 빠져버리는 경향이 있다. 그러한 한 가지 이미지에 기능적으로 고착되면 창의는 어렵다.

(3) 회의주의

'회의주의'란 세상을 보는 우울하고 비관적인 태도를 말한다. 이러한 태도는 우리의 창의적 사고와 행동을 가로막는다. 그러나 세상을 보는 눈을 바꾸기를 진정으로 원하기만 하면 이러한 장애는 쉽게 제거할 수 있다. 다음은 잘못된 신념들이다.

(ⅰ) 창의는 운수의 문제이지 노력해서 되는 일이 아니라 생각하는 것

창의와 혁신에 관하여 우리가 듣는 대부분의 이야기는 창의의 극적인 에피소드에 대한 것이다. 예컨대 이순신 장군이 거북선을 만들었다는 이야기를 듣거나 또는 Archimides가 목욕탕에서 넘치는 물을 보고 '황금의 순도'를 잴 수 있는 방법이 생각나서 'Eureka'('알았다')를 외치며 Syracuse거리를 발가벗은 몸으로 달려갔다는 일화와 같은 것이다. 그러나 이렇게만 이야기하면 창의를 이룩하기까지 지불해 온 오랜 시간 동안의 각고의 노력과 사색 그리고 긴 교육에 대해서는 중요하게 생각하기가 어렵다. 그래서 많은 창의적인 성취가 마치 운수나 순간의 재수의 문제라는 인상을 가지기가 쉽다.

설령 창의가 '운수나 재수'의 결과라 하더라도 그러한 '운수나 재수'는 노력과 인내로 미리 준비되어 있는 사람의 몫일 것이다. Edison이 '천재는 99%의 노력과 1%의 영감이다'라고 말했다는 이야기는 쉽게 들을 수 있지만 그것을 실감할 수 있는 사람은 드물다. 99%라는 각고의 노력과 시련을 경험하지 아니하고 창의의 순간을 온몸으로 느끼기는 불가능할 것이다.

(ⅱ) 실패하면 바보 취급당한다고 생각하는 것

실패하면 실망스럽고 황당해질 뿐 아니라 남들이 바보 취급하지 않을까 두려워하기 쉽다. 그래서 확실하지 않으면 입을 다물거나 새로운 일을 시도하지 않으려 한다. 가만있으면 본전이라도 건질 수 있다는 생각을 가지기 쉽다. 그러나 성공의 핵심은 실패를 실패로만 받아들이시 아니하고 그것을 다음을 위한 발판으로 삼을 줄 아는 데 있다. 최근 핀란드에는 매년 10월 13일에 실패를 기념하는 '실패의 날' 행사가 열린다.

(ⅲ) 어떻게 해봐도 해결이 안 될 것이라고 생각하는 것

창의적 사고를 하면 모든 문제가 해결될 수 있는가? 그렇지는 않다. 어두운 곳일수록 노력, 시간 그리고 금전과 같은 자원을 더 많이 투자해야 한다. 그러나 그렇게 해도 해결의 희망이 보이지 않을 수도 있다. 여기서 중요한 것은 '시작이 없으면' 해답은 절대로 얻어지지 않고 가질 수 있는 결과는 없다는 것이다. 다음의 두 가지 말투의 차이는 사소해 보일 수 있지만 엄청나게 다르다. 두 번째 말

〈표 1-1〉 창의적인 습관과 비창의적인 습관

창의적인 습관과 행동	비창의적인 습관과 행동
• 여러 가지의 가능한 대안을 찾는다.	• 하나의 대안만을 찾는다.
• 문제 해결하는 것을 재미있어 하며 아이디어를 가지고 '장난'할 줄 안다.	• 문제를 해결하는 것을 '심각한' 비즈니스라는 생각하여 경직된 마음으로 엄숙하게 접근한다.
• 실수(실패)란 창의적 과정에서 생길 수 있는 자연스러운 부산물로 받아들인다.	• 가능한 한 실수(실패)를 하지 않으려고 노력한다.
• 어떤 문제에 매달려 지치게 되면 의도적으로 휴식을 취한다.	• 어떤 문제에 매달려 지치더라도 외골수로 쉬지 않고 계속하여 해결해 보려고 애쓴다.
• 정보를 여러 출처에서 얻는다.	• 전문가의 충고만을 들으려고 한다.
• 유머를 자주 사용하며 즐겁게 생각한다.	• 떠오르는 아이디어가 '좋다고' 생각되어도 그것을 말이나 글로 표현하지 아니한다.
• 자신의 말과 행동에 대하여 피드백해 주는 것을 감사하는 마음으로 받아들인다.	• 아이디어가 떠오르면 그것을 이야기를 자주 같이 나누던 가까운 사람에게만 말한다.
• '엉뚱해' 보이는 질문이라도 쉽게 할 수 있다.	• 어떤 것이 이해되지 않아도 입을 다문다.
• 계획 세우기나 서비스 등 생활의 모든 것에서 어떻게 더 낫게 개선할 수 있을지를 살핀다.	• "깨지지 않으면 고치려 하지 않는다"라는 태도를 가진다. 할 수 있으면 하던 대로를 계속한다.
• '아이디어 수첩'을 만들어 좋은 아이디어라고 생각되는 것을 모두 기록한다.	• 아이디어를 적어두는 일은 귀찮아서 하지 아니한다.

* 좋은 아이디어를 가지려면 우선은 가능한 대로 많은 아이디어를 생성해 낼 수 있어야 한다. 습관에 따라서는 여러 가지 아이디어를 생성해 내는 데 도움 되지만 거꾸로 억압하고 위축되게 하는 것도 있다.

투라도 해결이 보장되지는 않지만 그러나 성공을 위한 다음의 단계를 찾아보도록 자극하고 독려할 수는 있다. 반면에 첫 번째 말투는 해결을 위한 탐색의 씨앗을 처음부터 잘라버리고 있다.

- 그것은 할 수가 없어!
- 그것을 어떻게 해 볼 수 없을까?

(iv) 내가 통제할 수 있는 것은 없다는 신념

개인적으로 또는 조직에서 어떤 직위나 직급을 차지하고 있는지에 상관없이 어떤 일은 당신의 통제권 밖에 있고, 다른 어떤 것은 당신이 이렇게 저렇게 통제할 수 있다. '내가 창의적으로 할 수 있는 것은 없어!', '지금의 제도가 바뀌지 않는 한 혁신이란 어림도 없지!'란 말은 흔히 들을 수 있는 복지부동 하는 말들이다. 그러면 어떻게 할 것인가? 방법은 당신이 이렇게 또는 저렇게 통제할 수 있는 영역에 집중하는 것이다. 현재 당신이 있는 자리에서 그리고 현재 당신이 가지고 있는 것, 할 수 있는 것을 최선을 다하여 창의적으로 노력해 보는 것이다.

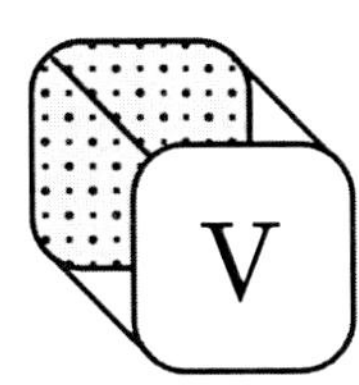

V 창의력의 교육

1. 창의력 교육의 전재

창의력을 교육/개발하려면 우선 '창의력'을 어떻게 이해하고 접근하느냐가 중요하다. 본서에서는 천재의 창의(력)가 아닌 일상의 창의(력), 혁명적 창의가 아닌 범례적 창의 그리고 대문자 C의 창의(력)가 아닌 소문자 c의 창의(력)를 다룬다. 이러한 창의적인 능력은 누구나 다소간 가지고 있다고 본다. 이렇게 정의하면 창의력 교육에는 다음과 같은 두 가지 전제를 가질 수 있게 된다.

(i) 창의력

즉 창의적 사고란 일상적이거나 일반 전문적인 과제나 문제 상황을 처리해 가는 데 필요한 일련의 기능이고 전략이다. 창의력 교육이란 이러한 사고의 기능과 전략을 개발하는 것이며, 그리하여 창의적 문제해결의 기능과 전략을 향상시키는 것이다. 이러한 전재는 '소문자－c 창의력'이 전재하는 것이다. '대문자－C 창의력'은 이를 확장하여 '특별한 재능'(special talents)의 기능과 전략까지를 강조하게 될 것이다. Torrance(1995)는 말한다: "창의적 사고 자체는 스스로 발견하고 훈련해야 하지만 창의적 문제해결의 요소는 가르칠 수 있다"(p. 6). 요약하면 창의적인 기능과 전략은 의도적으로 체계적으로 배워야 하고(학습), 나아가 이들을 교과 수업이나 생활의 과제에 효과적으로 적용할 수 있게 가르치고 배우게 해야 한다.

(ii) 창의력의 '체제'(system)에 작용하는 요소는 모두가 창의력 교육의 요소, 즉 창의력 교육의 출발 지점이 될 수 있다.

창의적인 사고와 행동에는 몇 가지의 주요 요소가 작용하며 이들은 상호작용적인 통합을 이루어 작동한다고 본다. 창의력의 이론에는 창의력 체제 이론이 몇 가지 제시되어 있다. 예컨대 Csikszentmihályi(1996)의 체제이론에는 사람, 사회체제 및 문화의 3개 요소가 있고, Amabile(1996)의 비즈니스 창의력 모형에는 영역 관련의 기능, 창의력 관련의 과정 및 과제 동기의 세 가지 요소가 포함되어 있다.

2. 창의력 교육의 내용, 자료와 요령

(1) 창의적인 기능과 전략

창의력은 창의적 사고와 행동을 위한 일련의 기능이고 전략이다. 그러므로 창의력 교육의 중심은 이러한 일련의 창의적 사고의 기능과 전략을 '의도적', '체계적'으로 가르치는 것이다. '의도적'이란 가르치려는 분명한 방향과 목표가 있어야 한다는 것이고, '체계적'이란 필요하고 중요한 내용을 전체적인 구조에 따라 조직적으로 제시하여 교육하는 것을 말한다. 거기에는 필요한 부분의 내용과 전체의 모습이 체계적(시스템적)으로 조직되어 있을 것이다. 본서에서는 아래와 같은 창의적 사고 기능을 다루고 있다.

- 발산적 사고와 사고 도구
- 수렴적 사고와 사고 도구
- 창의적 문제해결의 과정 요소와 단계
  - 단계 1. 도전의 발견
  - 단계 2. 자료의 탐색
  - 단계 3. 문제의 발견
  - 단계 4. 해결 아이디어의 생성
  - 단계 5. 해결책의 개발

– 단계 6. 행위 계획의 개발

• 창의력의 기능과 평가

(2) 훈련/교육을 위한 자료/재료

창의적 사고의 기능과 전략을 연습/교육하려면 빈손으로 할 수는 없고 어떤 '내용'을 가지고 해야 한다. 교과 수업을 하려면 교과서 등의 '교과 내용'이 있어야 하듯이. 창의력 교육에서 사용할 수 있는 교육용 자료(재료)는 크게 보아 인위적 자료, 현실적인(realistic) 자료 및 현실(reality) 자료의 세 가지 범주로 구분해 볼 수 있다. 인위적 자료란 '동화'와 같은 것으로 현실과는 관계없이 재미있게 꾸며낸 것이며 이들은 대개 쉽고 재미있게 만들어져 있다. 현실적인 자료/내용은 현실에서 있음직한 내용이지만 반드시 현실에 있는 것은 아니다. 학교 교과서에 있는 대부분의 교과 내용은 '현실적인' 것이다. 그리고 마지막 수준의 것은 '현실 자료'인데 이것은 현실에 있는 실제 내용이다. 개인이나 학교나 커뮤니티 또는 글로벌 조직에서 일어나고 있는 실제의 내용이다. 같은 수준의 것이라도 복잡성이나 난이도 수준은 상당히 다를 수 있다.

그리고 창의력 교육의 진도에 따라 다소간 상이한 수준의 자료를 사용하게 된다. 창의력 교육을 시작할 때 대개 쉽고 재미있는 '인위적' 자료를 사용하게 된다. 그러나 배우는 것이 점차 익숙해지고 자동화되어 가면 '현실적' 자료를 사용하게 되고, 드디어 현실 자료까지를 다루게 된다. 그러나 이것은 인위적 → 현실적 → 현실 자료로 사용이 완전히 이동한다는 의미는 아니다. 예컨대 창의력 교육이 고급 수준이라면 현실적 내지 현실 자료를 더욱 자주 사용하게 되지만 그러나 인위적 자료도 여전히 필요할 수 있다.

(3) 창의력 교육의 요령

창의력 교육은 창의적 사고와 행동을 위한 기능과 전략을 가르친다는 것은 이미 앞에서 지적하였다. 그리고 창의력 교육의 궁극적인 목적은 이러한 창의적 기능과 전략을 바탕하여 일상적 또는 전문적인 과제를 창의적으로 문제해결 하는 능력을 향상시키는 데 있다. 그러면 이러한 창의적 기능과 전략을 어떻게 교육할 수 있는지를 개관해 본다.

(ⅰ) 사고기능은 기본적인 것에서 시작하여 창의적 문제해결력을 교육하는 것으로 점진적으로 접근한다.

그래서 창의력의 기본적인 사고기능인 발산적 사고와 이의 사고도구들을 익히고, 다음으로는 이들과 함께 수렴적(비판적) 사고와 이의 사고도구들을 다룬다. 발산적 사고와 수렴적 사고는 창의적 문제해결을 위한 두 개 축이다. 그리고 이들은 문제해결을 위한 수단이 된다. 이제 이들을 어지간히 연습하고 나면 창의적 문제해결의 과정을 다룬다. 창의적 문제해결의 과정은 과정요소와 해결 단계에 따라 차례대로 내용을 익히고 연습 활동한다.

(ⅱ) 교육에서는 적합한 활동 자료를 사용해야 한다.

대개는 인위적 자료를 많이 사용하는 것에서 점차 현실적 자료와 현실 자료를 많이 사용하게 된다.

(ⅲ) 창의적인 사고기능과 전략의 역량을 교육하고 향상시키려면 적어도 두 가지 원리가 중요해 보인다.

하나는 그러한 기능을 자주 사용하고 연습하는 것이다(반복의 효과). 다른 하나는 기능과 전략의 연습을 가능한 다양한 자료를 가지고, 다양한 장면에 따라 연습하는 것이다. 자료의 수준뿐 아니라 다양한 버전의 내용이 필요하게 된다.

(ⅳ) 가장 중요해 보이는 것은 창의적인 사고 방법을 교과외 활동뿐 아니라 교과 수업/교과 학습에 적용하는 것이다.

교과 내용의 학습에 사고 기능을 적용하여 기능적인 지식을 습득하고, 또한 이러한 지식을 적용하고 활용함으로써 창의적 사고기능을 향상시키는 것이다. 이러한 것을 교과 내용의 수업과 창의력 교육을 통합하는 통합적 접근법이라 부른다. 무엇을 '알아야' 하느냐와 무엇을 '할 수 있어야' 하느냐는 것은 나누어지는 둘이 아니라 하나로 통합되어야 한다.

마지막으로 창의력 교육을 자동차 운전에 비유해 본다. 이제껏 창의력 교육은 창의적 사고의 기능과 전략을 교육하고 그리하여 문제해결을 창의적으로 할 수 있는 것임을 강조하였다. 사실 창의적 사고는 '자동차 운전'에 해당된다. 자동차 운전이란 자동차를 조작(operation)하는 것인 반면에 창의적 사고는 우리의 '머리'를 조작하는 것이고 '머리'란 자동차 운전에서는 자동차이다.

(ⅰ) 자동차 운전은 의도적, 체계적으로 배울수록 효과적이다.

그러므로 우리는 자동차 운전을 '자동차 운전 학원'에서 배운다. 거기서는 운전 교육을 점진적으로 가르친다. 처음은 정해 놓은 '코스'에서 연습하는 것에서 점차 '도로 주행', '초보 운전' 그리고 현실의 실제 운전식으로 진행한다. 이러한 접근은 창의력 교육에서도 마찬가지이다.

(ⅱ) 그러나 '완전한' 운전자가 되려면 '운전 기능'을 익히는 것만으로는 충분하지 아니하다.

성공적인 운전을 할 수 있으려면 성능이 좋은 자동차가 있어야 한다. 마찬가지로 창의적인 수행을 할 수 있으려면 필요한 '전문지식과 경험'이 있어야 한다. 지식과 경험으로 조직되어 있는 '머리'는 자동차 운전의 '자동차'에 해당된다. 또한 성공적인 운전을 할 수 있으려면 좋은 자동차가 있고 뛰어난 운전 기술을 가지는 것만으로도 불충분할 수 있다. 왜냐하면 자동차를 '어떻게' 운전하느냐는 것도 중요하다. 우리는 이것을 '운전의 자세/태도'라 부를 것이다. 마찬가지로 창의적인 사고를 하고 창의적인 수행을 성공적으로 할 수 있으려면 전문지식과 창의적 사고기술(사고기능)에 추가하여 '목적적 동기', 즉 적극적이고 미래지향적인 삶의 태도도 역시 중요함이 분명하다.

연습활동

활동 Ⅰ-1

지금의 초등학생들에게는 '당연한' 것들이지만 그때의 당신은 상상해 보지도 못한 것이 지금은 많이 있을 것이다.

(i) 그런 것을 할 수 있는 대로 많이 나열해 보라(30개 이상).

(ii) 이제까지 나열한 것들을 '긍정적인' 것과 '부정적인' 것의 두 가지로 나누어 정리해 보라. 비슷한 내용이 있으면 같이 묶음으로 만들 수도 있다.

(iii) 얻은 결과를 바탕하여 '사회 변화'에 대한 당신의 의견, 이론을 제시해 보라.

활동 Ⅰ-2

'창의력' 또는 '창의성'이란 말을 들으면 어떤 생각들이 떠오르는가? 당신은 개인적으로 '창의력'은 어떤 것이라고 생각하는가?

(i) 할 수 있는 대로 여러 가지를 많이 적어 보라.

(ii) 이들은 앞에서 알아본 창의력에 대한 학문적인 정의와 어떻게 일치하거나 다른가? 창의력에 대하여 오해하고 있는 부분은 어떤 것들인가?

활동 Ⅰ-3

9점 수수께끼 문제. 아래에는 9개의 점이 있다. 연필을 종이에서 떼는 일 없이 세 개 직선만을 그어서 이들 아홉 개 점을 모두 통과해 보라.

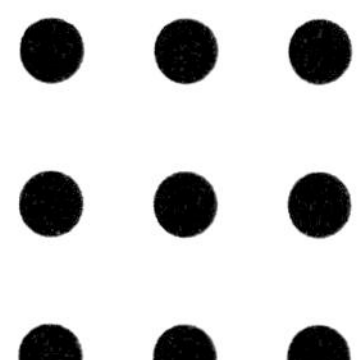

활동 Ⅰ-4

원의 내부 채우기. 아래에는 반지름이 1cm쯤 되는 하나의 '원'이 그려져 있다. 볼펜이나 연필을 사용하여 할 수 있는 대로 빠르게 원의 내부를 까맣게 메꾸어 보라.

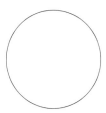

활동 Ⅰ-5

창의력이란? 다음의 각기의 진술에 대하여 'T(맞다), F(틀린다)'로 대답하라.

(ⅰ) 삶을 창의적으로 살아갈 수 있는 것은 운명의 문제일 뿐 노력과는 관계가 없다.

(ⅱ) 어떤 사람은 태어날 때부터 다른 사람보다 훨씬 더 창의적이다.

(ⅲ) 어떤 경험이나 프로젝트에서 실패하면 거기에서 우리가 배울 수 있는 것은 아무것도 없다.

(ⅳ) 만약에 열심히 그리고 효과적으로 노력한다면 우리가 마주하는 대부분의 문제는 해결될 수 있다.

(ⅴ) 개인이든 조직이든 간에 자신의 일은 어느 정도는 자기 스스로 창의적으로 통제할 수 있다.

✓ 활동 Ⅰ-6

창의력에 대한 진실과 오해. 다음의 각기의 진술에 대하여 'T(맞다), F(틀린다)'로 대답하라.

(ⅰ) 문제를 다시 들여다보고 더 깊게 생각해 보면 혁신적인 아이디어를 발견할 가능성이 커진다.

(ⅱ) 문제를 새롭게 재정의 하려고 하기보다는 진술되어 있는 대로 이해하고 해결해야 한다.

(ⅲ) 대부분의 경우 창의와 혁신은 한 개의 아이디어가 아니라 여러 개의 아이디어를 요구한다.

(ⅳ) 예산이 부족하면 창의(력)란 소용이 없다.

(ⅴ) 지금까지 해 오던 방법을 다시 들여다보고 그렇게 하는 이유를 생각해 보면 더욱 창의적인 해결책을 얻는 데 도움이 될 수 있다.

✓ 활동 Ⅰ-7

창의적 사고와 습관. 다음의 각기에 대하여 'T(맞다), F(틀린다)'로 대답하라.

(ⅰ) 습관적으로 하던 대로 하는 것은 언제나 나쁘다.

(ⅱ) 똑같은 방법으로 일하는 것이 언제나 제일 좋은 방법이다.

(ⅲ) 모든 문제에는 단 한 개의 정답만이 있다.

(ⅳ) 이론이나 아이디어를 다루는 것보나는 숫사가 들어 있는 문제를 다루는 것을 더 편안해 하는 사람도 있다.

(ⅴ) 문제가 생기면 떠오르는 아이디어로 바로 해결해버리는 것이 좋은 습관이다.

✓ 활동 Ⅰ-8

양팔을 크게 벌린 다음 두 손을 모아 잡아 보라. 그렇게 몇 번을 계속해 보라.

(ⅰ) 어느 쪽 손의 엄지손가락이 위에 있는가?
이제는 반대쪽 손의 엄지손가락이 위에 오게 해보라. 느낌이 어떤가?

(ⅱ) 양필로 팔찡을 껴보라. 어느 팔이 위에 있는기? 몇 번을 더해 본 다음
이제는 반대편 팔이 위에 오게 해 보라. 어떤 느낌, 기분인가? 왜 그럴까?

활동 Ⅰ-9

아래에는 두 개의 그림이 있다. (ⅰ)의 그림은 무엇으로 보이는가? 그리고 (ⅱ)의 그림은 무엇으로 보이는가? 이들은 이렇게도 보이고 저렇게도 보일 수 있는데 이런 현상을 어떻게 설명할 수 있을까?

(ⅰ)

(ⅱ)

활동 Ⅰ-10

습관적인 일상에서 벗어나기. 하던 대로를 그대로 하면 쉽고 편안할 수 있다. 그러나 거기에 머물기만 하면 일상은 따분하고 정신이 가라앉고 몽롱해지기 쉽다. 그런데 번쩍 정신을 차리고 신선한 생각을 할 수 있으려면 지금까지 해 오던 사고나 행동에서 벗어나 보는 것이 도움 될 수 있다. 창의적인 아이디어가 필요할 때는 더욱더 그러하다. 그렇게 하면 정신 건강에도 도움된다. 다음에는 습관 깨기 몇 가지가 제시되어 있다. 어떤 것을 시도해 볼 수 있는가? 언제해 볼 수 있을까? 시작이 없으면 변화는 없다.

...... 아침에 등교/출근하는 길을 바꾸어 본다. _____ / _____ / _____

...... 점심 식사를 새로운 식당에서 한다. _____ / _____ / _____

...... 다른 종류의 음식을 먹는다. _____ / _____ / _____

...... 아침에 등교하여 그것이 첫날인 양 생각해 본다. 그리고 소감을 적어본다. _____ / _____ / _____

...... 이전에 한 번도 해 본 적이 없는 일을 의도적으로 해 본다. _____ / _____ / _____

...... 잘 모르는 사람을 점심에 초대하거나 함께 이야기를 나누는 기회를 가진다. _____ / _____ / _____

...... 한 번도 가 본 적이 없는 곳으로 버스 여행을 하거나 직접 운전해 가 본다. _____ / _____ / _____

...... 방문해 본 적이 없는 곳에서 주말을 보낸다. _____ / _____ / _____

...... 이전에 그렇게 해 본 적이 없는 사람에게 어떤 일에 대한 충고를 구한다. _____ / _____ / _____

...... 엘리베이터에서 뒷면을 향하여 선다. _____ / _____ / _____

...... 하루에 20명 이상에게 정중하게 인사한다. _____ / _____ / _____

CHAPTER

02

발산적 사고

CPS 창의적 문제해결

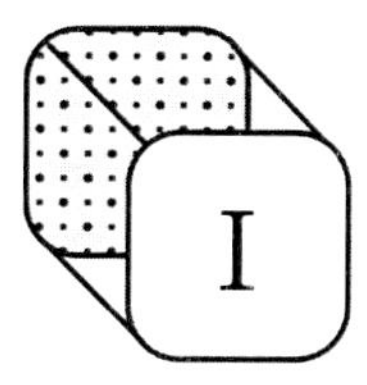

I 발산적 사고의 개관

1. 발산적 사고의 요소

'새로운' 아이디어(대안)를 많이, 다양하게, 독특하게 그리고 자세하게 생산해 내는 것을 발산적 사고(확산적, divergent thinking)라 부른다. 일상의 통상적인 생각(ordinary)에서 벗어날수록 아이디어는 새롭고 창의적인 것일 수 있다. 처음에는 쉽게 경험하고 습관적으로 해왔던 것들이 생각나지만 이들을 밖으로 표현해 가다 보면 점차 상상적이고 창의적인 아이디어가 떠오를 수 있다. 창의력은 협의로 정의하면 바로 '발산적 사고'이다. 그것은 창의력, 창의적 문제해결에 중심적인 것이기 때문이다.

발산적 사고는 대답이 여러 가지일 수 있는 '열린' 질문(open-ended)이나 열린 문제에 대한 사고이며, 반응이 하나뿐인 '닫힌'(closed-ended) 것의 경우는 해당되지 아니한다. 아래에 있는 첫 번째 보기는 '닫힌' 질문이기 때문에 여러 아이디어를 생각해 내는 발산적 사고가 필요하지 않다. 그러나 두 번째 질문은 '열린' 질문/과제이기 때문에 발산적 사고를 통하여 여러 아이디어를 생각해 내어야 한다. 그래서 프랑스에 갈 수 있는 가장 싸면서 편한 여정을 생각해 낼지도 모른다.

- 프랑스의 수도는?
- 프랑스에 갈 수 있는 여행 경로에는 어떤 것들이 있는가?

발산적 사고에서 말하는 새로운 아이디어를 '칭의력(발산적 사고)의 요소'라

하여 더욱 자세히 설명할 수도 있다. 발산적 사고의 요소에 대한 논의는 Guilford의 '지능의 구조'(SOI, Structure of intellect)에서 시작하였는데 현재는 다음의 네 가지를 주로 다루고 있다.

(1) 유창성(fluency)

주어진 시간 내에 할 수 있는 대로 많은(many) 아이디어를 생성해 내는 것을 말한다. 주어진 시간에 많은 아이디어를 생각해 낼수록 '유창성'이 높으며, 유창성의 점수는 생산해 낸 아이디어의 개수로 채점한다.

사고의 유창성을 개발하는 한 가지 방법은 컵, 탁구공, 벽돌 등과 같은 일상의 물건을 독특하게 사용할 수 있는 방법을 주어진 시간 내에 가능한 대로 많이 생각해 보게 한다. TTCT 창의력 검사에서는 '통조림 깡통'이나 '마분지 상자'를 재미있고 독특하게 사용할 수 있는 용도를 가능한 대로 많이 나열할 것을 요구하고 있다. 예컨대, 아래의 보기 활동들을 수행해 보라.

유창성은 발산적 사고의 요소들 가운데 가장 중요한 것이다. 유창성이 낮으면 다른 요소도 따라서 낮아지며, 유창성이 향상되면 대개는 다른 요소도 향상된다. 그리고 유창성과 대비되는 것은 독창성이다.

(ⅰ) 빨간 물건의 보기를 할 수 있는 대로 많이 나열해 보라.
(ⅱ) 느낌이 부드러운 것을 많이 생각해 보라.
(ⅲ) '방학'이라는 단어를 듣고 떠오르는 단어들을 할 수 있는 대로 많이 적어 보라.
(ⅳ) 두 사람이 짝을 짓게 한다. 먼저 한 사람이 어떤 주제(예컨대 '방학')에 대하여 이야기를 한다. 다음은 다른 사람이 이야기를 이어서 계속한다. 이렇게 여러 차례로 계속한다. 각기의 시간은 2분이다.
(ⅴ) 2050년이 되면 '학교'는 팬데믹 대역병 같은 것뿐만 아니라 비용이 너무 비싸게 들어서 모든 학교가 폐교될 수도 있다. 그러면 학생들은 모두가 집에서 '온라인'으로 공부해야 한다. 그러나 다니고 싶은 학교는 자유롭게 선택할 수 있으며 또한 전 세계에 있는 학생들과 같이 공부할 수 있게 될지도 모른다. 이러한 변화와 관련하여 생겨날 수 있는 문제를 할 수 있는 대로 많이 나열해 보라.

(2) 융통성

다양한(varied) 아이디어들을 생성해 내는 것을 말한다. 이것은 문제/과제를 다양한 여러 시각에서 생각할 줄 아는 것이다. 그리고 이 요소는 생성해 낸 아이디어 속에 포함되어 있는 '범주'의 수에 따라 채점한다. 예컨대 벽돌의 용도로 25가지를 생각해 내었는데 어느 것도 비슷하거나 같은 것이 아니라면 융통성 점수는 25점이다. 그러나 거기에 포함되어 있는 반응이 모두 다 '집 짓는 데', '아파트 짓는 데', '가게 짓는 데', '백화점 짓는 데' 등의 건물을 짓는 것뿐이라면 이들 반응은 '건축'이란 같은 범주의 것이므로 융통성 점수는 1점밖에 되지 않는다.

문제를 다양한 시각에서 보고 생각할수록 범주가 다른 종류의 아이디어를 생성해 낼 수 있다. 한 가지 시각(perspective)에서만 들여다보면 문제는 언제나 같거나 비슷하게 보이기 쉽다. 그리고 비슷한 생각에 맴돌면 막힌 골목에 빠지기 쉽다. 그래서 FPSP 창의력 교육 프로그램에서는 융통성을 교육하기 위하여 [그림 2-1]에서와 같은 범주 리스트를 사용하여 융통성을 향상시키고 있다. 어떠한 문제라도 이러한 범주에 따라 또는 그 이상의 범주들을 가지고 여러 아이디어들을 많이 생산해 내보도록 연습을 하게 하면 '융통성'의 수준이 향상될 수 있다.

(i) 거울과 베개를 사용하여 만들 수 있는 발명을 여러 가지로 나열해 보라. 또는 그림으로 그려보라.

(ii) 만약에 하루에 10만 원을 가지고 마음대로 쓸 수 있다면 이것을 어떻게 사용할 수 있을까? 여러 가지 방법을 나열해 보라.

(iii) 가난한 사람을 도울 수 있는 방법을 여러 가지의 시각/입장에서 많이 생각해 보라.

(iv) [그림 2-1]에 있는 18개 범주의 각기에서 적어도 2개 이상의 대답을 디자인해 보라.

- 생성해 낸 아이디어들을 비슷한 것끼리 묶음 한다. 묶음의 수가 많을수록 융통성 수준이 높다고 본다.

▼ [그림 2-1] FPSP에서 사용하는 아이디어 생성을 위한 범주 리스트

사업과 무역		예술과 취미	
운송		신체건강	
인간관계		정신건강	
환경		기본적인 욕구	
교육		국방	
기술		경제	
레크리에이션		법률과 정의	
정부와 정치		통신	
윤리와 종교		기타	

출처: 김영채(2009). p. 27

(3) 독창성

남들이 생각하지 못한 기발하고 독특한(unique, original) 아이디어를 생성해 내는 것이다. 다른 사람들이 생성해 낸 반응에는 없는 것일수록 독창적이며, 독창성은 다른 이들의 반응에 없는 아이디어의 개수로 계산한다. 대개는 전체 사람의 1% 또는 5% 미만의 아이디어를 독창적인 것이라고 본다.

(i) [그림 2-1]의 범주리스트에 있는 '신체 건강'에 대하여 할 수 있는 대로 많은 특별한 아이디어를 나열해 보라(5분).

(ii) 당신은 우리나라의 겨울 기후에 대하여 연구하려고 한다. 그래서 어디서 어떻게 적절한 정보/자료를 수집할 수 있는 지를 광범위하게 알아보려고 한다. 수집을 위한 여러 특별한 '장소'를 나열해 보라.
- 위의 보기의 각기에서 생성해 낸 아이디어의 총수는 몇 개인가?(유창성)
- 이들 아이디어를 비슷한 것끼리 묶음하면 묶음의 총수는 몇 개인가?(융통성)
- 당신의 아이디어 가운데 다른 누구도 생각해 보지 못했을 것 같은 것에는 몇 개가 있는가?(독창성)

(4) 정교성

생각이 기본적인 수준에서 머물지 않고 보다 더 깊게 세부적으로, 자세하게 파고들어 가서 아이디어들을 생산해 내는 것을 말 한다. 기본적인 아이디어를 보다 더 재미있고 완전한 것으로 다듬고 발전시켜 갈수록 아이디어는 정교하며 창의적일 가능성이 커진다. 기본적인 아이디어를 보다 자세하고, 구체적이며, 재미있고 완전한 것으로 다듬고 확대시켜 가는 것을 정교화(elaboration)한다고 말한다.

(i) 당신의 키가 3m로 커진다고 가상해 보라. 이에 따라 어떠한 일이 벌어지게 될까? 키기 커짐에서 따라 생거나는 효과나 그에 따른 결과들을 할 수 있는 대로 많이 나열해 보라. 예컨대, '침대가 더 커져야 하고, 더 많이 먹어야 하고, … .'
- 이제 '침대가 더 커져야 한다'를 선택하여, 여기에 따라서 다시 어떤 일이 벌어지게 될지를 할 수 있는 대로 많이 나열해 보라. 예컨대, '침대 값이 올라간다'.
- 다시 '침대 값이 올라가게 된다'를 선택하여 그러한 결과에 따라 다시 어떤 일들이 벌어지게 될지를 많이 생각해 보라.

(ii) 좀 큰 종이 위에 반지름 2cm의 원을 그려 보라. 이제 이 원에다 무엇을 더 자세하게 그려 넣어 더욱 재미있는 그림이 되게 해 보라. 자세할수록 '정교한' 그림이다.

(iii) 재미있는 동화 하나를 선택하여 읽는다. 예컨대 '빨간 모자' 또는 '아기 돼지 삼형제' 같은 것을 읽는다.

- 읽은 동화에 다른 내용을 추가하여 '길이'가 지금보다 2배 정도가 되는 이야기를 만들어 보라.
- 읽은 동화에 있는 '끝맺음'(해결)이 지금의 것과는 정반대가 되도록 이야기를 다르게 만들어 보라. 예컨대 '빨간 모자'에서는 '못된 늑대는 이렇게 하면서, 빨간 모자를 잡아먹고 말았답니다'라고 끝이 난다. 이것을 '빨간 모자는 기쁨에 넘쳐 '어머니'에게 돌아가게 되었습니다'라는 내용이 되게 끝맺음 내용을 바꾸는 것이다.

(iv) 당신의 팀에서는 '어떻게 우리가 물 자원을 보호할 수 있을까?'란 과제를 다루면서 과제의 '해결책'으로 '일정량의 물 배급제 실시'를 제안하게 되었다. 이러한 해결책을 실행한다면 어떻게 실제로 실행할 수 있는 지를 5개 이상의 문장으로 좀 자세하게 설명해 보라.

2. 발산적 사고도구의 선택적 활용

창의적인 새로운 아이디어를 생성해 내려면 우선 새로운 아이디어를 많이 생성해 낼 수 있어야 한다. 이를 위하여 여러 방법/기법이 개발되어 있는데 이들을 우리는 발산적 사고 기법 또는 발산적 사고도구 등으로 부르고 있다. 그런데 창의적인 아이디어를 요구하는 장면은 다양할 것이고, 장면에 따라 어떤 새롭고 혁명적인 아이디어가 필요한 것인지도 얼마든지 다를 수 있다. 그래서 발산적 사고도구에는 여러 가지가 개발되어 있어서 자신이 현재 다루는 장면에 보다 적절한 것을 선택하여 사용하는 것이 중요하다. 이것을 창의적 사고의 '전략'이라 부를 수 있다.

그리고 여러 발산적 사고도구에는 집단용뿐 아니라 혼자서 사용할 수 있는 개인용도 여러 가지가 있다. 그러나 여기서는 집단용의 발산적 사고도구 가운데 비교적 많이 사용되는 것을 정리해 보면 [그림 2-2]와 같다.

그러면 어떤 구체적인 장면에서 여러 가지의 발산적 사고도구들 가운데 가장 적절하고 효과적인 것을 어떻게 선택하여 사용해야 할까? 이러한 질문에 답할 수 있는 유일한 기준은 '어떤 성질의 아이디어를 얻고 싶은가?'일 수밖에 없다. 물론 어떤 하나의 과제를 문제해결하기 위하여 필요에 따라 한 개만이 아니라 몇 개의 사고도구를 번갈아 가면서 같이 사용할 수도 있다.

여러 발산적 사고도구들은 각기에서 기대하는 아이디어를 [그림 2-2]에서

▼ [그림 2-2] 발산적 사고도구들의 '순응적-혁명적' 스펙트럼

발산적 사고 도구의 선택

보다 순응적인 아이디어:	보다 혁명적인 아이디어:
• 점진적 개선이나 수정 • 현재의 구조를 '더 낫게' 향상시킴 • 현재의 체제에 맞추며 쉽게 실천 가능함	• 기본적인 변화나 혁명적인 변화 • 새로운 '다른' 구조와 체제를 만듦 • 현재의 체제를 '다르게' 바꾸고자 하며 실천하는 데 시간이 오래 걸림

⟷ 필요한 대안의 유형 ⟷

사용하는 도구

• 브레인라이팅 • 브레인스토밍 • 시각적인 관계 확인
• 브레인스토밍 게시기법
• 형태분석법 • 속성열거법 • SCAMPER • 강제결부법 • 상상여행

출처: Isaksen, Dorval & Treffinger(2011). p. 105

처럼 '순응적-혁명적'의 연속선에 따라 정리해 볼 수 있다. 변화의 스펙트럼에서 보면 '순응적인'(점진적인, adaptive) 아이디어는 현재의 것을 '더 낫게'(better) 변화시키는 데 초점이 있다. 반면에 '혁명적인' 것은, 순응적인 것과는 달리 현재의 것을 급진적으로, 파열적으로(disruptive) 또는 혁명적으로 바꾸어 '다르게'(different) 변화시킬 수 있는 아이디어를 찾는데 초점이 있다. 예컨대 보다 순응적이고 보수적인 아이디어를 원하면 '형태 분석법'과 같은 기법이 더 도움 된다. 강제 결부법 등은 보다 혁명적인 아이디어가 필요할 때 효과적으로 사용할 수 있다. 여러 발산적 사고도구는 '순응적-혁명적'의 두 개 축이 이루고 있는 연속선에 따라 정리해 본 것이 [그림 2-2]이다. 여러 발산적 사고도구 가운데 가장 광범위하게 많이 사용되고 있는 것은 브레인스톰(브레인스토밍) 기법이다. 이 기법은 개인적으로 또는 팀에서 매우 유용하게 쉽게 사용할 수 있다.

3. 발산적 사고의 가이드라인

많은 아이디어를 생산해 내려면 가능한 대로 심리적인 억압이나 제한이 없이 자유로워야 한다. 그래야 생각이 자유분방하게 물 흐르듯이 생겨날 수 있다. 발산적 사고를 할 때는 언제나 반드시 지켜야 할 규칙, 즉 가이드라인을 강조하게 된다.

Osborn(1963)은 발산적 사고의 두 개 원리와 거기에서 도출해 낸 네 가지 규칙을 나열하고 있는데 이들 규칙은 오늘날까지도 그대로 적용되고 있다. 이들을 발산적 사고의 4S라 부르기도 하는데, 이들 가이드라인을 요약하고 있는 것이 <표 2-1>이다.

(1) 원리

(ⅰ) 판단을 유보한다.

(ⅱ) 양(量)이 질(質)을 낳는다.

(2) 발산적 사고의 가이드라인/규칙

발산적 사고를 할 때는 언제나 다음과 같은 네 가지의 규칙, 즉 가이드라인을 지켜야 한다.

(ⅰ) 비판 또는 판단의 유보-아이디어의 '생성'과 아이디어의 '판단'을 구분하라.

아이디어를 발산해 내는 동안에는 생각해 내는 아이디어에 대하여 비판이나 칭찬을 하지 않는다. 또한 '예' 또는 '아니요'(또는 찬성이나 반대)란 말을 하지 않는다. 발산적 사고를 위한 최선의 원리는 많은 아이디어가 자유롭게 흘러나오도록 하는 것이다. 비판하고 판단하는 '검열관'은 집단내의 다른 사람일 수도 있고, 또는 자신의 마음속에서 일어나는 자기 내적인 것일 수도 있다. 그러면 아이디어를 생성해 내는 흐름이 방해되거나 질식된다(Support).

〈표 2-1〉 발산적 사고의 가이드라인

(ⅰ) 비판하거나 판단하는 것을 유보한다.	• 아이디어에 대하여 '예' 또는 '아니요'를 말하지 않는다. 아이디어의 생성과 아이디어의 판단을 구분한다. **~ 판단하지 말라.**
(ⅱ) 양(量)이 중요하다.	• 할 수 있는 대로 많은 아이디어들을 생성토록 하라. **~ 더 많이 생각해 내어라.**
(ⅲ) 자유분방한 것을 환영한다.	• 모든 아이디어들을 수용하라. 거칠고, 엉뚱하고, 우스워 보이는 아이디어일수록 거기에서 다른 새로운 아이디어가 떠오를 가능성이 더 크다. **~ 엉뚱할수록 좋다.**
(ⅳ) 이런 저런 아이디어들을 조합하거나 더 낫게 고쳐보라.	• 이미 생각해 놓은 아이디어에 살짝 올라타서 바꾸어 보거나 또는 이런 저런 아이디어들을 새롭게 조합해 보면 새로운 아이디어를 만들 수도 있다. **~ 다른 아이디어에 편승하라.**

(ⅱ) 양이 중요하다 - 할 수 있는 대로 많은 아이디어를 생성하라.

발산적 사고에서는 양이 질을 낳는다고 믿는다. 그러므로 더욱 많은 아이디어를 생산해 낼수록 그들 중 어떤 것은 보다 더 독창적이고 가치 있는 것일 가능성이 커진다고 본다. 생성해 내는 아이디어를 간단하게 빨리 적으려 노력하는 것은 생각이 끊이지 아니하고 많은 것들을 생각해 내는 데 더 많은 시간을 사용할 수 있기 위함이다(Speed).

(ⅲ) 자유분방한 것을 환영 한다 - 어떠한 아이디어라도 모두 수용하라.

아이디어는 거칠고 우스꽝스럽고 엉뚱한 것일수록 다르게는 생각해 내기 어려운 어떤 새로운 아이디어나 발견을 가져올 가능성이 크다. 따분한 아이디어에 흥분과 생명을 불어넣기보다는 거친 아이디어를 다듬고 발전시키는 것이 훨씬 더 쉽고 생산적이다(Silly).

(ⅳ) 아이디어들을 조합하거나 더 낫게 바꾸어 보라.

자기 자신이나 남들이 생각해 낸 이런 저런 아이디어들을 서로 연결시키고 새롭게 조합하여 새로운 아이디어를 만들어 보거나 또는 현재의 아이디어를 살짝 바꾸어 새로운 아이디어를 만들어 본다. 다른 사람의 아이디어에 편승하여 새로운 것들을 만들어 보라(Synergy).

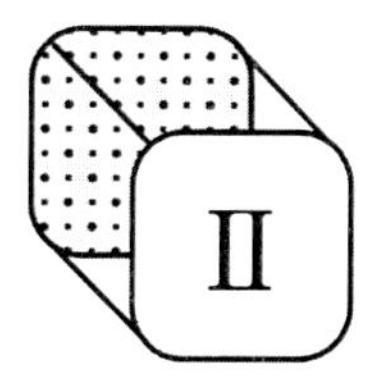

브레인스톰 기법

1. 브레인스톰 기법의 개관

브레인스톰(Brainstorm, 브레인스토밍, Brainstorming, BS) 기법은 몇 가지 발산적 사고기법들 가운데 가장 오래된 것이며 또한 현재까지 가장 광범위하게 사용되고 있다. 이 기법은 1939년 실업가였던 Alex Osborn이 창안한 것으로, 하나의 구체적인 문제에 초점을 두고 가능한 대로 많은 개수의 아이디어를 생성해 내기 위하여 만든 기법이다. 원래는 집단이 문제해결 하는 데 사용하기 위하여 개발한 것이지만 개인적으로 사용할 수도 있다.

여러 개의 아이디어/대안이 필요하거나 또는 다양한 가능성을 찾아보고 싶을 때는 언제나 BS를 이용할 수 있다. 이 기법은 발산적 사고도구 가운데 가장 많이 알려져 있고 가장 광범위하게 사용되고 있다. BS에서는 많은 아이디어를 생성해 내려고 노력한다. 양(量)이 중요하다. 많은 아이디어를 생각해 내다 보면 습관적인 반응이나 통상적인 사고에서 벗어날 수 있다. 세션의 후반부에 접어들수록 보다 상상적인 아이디어들이 떠오를 수 있다.

브레인스톰은 끝이 열려져 있는 질문/문제를 다루기 때문에 일단 익숙해지고 나면 정말 재미있는 아이디어가 쏟아지기 시작할 수 있다. 그리고 집단 멤버의 참여의 열기도 덩달아 높아지게 된다. 그러면 한 사람이 하나씩 차례대로 말하는 것이 부담스럽고 자연스럽지 않을 수 있으며 그래서 아이디어의 흐름이 방해받을 수도 있다.

그러므로 아이디어를 한 사람씩 차례대로 발표하게 하는 '구조적인' 방법과 모든 사람이 떠오르는 아이디어를 자유롭게 말할 수 있는 매우 '비구조적인' 방법을 균형 있게 사용할 필요도 있을 수 있다. 예컨대 말하는 아이디어를 기록하는 '기록자'를 자주 교대하거나, 녹음을 하거나, 큰 용지를 벽에 붙여두고 각자가 아이디어를 말하면서 거기에 기록하거나, '포스트잇'을 사용하는 등의 방법이 있을 것이다.

Osborn(1957)은 시간이 허용한다면, 브레인스톰 세션은 다음과 같은 세 개 국면에 따라 이루어지는 것이 효과적이라 말한다. 그는 집단 브레인스톰 시간과 개인 브레인스톰의 시간을 번갈아 가지는 것을 제안하고 있다.

(ⅰ) 개인적으로 브레인스토밍 하여 종이에다 아이디어를 기록한다.

(ⅱ) 집단에서 같이 브레인스토밍 한다. 누구나 볼 수 있고 검토해 볼 수 있게 아이디어를 큰 종이에다 적는다(포스트잇을 사용하면 거기에 붙인다. 그러면 나중에 아이디어를 정리할 때 편리하다).

(ⅲ) 다시 개인적으로 아이디어를 생각해 내는 브레인스톰 세션을 가진다.

다른 발산 사고도구를 사용할 때와 마찬가지로 브레인스톰을 할 때는 발산적 사고의 규칙을 철저하게 지켜야 한다. 특히 제시하는 아이디어에 대하여 비판적인 말을 하지 않아야 한다. 다른 사람의 아이디어를 비판하고 판단하지 말아야 하지만, 자신이 떠올리는 아이디어에 대하여서도 비판적이면 안 된다. 그리고 '왜' 또는 '그래서' 등의 말로 이유를 묻거나 편집을 요구하는 일도 없어야 한다. 그러면 떠오르는 아이디어를 자유롭게 표현하지 못한다.

BS에서는 다른 사람의 아이디어에 편승하는(히치하이킹) 것을 격려한다. 누가 말하는 아이디어를 들으면 거기에 관련하여 약간 다른 생각이 떠오를 수 있다. BS에서는 아이디어들을 같이 조합하고, 재배열하고, 추가하거나, 더 낫게 다듬거나 개선하기를 기대하며 또한 그러한 노력을 격려한다. 그러나 이렇게 하는 것이 말처럼 쉬운 것은 아니다. 따라서 연습을 해야 한다.

2. 브레인스톰 진행의 요령

브레인스톰의 세션을 진행해 가는 과정의 요령들을 차례대로 개관해 본다(<활동양식 #7-1> 참조).

(1) 집단의 구성과 기록자

브레인스톰은 여러 아이디어가 필요한 장면에서는 언제든지 쉽게 사용할 수 있다. 그래서 대개는 집단의 구성이 문제되지 않는다. 그러나 브레인스톰 활동을 계획적으로 수행하고자 할 때는 집단의 크기는 5~10명 정도가 이상적이다. 멤버들은 배경 경험이 다양하고 이 기법에 익숙할수록 좋다.

그리고 생성해내는 아이디어를 기록할 기록자를 둔다. 교사/강사가 기록원을 겸할 수도 있다. 기록자는 멤버들이 발표한 아이디어를 모두 기록한다. 간단한 단어나 구(句)로 칠판이나 큰 종이에 기록하며 모든 사람이 보고 확인할 수 있게 한다. 진행자는 회의가 유머러스하면서도 시간에 맞춰 빠른 템포로 진행되게 한다. 멤버 전원이 아이디어 생성에 참여하도록 진행을 격려하고 관리한다. 포스트잇이나 노트북을 이용할 수도 있다.

(2) 발산적 워밍업

어떤 토픽, 질문 또는 문제에 대하여 많은 아이디어를 생성해 내려면 세션을 시작하기 전에 약간의 '워밍업' 활동(warm-up)을 하는 것이 효과적이다. 이것은 육상경기 등 스포츠를 시작하기 전에 스트레칭하고, 점핑하고, 정신적으로 준비하고, 가볍게 몸을 푸는 것과 비슷하다. 이러한 활동은 '경기' 자체와는 무관하지만 그래도 경기를 잘하는 데 매우 중요할 수 있다.

창의적인 사고를 하는 데도 마찬가지로 워밍업 활동이 필요하다. 이러한 활동의 목적은 굳어진 습관이나 마인드 세트, 정해진 습관적인 틀을 넘어 상상적이고 독창적인 것을 자유롭게 '생각'하도록 만드는 데 있다. 재미있고, 자유분방한 것을 많이 상상해 보게 할 수 있다. 상황에 따라 워밍업 활동의 종류나 크기는 매우 다를 수 있지만 몇 가지 예시해 보면 아래와 같다.

(ⅰ) 어떤 '그림'을 제시하고 지금 거기에서 무엇이 일어나고 있으며, 앞으로 어떤 일이 벌어질 것 같은지를 자유롭게 상상해 보도록 요구한다.

(ⅱ) '그림'을 사용하는 대신 '끝이 열려져 있는' 간단한 질문을 하고 거기에 대하여 많은 아이디어들을 생각해 보게 한다.

이런 질문은 여러 가지의 대답이 가능하다는 것이 특징이다. 어떤 제품/산출을 개선하기, 새로운 용도, 다른 설명, 제목 붙이기 또는 이야기나 그림을 완성할 것을 요구하는 것 등이다. 예컨대 벽돌이나 연필의 용도를 많이 생성해 보도록 요구하는 것이다.

(ⅲ) 조직/기관에서 중요한 문제를 가지고 며칠 동안 브레인스톰 세션을 계획하는 경우는 '안내 자료'와 함께 '사전 연습문제'를 제시한다.

다음과 같은 '연습 활동'을 생각해 볼 수 있다: '당신은 어렸을 때 무엇이 되려고 했는가? 군인? 교사? 비즈니스맨? 대통령? 아래에서 어렸을 때 꾸었던 꿈을 세 개 이상 적어 보라. 그리고 왜 그렇게 생각했는지를 상상해 보라.' 또는 '우리 클럽의 이름이 '푸른 하늘'이다. 남들이 알 수 있게 이 이름을 엉덩이로 표현해 보라' 등.

(3) 과제/문제의 제시

다루려는 토픽, 과제나 문제를 제시하고 확인한다. 예컨대 '벽돌의 용도에는 어떤 것이 있을까요? 할 수 있는 대로 많이 생각해 보세요'라고 말한다. 만약에 어떤 질문이나 문제를 다룬다면 "어떻게 하면, 어떤 방법으로 하면 … 있을까요?"와 같은 어간을 가진 의문문을 사용함으로써 여러 가지 아이디어를 생각해 낼 수 있도록 자극하고 격려한다(CPS 창의적 문제해결의 '단계 3: 문제의 발견' 참조).

그리고 필요하면, 다루려는 과제/문제가 무엇인지를 더 잘 이해하기 위하여 관련의 정보를 수집하고 분석하고 같이 논의해 본다. 그리고 과제/문제의 장면을 더 잘 이해하기 위한 활동을 한다.

(4) 세션의 진행과 종료

제한 시간을 두거나 또는 시간 제한 없이 충분히 많은 아이디어들을 생성해 낼 때까지 활동을 계속한다. 제한 시간이 되면(제한 시간이 없으면 충분히 많은 아이디어를 생각해 내었으면) 발산적 사고의 세션을 종료한다. 그러면 이들을 가지고 다음의 국면으로 수렴적 사고를 시작할 수 있다.

그런데 세션을 진행하다 보면 더이상 별다른 아이디어가 생각나지 아니하고 진행이 무기력해지고 막다른 골목에 이른 것 같이 될 수도 있다. 이들은 활기와 새로운 방향의 사고가 필요한 시점이다. 이때 사용할 수 있는 요령은 다음과 같다.

(i) 사회자가 아이디어를 자극하고 격려하는 말씨를 사용한다.

- 그것을 어떻게 하면 될까요?
- 또 다른 어떤 것은 없을까요?
- 이 아이디어를 다른 어떤 것과 조합시킬 수는 없을까요?
- 좀 더 말해 봐요.
- 어떻게 다르게 사용할 수 있을까요?
- 누가 이들 아이디어를 확대시켜 볼 수 없을까요?
- 그렇게 하면 어떻게 될까요?
- 무엇이든 좋습니다. 더 상상해 보면 어떻게 될까요?

(ii) 사회자가 새로운 시각에서 생각해 볼 수 있게 '창의적인 질문'을 한다.

이때 유용하게 사용할 수 있는 기법 가운데 하나는 SCAMPER이다(2장의 Ⅲ. SCAMPER 기법 참조). 여기서는 다음과 같은 질문을 하여 하던 대로의 시각에서 벗어나 새로운 시각/관점에서 볼 수 있게 한다.

- 다른 것으로 대치하면?
- 조합하면?
- 조정하면?
- 수정－확대－축소하면?
- 다른 용도는?

• 제거하면?
• 재배치하면?

3. 브레인라이팅과 브레인라이팅 게시 기법

브레인스톰 기법은 장면에 따라 몇 가지로 변형하여 사용할 수도 있는데 이들 가운데 하나가 브레인라이팅(Brainwriting) 기법이다. 사람들이 다소간 내성적이거나 또는 분위기 때문에 남들 앞에서 자신의 아이디어를 말하는 것을 주저할 때 이 기법을 유용하게 사용할 수 있다.

집단 구성원마다 소정 양식의 용지를 한 장씩 가지게 한다. 그리고 가운데 테이블에는 필요한 개수만큼의 빈 용지를 놓아둔다. 이 용지에는 4칸×3칸=12칸의 공란이 마련되어 있다. 각자는 먼저 자기가 가지고 있는 용지의 첫 번째 가로 칸 세 개 란에 자신의 아이디어를 적은 다음 다시 중앙에 있는 테이블 위에 가져다 놓는다. 그리고 다른 사람이 마치고 가져다 놓은 용지를 집어 가서 그 다음에 있는 세 개의 빈칸에다 각기 아이디어를 적어 넣는다.

그것은 새로운 아이디어일 수도 있고 다른 사람이 적어 놓은 것에서 힌트를 받아 새롭게 만든 것일 수도 있다. 이전의 아이디어에 편승하여 무엇을 추가하거나 이것저것을 조합하여 새로운 아이디어를 만드는 것이다. 충분한 개수의 아이디어가 생성될 때까지 이러한 과정을 계속한다. 끝나면 기록자는 이들 아이디어를 정리하고 사정하는 수렴적 사고의 국면을 시작할 수 있다.

브레인스토밍 기법의 또 다른 변형은 브레인라이팅 게시기법이다. 이 기법은 집단 성원들이 아이디어 생성을 아주 왕성하게 할 때 아이디어 생성의 흐름이 방해받지 않게 하기 위하여 사용할 수 있다. 이 기법을 사용하면 집단의 열기가 높으며 서로 힌트를 주고 받으면서 새로운 아이디어를 더 많이 생성할 수 있다. 먼저 충분한 개수의 포스트잇(post-it) 용지를 준비한다. 한 개의 용지에는 반드시 한 개의 아이디어만 적는다. 자신의 아이디어를 다른 사람들이 알아들을 수 있게 큰 소리로 읽고, 그것을 앞자리에 준비해 둔 게시판에 붙인다. 이렇게 포스트잇 용지를 사용하면 아이디어의 흐름이 원할해질 뿐 아니라 다음에서 이들을 가지고 수렴적 사고를 할 때 분류, 조직화 또는 판단하기가 쉬워지는 장점이 있다. 게시판에 충분한 개수의 용지가 채워지면 이제 가장 좋은 대안을 찾는 수렴적 사고를 시작할 수 있다(<활동양식 #7-2> 참조).

연 습 활 동

활동 Ⅱ-1

다음에는 정답(바른 대답)이 1개뿐인 질문과 여러 개일 수 있는 질문들이 섞여 있다. 정답이 여러 개일 수 있는 질문에 체크 표시(✓)하라.

1. ( ) 12+31=?
2. ( ) 남을 도와 줄 수 있는 방법은?
3. ( ) 당신의 나이는?
4. ( ) 철수의 장점은?
5. ( ) 과제들을 묶음 하는 방법은?
6. ( ) 글의 제목은?
7. ( ) 좋은 친구의 의미는?
8. ( ) 제주도는 섬인가?
9. ( ) 공원의 종류는?
10. ( ) 세계에서 제일 높은 산은?

활동 Ⅱ-2

호기심을 가지고 여러 가지 질문을 할 줄 아는 것은 중요하다. 특히 가능한 여러 질문 가운데 '중요한' 질문을 할 줄 아는 것이 중요하다. 그런데 질문에는 정답(정확한 대답)이 1개뿐인 것도 있고, 경우에 따라서는 가능한 대답이 여러 가지로 많을 수도 있다. 중요한 대답을 얻을 수 있는 질문을 하는 것은 창의적인 생활에서 매우 중요하다.

(ⅰ) 어떤 친구가 우리 학교로 전학을 왔다. 그에게 정답이 1개뿐인 질문을 한다면?(10개 이상)

(ⅱ) 우리 학교로 전학 온 친구에게 대답이 여러 개 일 수 있는 질문을 한다면?(10개 이상)

(ⅲ) 위의 (ⅰ)과 (ⅱ)를 통틀어 가장 중요해 보이는 질문을 5개 골라 보라. 그리고 각기에 대하여 새로운 친구는 어떤 대답을 할 것 같은지를 상상하여 말해 보라.

활동 Ⅱ-3

벽돌의 용도를 할 수 있는 대로 많이 그리고 다양하게 말해 보라(30개 이상).

활동 Ⅱ-4

일 년 내내 추운 날씨만 계속된다면 어떤 일들이 벌어질까요?

활동 Ⅱ-5

'범사에 감사하라'라고 말한다. 자세히 생각해 보면 세상에는 감사할 일이 많이 있다. 감사해야 할 일을 할 수 있는 대로 많이 나열해 보라.

활동 Ⅱ-6

어느 도교육청에서는 인구가 줄어 하나 남아 있던 어느 '초등학교'마저 폐쇄하게 되었다. 교육청에서는 이 학교 시설과 부지를 가지고 수익사업을 하려고 한다. 폐교를 활용하는 수익사업으로 가능한 것에는 어떤 것들이 있을까요?

활동 Ⅱ-7

"철수는 학교 가기가 싫어졌다. 벌써 1주일 넘게 학교를 결석하고 있다." 이렇게 하면 안 되겠지요. 우리가 어떻게 철수를 도와줄 수 있을까요?

(ⅰ) 철수는 학교 가는 것이 '왜' 싫어졌을까? 할 수 있는 대로 많이 상상해 보라.

(ⅱ) 철수가 계속해서 학교를 결석한다면 앞으로 어떤 일들이 벌어질 것 같은가? 가까운 미래뿐 아니라 먼 미래까지 포함하여 생각해 보라.

(ⅲ) 위의 각기에서 가장 중요해 보이는 것 두 개씩을 골라보라. 그리고 이들의 각기를 "만약에 ---, 그러면 …"의 형식을 사용하여 보다 자세하게 설명해 보라.

활동 Ⅱ-8

식당에서는 손님들이 남긴 음식을 매일 많이 내버리고 있다. 그러나 법에 따라 그것을 원하는 사람이 있다 해도 함부로 줄 수 없다고 한다. 그럼에도 남은 음식물을 효과적으로 활용할 수 있는 창의적인 방법은 있을 것이다. '브레인라이팅 기법'을 활용하여 당신의 창의력을 발휘해 보라.

활동 Ⅱ-9

어느 늙은 노부부는 전기, 가스시설, 수도시설 등등 현대적인 시설이라고는 하나도 없는 통나무집에 살고 있었다. 그런데 어느 날 자식들의 권고에 따라 이들은 편리한 현대 시설이 두루 갖추어져 있는 도시의 아파트로 이사 오게 되었다. 그런데 이들 노부부는 매우 즐거울 것 같지만 사실은 매우 불행했다고 한다.

(ⅰ) 어떤 문제가 있을까요?

(ⅱ) 어떻게 하면 이들 노부부의 아파트 생활을 도와줄 수 있을까?

활동 Ⅱ-10

펜터마임(pantomime)은 말을 사용하지 아니하고 대신에 손짓, 몸짓과 같은 신체를 사용하여 커뮤니케이션 하는 무언극이다. 다음의 각기를 재미있게 펜터마임해 보라.

(ⅰ) 지독하게 매운 음식 먹기

(ⅱ) 동화의 이야기를 같이 읽고 이를 집단에서 펜터마임으로 연출해 보라.

활동 II-11

입으로 뜨거운 국사발을 불면 왜 서늘해질까? 과학적으로 그럴듯해 보이는 설명 또는 그냥 상상으로 해 보는 엉뚱한 대답을 여러 가지로 적어보라. 우리는 실제로는 이유를 모르면서도 당연히 그런 것처럼 지나쳐버릴 때가 많다.

활동 II-12

아래의 그림을 자세히 들여다보고 물음에 대하여 여러 가지로 대답해 보라.

(i) 그림에 있는 일이 '일어나기 전'에 어떤 일이 있었을까?(10개 이상)

(ii) 그림에 있는 일이 '일어나고 난 다음'에는 어떤 일이 일어날 수 있을까?(10개 이상)

활동 Ⅱ-13

아래에는 고기 두 마리가 대화하는 재미있는 만화가 있다. 그러나 대화의 내용은 빈칸으로 남겨져 있다.

(ⅰ) 제목은 '멍텅구리'이다. 빈칸에 들어갈 수 있는 '대화'의 내용을 여러 가지로 재미있게 상상해서 적어보라.

(ⅱ) 이제 제목을 '만나서 반가워!'로 바꾸었다. 어떤 이야기를 하고 있을까요?

(ⅲ) 두 가지 제목의 각기에서 가장 그럴듯해 보이는 것 하나를 골라 두 사람이 이것을 실제로 행위 연출해 보라.

활동 Ⅱ-14

아래에 제시되어 있는 각기의 만화에 들어갈 수 있는 대화를 여러 가지로 적어보라.

활동 Ⅱ-15

로고(logo)란 집단이나 조직의 특징을 시각적인 그래픽으로 표현한 것이다. 자신의 학교나 학반 또는 회사에서 사용할 수 있는 로고를 여러 가지로 설계해 볼 수 있다. 이제 당신 학교(학과)에서 사용할 수 있는 '로고'를 디자인 해 보라. 브레인스토밍의 시간은 15분이다(끝이 나면 정리하여 가장 그럴듯한 것을 선택한다. 그리고 그것의 내용을 설명해 본다).

활동 Ⅱ-16

아래에 주어져 있는 것이 그림의 일부가 될 수 있는 재미있는 '그림'을 그려보라. 그림이 더욱 의미 있고, 자세하고, 그리고 독특한 것이 되게 창의적으로 생각해 보라. 그림이 완성되면 아래에 그림의 '제목'을 적어보라.

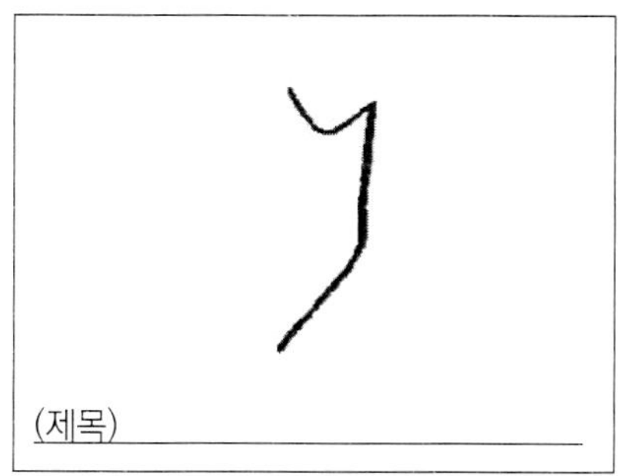

활동 Ⅱ-17

당신은 서울이나 부산과 같은 대도시에 살고 있다. 그래서 도시 생활이 익숙할 것이다. A는 며칠 전에 당신의 학교로 전학해 왔다. 그는 시골에서 부모님들 따라 이사해 왔는데 지금의 학교생활이 행복해 보이지 않았다. 웃지도 않고 조용히 혼자 지내고, 수업에서는 선생님이 부르면 겨우 대답할 정도이다. 식사도 혼자서 한다. 이제 당신과 당신의 친구들은 A를 도와주고 싶지만 어떻게 할지를 잘 모른다. 어떻게 하면 당신은 A가 새로운 학교에서 적응을 잘 하도록 도와줄 수 있을까?

A가 학교에서 적응해야 할 것에는 어떤 것들이 있는지를 브레인스톰해 보라. 발산적 사고의 가이드라인을 기억하라. 친구들이 아이디어를 낼때 좋다-나쁘다 등으로 판단하지 말라. 어떤 생각이라도 환영한다.

활동 Ⅱ-18

수학자들이 복합적인 문제를 해결해 가는 첫 번째 단계는 어떤 대상이나 현상이 가지고 있는 '관계'를 여러 가지 시각에서 살펴보고 그것을 수리적 관계로 표현하는 것이다. 아래의 단락에 있는 내용(정보)을 생각해 보라.

"지난 주 토요일 철수는 어느 미팅에 참석하였다. 거기에는 그의 친구 49명이 참석하였다. 전체 참석자의 반은 남자이고, 반은 여자였다. 여자 가운데 20명이 귀고리를 하고 있었고, 남자는 3명이 귀고리를 하고 있었다. 결혼한 사람은 8쌍이었고, 나머지는 모두가 미혼이었다."

위의 단락에 있는 정보가 가질 수 있는 관계들을 여러 가지로 많이 나열해 보라. '관계'에는 같은 것(등가), 비율적인 것, 더 작거나 큰 것 등등이 있을 수 있으며, 이러한 관계는 등식, 분수, 그래프 또는 문장 등의 어떠한 것으로도 표현할 수 있다. 예컨대, '전체 참석자의 반은 남자이고, 반은 여자였다'에 있는 관계를 표현하는 것을 몇 가지 찾아보면 다음과 같다. "$25+25=50$, $25+x=50$, $x+25=50$, $x=y=25$, 남자와 여자의 비율이 같다" 등. 위의 글에 있을 수 있는 관계들을 할 수 있는 대로 많이 나열해 보라.

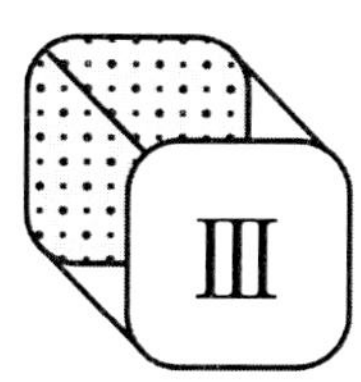

SCAMPER 기법

1. 기법의 개관

Osborn은 여러 가지 종류의 질문을 제기해 보고 그에 따라 다양한 아이디어를 생산해 내기 위하여 '질문 리스트'를 만들었다. 그는 새로운 아이디어를 자극할 수 있는 질문을 대개 보아 75가지로 제시하면서 이들을 9개의 범주로 나누어 정리하고 있다.

(i) 타용도: 다른 용도는?

(ii) 적용: 여기에 적용할 수 있는 것은?

(iii) 수정(변형): 다르게 바꾸면(고치면)?

(iv) 대치: 다른 것으로 대신하면?

(v) 확대: 더 크게 하면?

(vi) 축소: 더 줄이면?

(vii) 재배열: 순서 등을 다르게 배열(배치)하면?

(viii) 반대: 거꾸로 하면?

(ix) 결합: 서로 연결 시켜 조합하면?

그런데 Eberle(1971)는 이러한 질문 리스트를 재조직하여 보다 간단한 약성어로 표기하고 있는데 그것이 SCAMPER이다. 이 기법은 여러 가지 종류의 질문을 해 봄으로써 다양한 새로운 아이디어를 생성해 내기 위한 발산적 사고 도구이다. 아이디어를 생각해 내기 위하여 질문을 할 때는 반드시 SCAMPER의 순서대로(대치하면, …, 거꾸로 하면?) 모든 것을 사용해야 할 필요는 없고 다루는 과제/문제에 적절한 것만 골라 사용하면 된다.

SCAMPER 기법을 사용할 수 있는 구체적인 장면은 다양할 수 있지만 이들을 아래와 같이 몇 가지로 정리해 볼 수는 있을 것 같다. SCAMPER의 내용과 보기는 다음의 <표 2-2>에 있는 것과 같다. SCAMPER는 관찰 가능한 구체적인 것을 다룰 때 많이 사용하기 때문에 '발명반' 같은 데서 특히 유용하게 사용하고 있다. 그리고 부록에 있는 <활동양식 #7-3>을 사용할 수 있다.

(ⅰ) 새로운 아이디어들을 다양하게 생성해 내기

<표 2-2>에는 새로운 아이디어가 필요한 4가지 경우에서 7가지 질문의 각기를 예시하고 있다. 예시의 것들은 1-필기도구, 2-이야기, 3-식단, 4-우산 디자인 등이다.

(ⅱ) 상상적인 창의적 아이디어 생성해 내기

SCAMPER를 사용하여 창의적 아이디어 상상 활동을 유도하고 이를 통하여 창의적인 아이디어를 생산해 내는 데 사용할 수 있다. 뒤에 있는 'SCAMPER 상상 게임'에서 보기를 예시하고 있다.

(ⅲ) '창의적인 질문 기법'으로 사용하기

여러 가지의 다양한 아이디어를 생각해 봐야 하는 경우는 많이 있다. 그것은 짧은 시간의 것일 수도 있고 긴 시간일 수도 있고, 의도적이고 집중적인 것일 수도 있으며 좀 가벼운 것일 수도 있다. 또한 학교 수업일 수도 있고, 비즈니스의 브레인스토밍 활동일 수도 있고, 또는 개인이든 집단 활동일 수도 있다. 그런데 어떻든 아이디어를 활발하게 발표하다가 어느 지점에 이르면 아이디어가 생각나지 않고 더이상 진척이 되지 않아 당황하는 경우도 얼마든지 있을 수 있다. 이때 필요한 것은 하던 식의 고착된 생각에서 벗어나 새로운 시각의 사고를 할

〈표 2-2〉 SCAMPER 질문 리스트

S (Substitute, 대치하면?) - 대신 사용할 수 있는 것은?
(다른 사람이나 대상을 사용하라. 다른 방식/역할을 하게 한다.)

1) 연필이나 볼펜 같은 필기도구를 생각해 보라. 이들을 만드는 재료를 다른 것으로 바꾸어 보라.
2) 주인공이 '할머니'가 아니라 '욕심 많은 할아버지'로 바꾼다면 이야기는 어떻게 달라질까? 주인공을 바꾸면? 나쁜 성질이 반대로 좋았다면?
3) 콩나물은 학생들이 가장 싫어한다. 이를 대치할 수 있는 음식들은?
4) 우산의 크기와 형태를 바꾸면?, 우산을 무엇의 대신으로 사용할 수 있는가? 우산의 천 대신 대나무 또는 자외선 차단 재료, 동그란 모양 대신 네모 모양으로, 연필 우산, 투명 우산으로?

C (Combine, 조합하면?) - 추가하거나 합칠 수 있는 것은?
(아이디어, 재료 또는 장면을 같이 결합시키거나 조합한다.)

1) 컴퓨터의 속성을 생각해 보라. 새로운 펜을 더 좋게 만드는데 이들이 어떻게 도움이 될 수 있을까?
2) 아기 돼지가 만난 '여우'는 간사하지만 지혜 있는 것이었다면? 그때 바람이 불고 홍수도 일어났다면?
3) 급식 식사를 하면서 또한 그 시간을 즐겁게 보낼 수 있으려면? 식사를 하면서 같이할 수 있는 것은?
4) 우산에 추가할 수 있는 기능은? 같이 사용할 수 있는 것은? 우산을 사용 하여 새로운 물건을 만든다면? 우산+가방, 우산+시계, 우산+MP3, 셀카봉 우산은?

A (Adjust, 각색/조정하면?) - 어떤 조건이나 목적에 맞게 어떻게 조정할 수 있는가?
(다른 조건이나 목적에 맞게 수정하여 맞추라.)

1) 펜을 물속이나 유리창과 같은 특별한 장면에서 사용할 수 있으려면 현재 사용하고 있는 펜의 무엇을 다르게 해야 할까? 무엇을 수정하면 새로워질 수 있는 것은?
2) 이야기의 장면이 바다의 용궁이 아니라 '하늘나라'에 있는 용궁이라면 이야기는 어떻게 달라질까?
3) 식사 분위기를 개선하기 위하여 급식실을 바꾸려면?
4) 우산을 물놀이에 사용하려면?
   손잡이나 중봉(우산대)의 길이를 조정하면?
   휴대하기 쉽게 하려면?
   여럿이 사용하려면?
   바닷가 파라솔, 더운 날 우산, 지팡이 우산은?

M (Modify, 수정하면?) - 형태/모양/색채를 어떻게 바꿀 수 있는가?
(빈도, 속성, 크기를 바꾸라.)

(Magnify, 확대하면?) - 어떻게 더 크게, 더 강하게 만들 수 있는가?
(형태, 질을 확대하라.)

(Minify, 축소하면?) - 어떻게 더 작게 만들 수 있는가?
(크기, 빈도, 무게를 줄여라.)

1) 펜을 개량하기 위하여 무엇을 더 크게 할 수 있을까? 모양을 어떻게 확대할 수 있을까? 무엇을 더 작게 할 수 있을까? 호신용으로 만든다면?
2) 그래서 이야기는 어떻게 계속될까요? 이야기를 반으로 줄이면? 거기에서 이야기를 더 이어간다면?
3) 비용을 더 들이지 않고 급식의 양을 개인에 따라 조절할 수 있는 방법들은?
4) 아주 크게 하면? 모양이나 크기를 바꾸면? 원단의 색깔을 다양하게 바꾸면? 아주 작게 하면? 무게를 줄이면? 크게 하여 파라솔, 낙하산, 텐트로, 작게 하여 장식용, 모자, 구두 우산으로, 크게 하여 우산 모양의 배나 집으로?

P (Put to other uses, 다른 용도는?) - 다른 어떤 곳에 사용할 수 있는가?
(다른 목적, 다른 장면 또는 다른 방법에 사용하라)

1) 펜을 지금보다 30배 더 크게 만든다면 이것을 어떤 용도로 사용할 수 있을까? 펜을 쓰기 이외에 사용할 수 있는 곳은?
2) 안경을 보는 것 이외에 사용할 수 있는 것은? 이것을 이야기에 넣는다면?
3) 식사가 끝나도 급식 시간이 끝날 때 까지 누구나 제자리에 앉아 있어야 한다면 이들 나머지 시간을 어떻게 다르게 활용할 수 있을까?
4) 우산을 비를 피하는 것 이외에 사용할 수 있는 용도들은? 지팡이, 모발 방패, 삽, 볼펜은?

E (Eliminate, 제거하면?) - 제거할 수 있는 것은 무엇인가?
(어떤 부분이나 전체, 또는 어떤 속성을 없애 보라.)

1) 펜을 보다 더 유용한 필기도구로 만들기 위하여 제거해버릴 수 있는 것들은?
2) 이야기의 어느 부분을 뺄 수 있을까? 왜 그렇게 생각하는가?
3) 급식 시간이 더 즐거울 수 있기 위하여 현재 하고 있는 것에서 제외시킬 수 있는 것은?
4) 없애거나 줄일 수 있는 것은? 우산의 살을 줄이거나 없애면? 손잡이를 없애면? 가벼운 우산, 손잡이 없는 우산은?

R (Reverse/Rearrange, 거꾸로 하면?) - 형태, 차례 또는 배치를 다르게 바꿀 수 있는가?
(순서를 바꾸거나, 형태나 배치를 조정하거나 바꾸어 보라.)

1) 더 유용한 펜을 만들기 위하여 모양이나 배치를 지금과는 반대로 할 수 있는 것은?
2) '힘센' 늑대가 아니라 '늙은 힘없는' 늑대였다면 이야기는 어떻게 달라질까? 소녀가 먼저 도착해 있었다면?

〈계속〉

3) 보다 여유 있는 점심시간이 될 수 있기 위하여 스케줄을 재조정한다면?
4) 부분들의 배치를 바꾸면? 거꾸로 할 수 있는 것은? 지금과는 반대로 하려면? 2명이 함께 드는 우산, 거꾸로 접게 하면?

* 표 속에 있는 번호의 내용은 다음과 같다: 1)-더 나은 필기도구 만들기, 2)-새로운 작문을 하거나 스토리텔링하기, 3)-식단 만들기, 4)-'우산'을 새롭게 디자인하기

수 있게 유도할 수 있는 '창의적 질문'이다. SCAMPER는 여러 가지 종류의 사고를 할 수 있게 유도할 수 있는 창의적 질문을 만드는 데 유용하게 사용할 수 있다. 예를 들면, 바꾸어 보면, 같이 사용한다면, 목적이 다르면, 크게 하거나 작게 하면, 다른 용도는, 순서를 다르게 해 보면 등으로 새롭게 질문을 할 수 있다. 그러면 새로운 시각에서 엉뚱한 발상으로 새로운 아이디어를 생각해 보도록 자극할 수 있다.

2. 일반적 질문 리스트

SCAMPER는 대개의 경우 단독으로 사용하기보다는 토픽 전체에 대한 브레인스톰 활동을 통하여 여러 아이디어를 생성해 낸 다음 이제는 다른 여러 시각의 질문을 해 봄으로써 추가의 아이디어를 생성해 내기 위해 사용할 수 있는 발산적 사고도구이다.

아래에서는 SCAMPER와 매우 유사하지만 사용하기가 보다 쉬워 보이는 하나의 '일반적 질문 리스트'를 소개해 본다(Arnald, 1962). 이들은 브레인스톰을 하면서 사고를 더욱 격려하기 위하여 사용할 수 있다.

- 기타의 용도
  - 다른 용도로 사용할 수 있는가?
  - 수정하여 다른 용도로 사용할 수 있는가?
- 조정/각색
  - 이것과 비슷한 것은?
  - 다른 비슷한 아이디어를 떠올릴 수 있는가?

- 비슷하게 베낄 수 있는 것은?
- 모방할 수 있는 것은?
- 히치하이킹 할 수 있는 것은?

• 수정
- 무엇을 다르게 바꿀 수 있는가?
- 색, 크기, 모양, 동작, 소리, 형태, 또는 향기 등을 바꿀 수 있는가?

• 축소
- 더 작게, 더 짧게, 더 가볍게, 더 낮게 만들 수 있는가?
- 나누거나 어떤 부분을 생략할 수 있는가?

• 대치
- 다른 누가 이것을 할 수 있는가?
- 무엇을 대신으로 사용할 수 있는가?
- 다른 요소 또는 다른 재료를 사용할 수 있는가?
- 다른 동력원, 다른 장소, 다른 방법, 다른 과정(過程)을 사용할 수 있는가?
- 다른 곡조의 소리를 사용할 수 있는가?

• 재배치
- 부분들을 서로 바꾸어 볼 수 있는가?
- 다른 계획, 형태 또는 시퀀스를 사용할 수 있는가?

• 가역성
- 거꾸로, 위를 밑으로 또는 반대로 돌릴 수 있는가?
- 역할을 바꾸거나 반대로 할 수 있는가?

• 조합
- 부분 또는 아이디어를 같이 합쳐 조합할 수 있는가?
- 내용이나 요소를 함께 혼합할 수 있는가?
- 목표를 함께 묶어 조합할 수 있는가?

3. 창의적인 아이디어 상상

(1) 상상과 창의적 아이디어

상상(imagination)이란 우리의 감각(感覺)에 실제로는 나타나 있지 아니한 그림, 즉 정신적 이미지(心像)를 만들어 내는 행위이다. 그것은 '보이지 않는 것'을 만들어 내고, 그것을 가지고 정신적으로 여러 가지의 조작을 가할 줄 아는 능력이다. 창의적 상상은 독특하고 엉뚱해 보이는 정신적 이미지를 형성해 내는 능력이다. 정신적 이미지(심상)는 다섯 개 감각의 어느 것에서도 가능하지만 가장 중요한 것은 시각적 그림(시각적 심상)을 그려 그것을 머릿속의 조작하는 것이다. 상상의 과정은 우리의 머릿속의 기억 저장고에서 정보/지식을 끄집어내어 이렇게 저렇게 재배치하거나 조작하는 것이며 그러한 과정에서 여러 가지의 새로운 정신적 그림, 즉 정신적 심상을 형성해 낸다. 머릿속의 지식(표상)과 경험에 상상적 사고 과정을 적용하여 새롭게 연결, 조합 또는 기타의 정신적 조작을 수행하면 여러 가지의 창의적인 가능성을 만들어 낼 수 있다.

상상(력)은 연습하면 향상시킬 수 있다. 상상(력)을 통하여 '그림'을 적극적으로 생산하고 그것을 조작할 줄 아는 능력은 창의적 아이디어를 생산해 내는 데뿐 아니라 텍스트의 내용을 깊게 이해하는 데도 매우 중요하다.

상상(력)이 바로 창의력이라 말하는 사람도 있다. 많은 창의적인 아이디어는 상상을 통하여 생성되기 때문이다. 그러면 상상(력)이란 무엇인가? 그리고 그러한 능력은 어떻게 향상, 개발시킬 수 있을까? 그리고 어떻게 그를 통하여 창의적인 아이디어를 생산해 낼 수 있을까?

(2) SCAMPER 상상 게임

상상(력)을 연습하거나 아이디어의 생성을 격려할 때 사용할 수 있는 중요한 하나의 포인트는 여러 종류의 창의적인 아이디어를 생성해 낼 수 있도록 자극하고 단서를 줄 수 있는 '질문'을 체계적으로 할 줄 아는 것이다. 이러한 질문은 상상을 위한 자극과 단서가 되어 공상적이고 창의적인 '생각', '아이디어'를 자유롭게 생각해 보게 해야 한다. 질문이 유도하는 바에 따라 이러한 상상적 사고 과정을 기존의 지식과 경험에 적용하여 자유롭게 조작하면 끝없이 날개를 펴고 새롭고 독창적인 상상의 가능성/아이디어를 탐색하는 데 도움 될 수 있다.

여러 종류의 상상을 유도할 수 있는 질문 체크리스트로는 이미 앞에서 알아본 바 있는 SCAMPER가 대표적이다. SCAMPER의 일곱 종류의 질문은 시각을 다양하게 바꾸어 생각해 보게 하기 위한 것이기 때문에 다루고 있는 장면의 목적에 따라 어떤 질문이라도 선택하여 사용할 수 있고, 또한 어떤 순서로 사용할 수도 있다. 일곱 가지의 종류에는 S(대치하면?), C(조합하면?), A(조정하면), M(수정,

확대, 축소하면?), P(다른 용도는?), E(제거하면?) 및 R(거꾸로, 재배치하면) 등이 있다. 그래서 Eberle(1996)는 이러한 활동을 'SCAMPER 게임'이라 부르고 있다.

상상을 자극하고 유도할 수 있는 '질문'과 함께 중요한 것은 '진행자'가 편안한 자세와 열성을 가지고 자유로운 상상이 펼쳐질 수 있게 격려할 줄 아는 능력과 의지일 것이다. 질문의 수준만 조정하면 상상게임은 어린이에서 성인에 이르기까지 누구에게라도 재미있게 그리고 생산적으로 적용할 수 있다.

1) '창의적인 아이디어 상상 게임' 진행의 요령

(ⅰ) 선생님(진행자)이 어떤 것에 대한 이야기를 하고, 당신에게 그것에 대하여 생각해 보거나 행동해 보라고 요구할 것이다.

그렇게 하는 척 '시늉'만 하고 그것을 머릿속에서 '상상'해 보라. '예'이면 고개를 끄덕이고, '아니요'이면 고개를 젓는다. 또는 '예'일 경우 손을 이용하여 동그라미를 만들고, '아니요'이면 X(엑스)를 만든다. 머릿속에서 그림을 그리면서 상상을 선명하게 떠올려 볼수록 좋다. 편안하게 상상의 시간을 즐겨야 한다.

(ⅱ) '상상'을 하려면 먼저 눈을 감아야 한다.

손으로 눈을 가리거나 눈을 감고 양손을 편안하게 무릎 위에 놓는다. 그리고 내가 말하는 것을 머릿속에서 '그림'으로 떠올려 들여다본다. 그리고 어떻게 하라는 것을 하는 척 시늉만 한다.

진행자는 과제/문제에 적합한 '질문 리스트'를 사전에 계획하는 것이 효과적이다(질문 다음에 멈추어 활동을 점검하고 조정할 수 있는 '시간'을 두고 이를 '. . .'으로 표시해 둔다) 그리고 상상의 활동이 적절히 이루어질 수 있도록 활동 시간을 주고 진행이 즐거우면서도 적극적인 것이 되도록 노력해야 한다. 질문의 리스트는 SCAMPER에 있는 일곱 종류의 것을 참조할 수 있다. 그러나 좀 익숙해지면 장면의 요구에 적합한 질문/지시를 즉흥적으로 만들어 사용할 수도 있다.

2) 준비활동의 보기

다음과 같은 연습활동을 하여 요령을 익힌다. 한두 번 연습해서 익숙해지게 지면 눈을 감고 바로 여러 가지의 상상 활동을 시작할 수 있다. 상상 활동은 간단하게 할 수도 있고 보다 길게 할 수도 있다.

: 준비가 되었나요? . . .

: 모두 손으로 눈을 가립니다. 눈을 감았나요? . . .

: 좋아요. 앞에 있는 테이블에 아이스크림이 한 접시 놓여 있다고 '상상' 해 봅시다. 머릿속에서 아이스크림의 '그림'을 떠올립니다. . . .

: 아이스크림이 보이나요? . . .

: 보이면 '예'라고 고개를 끄덕여 보세요.

: 어떤 아이스크림입니까? 그리고 어떤 기분 좋은 향기가 납니까? 말하지는 말고 자신에게만 대답해 봅니다. 아이스크림이 여러 종류일 수도 있습니다.

: 수저통에 있는 스푼 하나를 가져와서 아이스크림 접시 옆에다 놓으세요. . . .

: 좋아요. 이제 가져온 스푼으로 아이스크림을 떠서 맛을 보세요. . . .

: 맛이 어때요? . . .

: 이제 접시에 있는 아이스크림을 모두 먹어버립니다. . . .

: 다 먹었으면 빈 접시와 스푼을 개수대에 가져다 놓습니다. 테이블에 아무것도 남은 것이 없으면 '예'라고 고개를 끄덕입니다. . . .

: 이제 모두 눈을 뜨세요.

: 지금까지는 게임의 요령이었습니다. 이러한 요령에 다르면 '상상 아이디어' 게임은 어디서도 즐겁게 할 수 있습니다.

3) 아이디어 상상활동의 보기

(지시) 마분지 상자에는 여러 가지 물건을 넣을 수 있습니다. 몇 가지 종류를 생각해 볼 수 있을까요? . . . 상자에는 여러 가지 물건을 넣을 수도 있고 반대로 들어낼 수도 있습니다. 조그마한 마분지 상자를 가지고 아주 큰 상자를 만들어 볼까요? . . . 마분지 상자로 창고를 만들어 보세요. . . . 어렵지 않지요? 싱상 속에서는 무엇이든지 할 수가 있습니다. 마분지 상자를 가지고 상상의 날개를 재미있게 사용해 보십시오.

지금부터 '아이디어 상상 여행'을 시작해 보겠습니다. 모두 눈을 감고 손을 무릎 위에 놓으세요. 편안하게 앉아 내가 말하는 지시에 따라 머릿속에서 '상상'을 해 봅시다.

• 활동하는 동안에는 계속하여 눈을 감고 있어야 한다.
• 지시를 하는 목소리는 조용하고 부드러워야 한다.

• 의자 크기의 마분지 상자를 하나 가지고 있다고 '상상'해 봅시다.
  : 그것을 당신의 앞에 있는 책상 위에 놓으세요. . . .
  : 그것을 보기 좋은 크기로 바꾸어 보세요. . . .
  : 크기를 점차 더 크게 하여 천장까지 닿게 만들어 보세요. 그리고 상자의 색을 여러 가지로 바꾸어 보세요. . . .

• 이제 상자에다 물건을 넣어 볼 것입니다. 상자에 넣을 수 있는 여러 가지 종류의 물건을 생각해 보세요.
  : 이제 넣으세요. . . .
  : 물건들을 차례대로 쌓으세요. . . .
  : 아주 높게 쌓으세요. . . .
  : 이제, 마술처럼 상자 속에 있던 모든 것들이 모두 사라져버립니다. 상자는 비워있지요? . . .

• 이제 납작하게 된 길이가 긴 상자를 가져와서 거기에다 바퀴를 달아 보세요.
  : 손수레를 만들어 보세요. . . .
  : 빨간 손수레를 만들어 밀어 보세요. . . .
  : 손수레를 끌고 넓은 마당 구석구석을 돌아다닙니다. . . .
  : 이제 손수레에서 나오세요. 그리고 수레를 책상 밑에 넣어 두세요. . . .

• 마분지 상자를 가지고 또 다른 어떤 것을 만들어 봅시다.

: 여러 상자들을 가져와서 강아지가 사는 '강아지 집'을 만드세요.

. . .

: 파란 색칠을 하세요. 그리고 강아지 한 마리를 그 안으로 넣으세요.

. . .

: 눈이 크고 꼬리가 긴 강아지를 만드세요. . . .

: 이름을 지어주고 세 번 짓도록 합니다. . . .

: 먹을 것을 준 다음 밖에 나가 놀게 합니다. . . .

• 이제 마분지 상자를 가지고 우주를 여행하는 우주선을 만들어 봅시다.

: 출입문과 창문을 달아 보세요. . . .

: 우주선 안으로 들어가서 문을 닫으세요. . . .

: 운전대에 앉아 안전띠를 맵니다. . . .

: 단추를 눌러 엔진에 시동을 겁니다. . . .

: 우주로 날아 가면서 점차 작아져 가는 지구를 내려다 봅니다. . . .

: 달 주위를 천천히 한 바퀴 돕니다. 한 바퀴 더 돌아봅니다. 이렇게 멋대로 돌아 다녀 보세요. 이제 천천히 지구로 다시 돌아옵니다. . . .

: 우주선에서 나와 주위를 둘러봅니다. 어떤 기분인가요? . . .

• 마분지 상자의 모양을 여러 가지로 바꾸어 봅니다. . . .

: 둥근 상자를 만듭니다. . . .

: 또 어떤 것을 만들 수 있을까요? 다섯 가지 이상을 차례대로 만들어 봅시다. . . .

연/ 습/ 활/ 동/

활동 Ⅲ-1

상자 안에는 볼펜이 엄청나게 많이 있다. 다른 곳에도 볼펜이 있다. 나는 이들을 가지고 무엇을 해도 좋다는 허락을 받았다. 어떻게 이 많은 볼펜을 재미있게 사용할 수 있을까? 다음과 같은 SCAMPER의 질문 리스트에 따라 많은 아이디어를 생각해 보라. '동사'를 의도적으로 바꾸어 보면 여러 범주의 새로운 아이디어를 생산해 낼 수 있을 것이다.

(ⅰ) S(대치)	볼펜을 무엇의 '대신'으로 사용할 수 있는 것은?
(ⅱ) C(조합)	볼펜들을 같이 '조합'하면 어떨까요? 볼펜과 같이 조합하여 새로운 것을 생각해 낼 수 있는 것에는 어떤 것이 있을까요?
(ⅲ) A(각색)	볼펜에 어떤 것을 '추가'하면 어떤 것이 될 수 있을까요?
(ⅳ) M(수정, 확대, 축소)	모든 볼펜을 하나로 '모으거나', '작게 하면' 무엇을 할 수 있을까?
(ⅴ) P(다른 용도)	볼펜을 완전히 '다르게 사용'할 수 있는 어떤 것은?
(ⅵ) E(제거)	볼펜의 부분을 '제거'하거나 또는 어떤 부분만 사용한다면 무엇을 할 수 있을까?
(ⅶ) R(재배치)	볼펜의 모양을 어떤 식으로 반대로 '배치'하거나 일을 '반대로' 한다면?

활동 Ⅲ-2

교실 공간을 더욱 쾌적하고 새로운 기능을 가질 수 있도록 새롭게 디자인하고 싶다. SCAMPER와 비슷한 '일반적 질문 리스트'의 아홉 가지에 따라 새롭게 설계해 보라. 이렇게 아이디어를 생성해 낸 다음은 공간 전체를 훑어보면서 보다 그럴듯한 것들을 정리해 보라. 그리하여 새로운 '교실 공간'(또는 연구실 공간)을 멋있게 디자인해 보라.

활동 Ⅲ-3

여러 가지의 걱정거리를 브레인스톰해 본 다음 우리 집단에서는 다음과 같은 문제를 해결해 보기로 결심하였다.

- 어떻게 하면 우리가 인간관계를 향상시키기 위한 대인사교 기술을 향상시킬 수 있을까?

(1) 결정한 문제에 대하여 브레인스톰 하여 여러 해결 아이디어를 나열해 보라(5~10분).

(2) 교사/강사는 문제해결을 위해 다음과 같은 유도적인 지시를 하였다. 이에 따라 해결 아이디어의 리스트를 수정하거나 추가하여 더 많은 아이디어를 만들어 보라.
(ⅰ) 바람직하지 아니한 어떤 것을 '제거'하여
(ⅱ) 중요하거나, 바람직한 어떤 것을 '추가'하여
(ⅲ) 어떤 것을 다른 어떤 것으로 대신하여
(ⅳ) 새로운 조건에 적응하고 싶은 '욕망'으로
(ⅴ) 어떤 것을 다른 '용도'로 사용할 필요에서
(ⅵ) 어떤 것들을 같이 '조합'하여

활동 Ⅲ-4

다음과 같은 문제에 대한 해결 아이디어가 필요하다.

- 어떻게 하면 내성적인 사람을 덜 내성적인 사람으로 만들 수 있을까?

(1) 브레인스톰 활동을 수행하여 여러 해결 아이디어를 생산해 보라(5~7분).

(2) 이제 다음의 지시에 따라 해결 아이디어의 리스트를 더 길게 발전시켜 보라.
(ⅰ) 당신이 정말로 '존경'하고 부러워하는 두 명의 사람을 생각해 보라. 이들의 어떤 '성격'을 가장 존경하는가? 그러한 성격을 살펴보니 당신이 향상시키고 싶은 성격 리스트에 추가할 수 있는 것은 어떤 것들인가?
(ⅱ) 당신의 생활에 이제는 더이상 필요가 없이 '제거'해 버리고 싶은 어떤 것들도 있을 것이다. 그것이 당신을 '향상'시키는 것일 수도 있다. 어떤 것이 있는가?
(ⅲ) 당신의 성격 가운데는 다르게 방향을 바꾸면 '강점'이 되는 것도 있을 것이다. 예컨대 성격이 '거칠다'는 소리를 자주 듣는다면 그것이 오히려 강점이 될 수 있는 것을 생각해 볼 수 있다. 어떤 것이 있는가?

활동 Ⅲ-5

많은 학생들이 학교 식당의 점심 급식에 대하여 불만족해 하고 있다. 그들은 식사 종류, 분위기, 식당 시설, 식사 시간 등 급식과 관련한 여러 가지에 대하여 불평하고 있다. 이제 당신의 팀에서는 이러한 문제를 해결할 수 있는 새로운 방법을 찾아내는 프로젝트를 수행하게 되었다. SCAMPER 기법을 사용해 보라.

(ⅰ) 매주 적어도 한 번은 묵은 김치가 나온다. 그러나 그것을 먹는 사람은 거의 없다. 대부분의 사람들이 좋아하고 영양가도 비슷한 다른 야채 식품 가운데 묵은 김치를 '대치'할 수 있는 것에는 어떤 것이 있을까?(대치)

____

____

(ⅱ) 점심 식사시간이 보다 즐거울 수 있도록 식사시간과 함께 같이 할 수 있는 것들은?(조합)

____

____

(ⅲ) 식사 분위기를 향상시키기 위하여 식당 구조를 새롭게 '바꿀 수' 있는 것은(조정/각색)

____

____

(ⅳ) 음식의 양이 너무 많거나 반대로 너무 적다고 불평하는 사람이 많다. 식사 비용을 늘리지 아니하고 개인의 선호에 따라 식사량을 조절할 수 있는 방법은?(최소화, 최대화)

____

____

(ⅴ) 식사 시간이 시작되면 자신은 식사를 마쳐도 '높은' 사람이 식사를 마칠 때까지 일어나지 못하고 누구나 앉아 기다리게 되어 있다. 이 낭비하는 시간을 어떻게 다르게 사용할 수 있을까?(다른 용도)

____

____

(ⅵ) 보다 즐거운 식사 시간이 될 수 있기 위하여 점심 식사 장면에서 하지 않고 '제외'시킬 수 있는 요소들은?(제외)

____

____

(ⅶ) 모든 사람들이 점심시간에 자유로운 시간을 더 많이 가질 수 있도록 식사 스케줄을 어떻게 '재조정'할 수 있을까?(재배치)

____

____

활동 Ⅲ-6

여러 가지 발명 덕분에 우리의 생활은 많이 편안해졌다. 그러나 이러한 발명을 당연하게 생각하고 지나치는 경우가 대부분이다. 예컨대 '전구'가 발명되지 않았다면 어떻게 되었을까? 전구는 여러 면으로 우리에게 도움을 주고 있다. 그러나 다시 생각해 보면 우리는 '지금의' 전구보다 더 나은 '전구를' 만들 수 있을 것이다. 만약에 우리의 상상력을 창의적으로 사용한다면 …. 이제 상상적인 SCAMPER 상상 게임을 시작한다. 중간중간에 있는 공란 부분에서 '상상의 질문'을 합니다. 무엇이라도 좋습니다.

• 눈을 감고 양손을 편안하게 무릎 위에 놓는다. 내가 말하는 대로 머릿속에서 그림을 그려 상상한다. 실제로 행위 하지는 말고 그렇게 '하는 척'만 하면 된다.

• 전구 한 개를 오른 손에 잡는다.
  - 전구를 정면에 오게 하여 잡습니다. . . .
  - 이제 이 전구가 우리가 시키는 대로 무엇이든지 하도록 할 것입니다. 무엇을 하도록 요구할 것인지를 생각해야 합니다. 전구에 불을 켜 봅니다. . . .
  - 켜 있나요. . . .
  - 이제 불을 꺼 보세요.
• 이제 전구에서 여러 가지 색깔의 빛이 나오게 합니다. . . .
  - 당신이 원하는 색은? 그 색이 나오게 켭니다. . . .

• 이제 전구가 따뜻하거나 차운 빛을 내게 합니다. . . .
  -당신이 선택하는 대로 빛이 나오게 합니다. . . .

• 다른 전구를 가져와서 아랫 부분의 나사를 풉니다. . . .
  - 불빛을 바닥에 흩어지게 비춥니다. . . .

• 전구를 더 크게 그리고 평평하게 만듭니다. . . .
  - 눈을 깜빡여 빛을 이렇게 저렇게 조절을 해 보세요. . . .
  - 전구 속에서 이야기가 흘러나오게 하세요. 재미있는 이야기를 만들어 보세요. . . .
• 또 다른 전구를 가져와서 크기를 반으로 줄이세요. . . .
  - 전구가 '요술 방망이'가 됩니다. . . .

• 양손에 각각 전구를 하나씩 가집니다. . . .
  - 전구가 엔진이 됩니다. . . .
  - 거리를 달려갑니다. . . .

⇒ 상상력을 사용하면 새미있는 아이디어를 만들어 내는 깃은 벌로 이렵지 아니 합니다.

활동 Ⅲ-7

집에서 사용하고 있는 '우산' 하나를 가지고 자유로운 상상 여행을 시작한다. 그런데 〈표 2-2〉에는 '4)-'우산'을 새롭게 디자인 하는 보기'들이 포함되어 있다. 이제 이러한 아이디어를 생각할 수 있도록 '상상 여행'을 안내해 보라. 즐거운 여행이 되십시오.

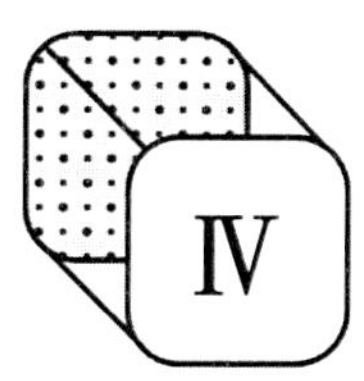

Ⅳ 형태 분석법 외

여기서는 속성 열거법, 형태 분석법 및 강제 결부법 등에 대하여 알아볼 것이다.

1. 속성 열거법

속성 열거법(Attribute listing)은 브레인스톰 기법을 구조화한 발산적 사고기법이다(Osborn, 1957). BS에서는 '토픽' 전체에 대하여 여러 가지 아이디어를 생성해 낸다. 그러나 속성 열거법에서는 먼저 토픽이 가지고 있는 중요한 '속성'을 찾아낸 다음 이들 각기의 속성에 대하여 여러 가지 아이디어를 브레인스토밍해서 생성해 낸다. 예컨대 새로운 '의자'를 디자인하고 싶다면 먼저 의자가 가지고 있는 속성을 찾아낸다. 주요 속성에는 등받이, 좌석, 다리 등이 있을 것이다. 그런 다음 이들 각기의 속성에 대하여 많은 아이디어를 발산적 사고한다. 예컨대 새로운 의자 디자인의 경우 먼지 등받이에 대하여 여러 아이디어를 생각해 낸다. 마찬가지로 다른 속성에 대하여서도 차례대로 많은 아이디어를 발산적 사고한다. 정리해 보면 다음과 같으며 <활동양식 #7-4>를 이용할 수 있다.

(ⅰ) 주요 속성/부분들을 찾는다. 일곱 개 이하가 적당하다.

(ⅱ) 각기의 속성/부분별로 차례대로 변화를 위한 아이디어를 브레인스톰 한다.

'이 속성을 어떻게 변화, 수정할 수 있는가?', '이 속성을 어떻게 다르게 보이거나, 작용하거나, 행위하게 할 수 있을까?'와 같은 질문을 하면서 수정이나 변화를 위한 여러 가지의 아이디어를 생성해 낸다.

(ⅲ) 생성해 낸 아이디어들을 음미해 본 다음 가장 그럴듯한 것을 선택한다.

어떤 대상이나 현상이 몇 가지의 뚜렷한 속성이나 부분을 가지고 있는 경우 이들 전체에 대하여 브레인스톰 하기보다는 속성 열거법에 따라 속성/부분으로 나누어 각기에 대하여 브레인스톰 하면 중요한 부분들을 놓치지 않고 색다른 많은 아이디어를 생성해 낼 수 있다.

2. 형태 분석법

속성 열거법을 한 단계 더 발전시킨 것이 형태 분석법(Morphological matrix)이다. '형태'란 용어는 모습이나 구조를 연구하는 '형태학'(morphology)에서 따온 것이다. 이 기법은 탐색적 성질의 새로운 아이디어를 생성해 내는 데 이상적이다. 특히 다음과 같은 것에 대하여 새로운 아이디어가 필요할 때 유용하게 사용할 수 있다. 새로운 재료의 적용, 새로운 시장 개척, 제품이나 서비스에 대한 개선책 개발 및 새로운 장소/기회의 모색 등이다.

(ⅰ) 다루는 과제/문제를 진술한 다음 이것이 가지고 있는 주요 속성 또는 측면들을 찾아 나열한다.

예컨대 신제품에 대한 아이디어를 얻고자 한다면 제품의 '모양'과 사용하는 '재료'의 두 개 측면(차원)들을 생각해 볼 수 있다. 속성/측면의 수는 임의적이지만 대개는 네 개 정도를 사용한다.

(ⅱ) 각기의 속성/측면에 대하여 브레인스톰 하여 여러 아이디어를 생산해 낸다.

예컨대 다루고 있는 신제품이 '자동차'라면 '모양'이라는 차원에는 방탄형, 상자형, 유선형, 모서리마다 각을 살린 고전형 등일 수 있다. 그리고 '재료' 차원에서는 나무, 철, 파이버 글라스, 플라스틱, 알루미늄 등의 속성을 생각해 볼 수 있을 것이다.

(ⅲ) 모든 속성/측면에 대하여 아이디어를 생성해 내는 것이 끝이 나면 각기의 속성/측면에 따라 임의로 하나씩의 아이디어를 선택하고 그리고 이들의 전체를 조합하여 새로운 아이디어를 만들어 낸다.

이렇게 조합해 보는 아이디어들은 여러 가지일 것이다. 이제 이들을 음미해 보고 가장 그럴듯하고 유망해 보이는 것을 평가하여 선택한다. 예컨대 방탄형의 알루미늄 자동차 같은 것이다.

대개의 경우는, 물론 반드시 그런 것은 아니지만, 4개의 가로 란과 10개의 세로 란이 있는 <활동양식 #7-5>에 있는 것과 같은 것을 사용하고 있다. 4개의 세로 란에는 속성을, 10개의 세로 란에는 각기의 속성에 있을 것 같은 아이디어들을 임의로 선택하여 적는다. 그리고 이들을 여러 가지로 조합해 봄으로써 여러 가지의 새로운 대안/아이디어를 탐색한다(<활동양식 #7-5> 참조).

3. 강제 결부법

강제 결부법(forced connection method)은 다루고 있는 문제에다 그것과는 별 관계가 없어 보이는 어떤 사물이나 현상을 강제로 결부시켜 보고 거기에서 새로운 아이디어를 생성하는 발산적 사고 도구이다. 발명품 가운데는 서로 관계가 없어 보이는 두 가지를 강제로 결부시켜 봄으로써 생각해 낸 것이 많이 있다. 몇 가지의 보기를 들면, 시계-라디오, 손목-시계, 자동차-오디오, 집-자동차(모빌 하우스), 모터-자전거(오토바이) 등과 같다. 사용의 보기는 [그림 2-3]과 같으며 <활동양식 #7-6>을 사용할 수 있다. 이 기법에서는 속성 열거법이나 형태 분석법에서와 마찬가지로 집단에서 아이디어를 생각해 내다가 더이상 생각이 나지 않고 막히는 경우 유용하게 사용할 수 있다. 이때 미리 준비한 것을 사용하거나 미팅 장소의 사회자가 회의장 주변을 둘러보게 하고 거기에 있는 어떤 것이라도 선택하여 문제와 결부시켜 보게 할 수 있다. 이 기법은 통상의 것을 뛰어넘는 아주 독특하게 새로운 아이디어가 필요할 때 사용할 수 있는 매우 유용한 기법이다.

▼ [그림 2-3] 강제 결부법 사용의 보기

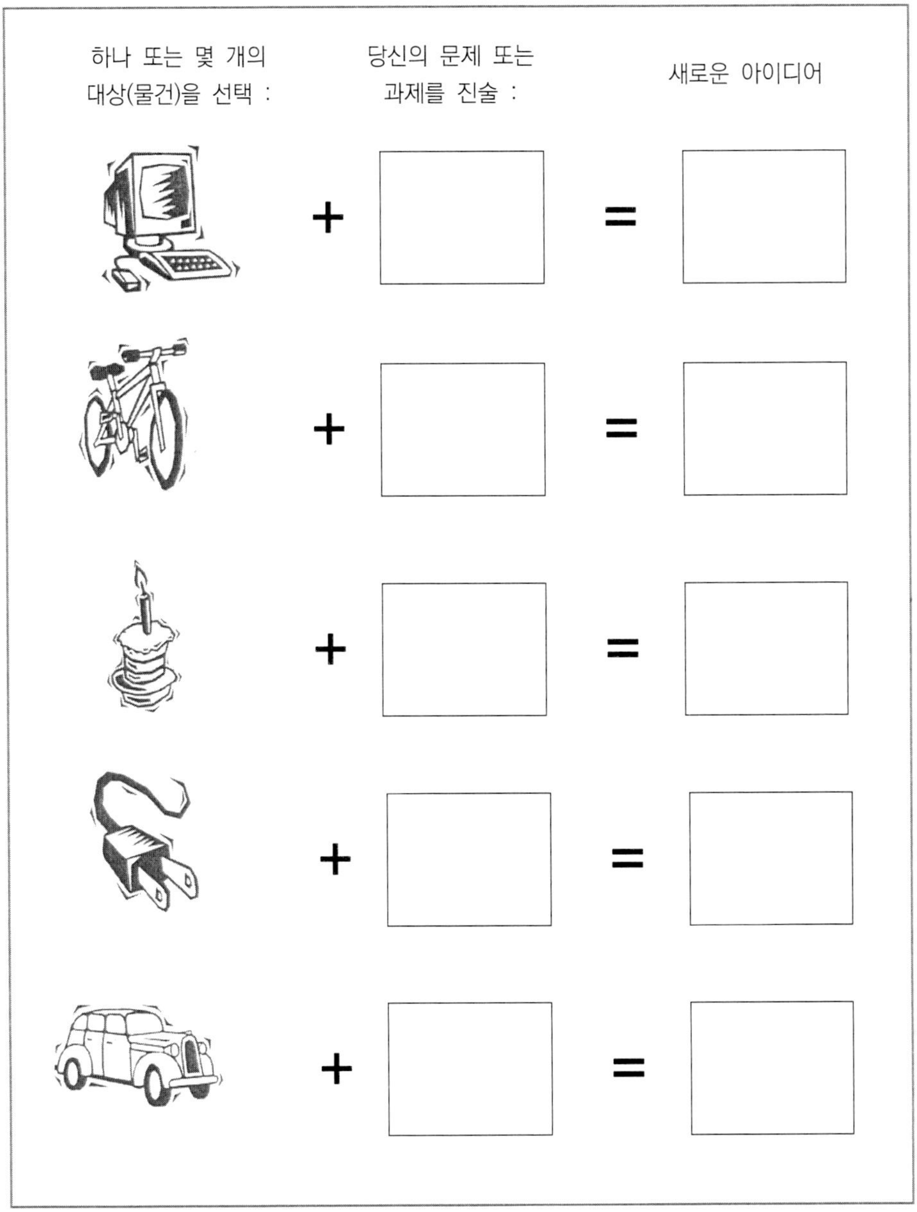

하나 또는 몇 개의 대상(물건)을 선택 :		당신의 문제 또는 과제를 진술 :		새로운 아이디어
	+		=	
	+		=	
	+		=	
	+		=	
	+		=	

연습활동

활동 Ⅳ-1

당신의 학급에서 '새 학기 파티'를 열려고 한다. 모든 사람이 같이 즐거워할 수 있는 파티가 되려면 모두가 참여하여 계획을 세워야 한다. 파티를 계획하려면 고려해야 할 세부적인 일이 적지 않게 많이 있다. 그래서 속성 열거법을 사용하기로 결정하였다.

(1) '새 학기 파티'에 관련 있는 몇 가지 중요한 '속성'을 찾아내어 아래에 있는 A, B, C, … 에 차례대로 기입하라. 예컨대, 파티를 어디서 열 것인지는 중요한 속성이므로 'A'에 '장소'라고 기입한다. 이런 식으로 속성들을 차례대로 모두 기입한다.

(2) 이제 각기의 '속성'과 관련하여 여러 가지의 아이디어/대안을 생각하여 기입한다. 예컨대, 새 학기 파티를 열 수 있는 가능한 장소를 생각하여 'A. 장소'에 있는 공란에 기입한다. 이때 발산적 사고의 가이드라인을 지키는 것을 반드시 기억해야 한다.

A. ______________________________

____

B. ______________________________

____

C. ______________________________

____

D. ______________________________

____

활동 Ⅳ-2

철수는 공부를 열심히 한다. 시험이 있을 때는 밤샘을 하기도 한다. 그러나 그렇게 하면 다른 공부를 할 때는 힘이 없고 공부에 집중하기가 어렵다. 그래서 그는 공부하는 방법을 효과적인 것으로 바꾸어 보고 당신 팀에 도움을 요청하고 있다. 먼저 발산적 사고 기법들 가운데 어떤 것을 사용할 지를 결정한다.

(ⅰ) 브레인스톰 기법을 통하여 여러 가지를 나열해 보라.

(ⅱ) 이제 생각이 더이상 나지 아니하면 속성 열거법을 사용한다. 먼저 '스터디 프로그램'에 포함되어 있는 몇 가지 주요 '속성'을 확인하여 아래에 있는 'A, B, C, …'에 기입하라. 예컨대, 공부를 언제 하느냐가 중요할 텐데, 그래서 '시간'을 'A'에 적는다.

(ⅲ) 몇 가지의 속성들을 나열한 다음 각기의 속성을 향상시킬 수 있는 방법을 적어도 세 가지 이상 생각하여 적어 보라.

A. ______________________________

____

B. ______________________________

____

C. ______________________________

____

활동 Ⅳ-3

어느 회사에서는 새로운 칫솔을 만들고 싶어 한다. 그래서 기존의 칫솔들이 가지고 있는 속성을 분석해 보니 다음과 같은 세 가지를 발견할 수 있었다: 플라스틱으로 만듦, 손으로 조작, 물과 치약이 옆에 있어야 함. 이들을 기초로 '형태 분석법'을 이용하여 여러 아이디어를 생성해 본 다음 가장 그럴듯한 세 개의 새로운 '칫솔 아이디어'를 디자인 해 보라.

활동 Ⅳ-4

'이야기'는 어떠한 것이라도 거기에는 '장면(주인공), 사건(문제), 전개(줄거리) 및 해결(엔딩)' 등의 요소가 있으며 이를 통하여 재미와 교훈을 주려고 한다. 이들 요소를 이야기 문법(story grammar)이라 부른다. 다음의 표에는 '형태 분석법'에 따라 주인공, 장면, 사건 및 해결 등의 요소가 만들어져 있고 '전개(줄거리)'는 생략되어 있다.

4개 요소의 각기에 있는 여러 가지의 구체적인 '내용' 가운데서 1개를 선택하여 거기에다 구체적인 내용으로 살을 붙이면 재미있는 이야기들을 새롭게 만들어 볼 수 있다. 예컨대 '1-1-5-4'라면 '할머니-숲속 -넘어짐-부자가 되다'가 된다. 이를 가지고 이야기를 만들면 얼마든지 길고 자세한 이야기나 시나리오를 만들 수 있다. 예컨대 다음과 같은 것이다. "옛날 어느 시골에 한 할머니가 숲속에 있는 오래된 낡은 집에서 혼자 살고 있었습니다. 어느 날 할머니는 나물을 뜯으러 산으로 갔다가 자꾸 더 깊은 곳으로 들어가게 되었습니다. 그러다 해가 저무는 줄도 모르고 나물을 뜯다가 큰 덩굴에 걸려 넘어졌습니다. 정신을 잃고 한참 엎드려 있다가 눈을 떠 보니 할머니는 바로 앞에 커다란 금덩어리가 놓여 있는 것을 발견하였습니다. 그래서 할머니는 큰 부자가 되어 잘 살았다고 합니다." 여기에다 살을 붙이고 곁가지를 붙인다면 더욱 재미있는 이야기가 될 수 있을 것이다.

(i) 아래의 형태 분석법에 있는 4개의 요소에는 각기 5개의 내용(아이디어)이 제시되어 있다. 각기의 요소에서 1개씩 임의로 선택하여 조합들을 만들어 보라.

(ii) 이들 가운데 가장 재미있어 보이는 1개의 조합을 선택하여 그럴듯한 1쪽 정도의 이야기를 만들어 보라.

	주인공	장면	사건	해결
1	할머니	숲속	집을 잃다	빈털터리가 됨
2	소년	외계	하늘을 날다	개가 구조함
3	소녀	기차 안	산돼지를 만나다	하느님의 선택받음
4	철수	방안	도둑을 만남	부자가 되다
5	강아지	강가	넘어짐	결혼을 하다

활동 Ⅳ-5

목욕탕의 욕조를 새롭게 디자인하고 싶다.

(1) 브레인스톰 하여 여러 가지의 그럴듯한 아이디어를 나열해 보라.
예컨대, 더 크게 만든다.
먹던 것을 놓아 둘 수 있는 스낵 박스를 만든다.

(2) 이제 더이상의 생각이 나지 않으면 주위를 둘러보고 아무것이라도 무작위로 3개의 물건을 고르게 한다.

(i) 당신이 세 가지를 골라 보라.

(ii) 이들 각기를 어떻게든 욕조와 결부시켜 보고 욕조를 개선할 수 있는 아이디어를 생각해 보라. 예컨대, '시계'가 선택되었다면 욕조에 타이머 부착 등 또는 '쓰레기통'이 선택되었다면 찌꺼기가 막히지 않게 하는 거름 장치를 설치하는 등등의 아이디어를 생각해 볼 수 있을 것이다.

활동 Ⅳ-6

피자 전문의 가게를 열려고 한다. 그러므로 당장 다루어야 할 문제는 다음과 같이 진술하게 될 것이다.

- 어떻게 하면 소비자들이 좋아하는 최고의 피자를 개발할 수 있을까?

해결 아이디어를 찾다가 다음과 같은 4가지의 요소를 확인할 수 있었다. 각기의 요소에서 5개의 아이디어를 생각하여 아래의 행렬표를 완성하라. 그런 다음 여러 가지의 조합을 만들어 본 다음 가장 그럴듯해 보이는 2개를 선택하라.

요소 / 아이디어	도우	토핑	치즈	사이즈
1				
2				
3				
4				
5				

활동 Ⅳ-7

강제 결부법에서 사용할 수 있는 한 가지 방법은 '명사-동사의 조합'이다. 이것은 두 가지 가운데 어느 하나를(대상 또는 장면) '동사'로 사용하는 것이다. 예컨대 '종이'와 '비누'를 강제 결부시킬 때 '종이'를 '종이 노릇하다'('종이로 쓰다')로 하면 '종이 노릇을 하는 비누'('종이로 쓰는 비누')는 어떤 것을 생각할 수 있다. 이제는 거꾸로 '비누'를 '동사'로 사용하면 '비누로 쓰는 종이'('비누질 하는 종이')라는 식으로 생각해 볼 수 있다.

이제 '책'과 '전화'를 강제로 관련시키면서 이들 가운데 어느 하나를 '동사'로 사용하여 새로운 아이디어를 많이 생성해 보라.

발산적 사고– 점검을 위한 활동

활동 V-1

다음에서 맞는 것끼리 짝지워 보라.

A	B
(ⅰ) 브레인스톰	• 주요 속성별로 많은 아이디어 생성
(ⅱ) 창의력의 요소	• 열린 질문의 경우
(ⅲ) 속성 열거법	• 많은 아이디어 생성
(ⅳ) 발산적 사고의 가이드라인	• 많은, 다양한, 독특한, 정교한 아이디어
(ⅴ) 형태 분석법	• 질문리스트
(ⅵ) 발산적 사고	• 속성별 아이디어들을 조합한 새로운 아이디어
(ⅶ) SCAMPER	• 판단 유보

활동 V-2

다음은 발산적 사고의 체크리스트이다. 브레인스토밍을 비롯한 여러 가지 발산적 사고의 기법을 제대로 사용하고 있는지를 체크해 보라.

• 문제는 분명하게, 모든 사람이 볼 수 있도록 게시하였는가?	예 / 아니오
• 참가자들은 서로의 신체언어나 태도를 읽고 거기에 따라 말을 걸기도 하였는가?	예 / 아니오
• 참가자들은 쉽게 질문하고 격려를 받았는가?	예 / 아니오
• 모든 사람들이 평등하게 참여하도록 격려를 받았는가?	예 / 아니오
• 기록자는 모든 반응을 빠짐없이 기록하였는가?	예 / 아니오
• 멤버들은 기록자가 핵심 아이디어를 정확하게 파악할 수 있게 도와주었는가?	예 / 아니오
• 미팅의 전체의 흐름은 초점을 유지하였는가?	예 / 아니오
• 아이디어는 이전의 것에서 계속 진화하고 건설적으로 발전하였는가?	예 / 아니오
• 창의적 흐름이 지체되면 사고를 다르게 해 보도록 격려하였는가?	예 / 아니오
• 사회자와 기록자는 토론에 끼어들지 않고 중립을 지켰는가?	예 / 아니오
• 비판이나 평가 등의 말을 들으면 브레인스토밍의 기본 규칙을 다시 떠올려 조심하게 하였는가?	예 / 아니오
• 멤버들은 서로 자극을 받고 그래서 더욱 열성을 가지게 되었는가?	예 / 아니오
• 진행해 가면서 의견의 일치 같은 것이 느껴지고 그것을 요약해 본 적이 있는가?	예 / 아니오

CHAPTER

03

수렴적 사고

CPS 창의적 문제해결

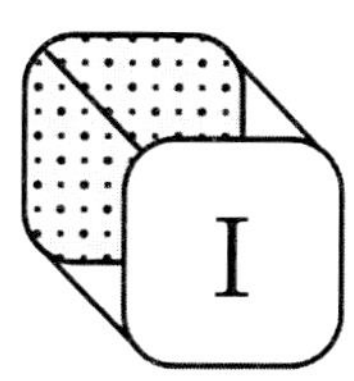

수렴적 사고의 개관

1. 수렴적 사고의 목적

창의적인 아이디어를 생산할 수 있으려면 먼저 발산적 사고를 통하여 충분히 많은 개수의 아이디어(대안)를 생각해 내어야 한다. 그러나 이러한 발산적 사고만으로는 충분하지 아니하다. 발산적 사고를 통하여 많은 아이디어를 생성해 내고 나면 이제 이들을 목적에 맞게 조직하고, 판단하고 또는 가장 그럴듯한 것을 선택해야 한다. 왜냐하면 생성해 낸 아이디어들이 '새로운' 것이라 하더라도 모두가 과제에 적절하고 유용한 것은 아니기 때문이다. 우리는 할 수 있으면 생성해 낸 아이디어 가운데 가장 그럴듯한 것을 선택하여 사용해야 한다. 이처럼 여러 아이디어를 조직, 판단 또는 선택하는 것을 수렴적 사고(convergent), 초점적 사고(focusing)라 부른다. 또는 평가하고 판단하는 것이기 때문에 비판적 사고(critical)라 부를 수도 있다. 수렴적 사고의 목적은 다음과 같은 네 가지로 정리해 볼 수 있다.

(1) 조직화하기

생성해 낸 아이디어들을 간단하게 정리하고 분류한다. 이것은 생성해 낸 아이디어(대안)의 개수가 많은 경우 특히 유용하다.

(2) 평가하기

생성해 낸 아이디어들을 어떤 준거(기준)에 따라 판단하거나, 결정하거나, 비교하거나 또는 한 개 또는 몇 개를 선택한다.

〈표 3-1〉 발산적 사고와 수렴적 사고의 비교

발산적 사고	수렴적 사고
• 유의미한 연결을 만들고 조합하여 새로운 아이디어 생성하기	• 생성해 낸 아이디어들을 분석하고, 평가하고, 개발하고 또는 선택하기
• 이 과정에서 괴리, 역설, 도전, 우려사항 또는 기회를 지각하며	• 이 과정에서 가능성을 정리하고 사정/평가하며,
• 그리고 다음과 같이 아이디어를 생성해 낸다. - 여러 가지의 가능성을 생각해 내고 - 상이한 견해에서 사고하고 경험해 보며 - 새롭고 독창적인 가능성들을 생각하고 - 기존의 대안을 확대하고 정교하게 분석한다.	• 그리고 다음에 따라 생성해 낸 아이디어들을 수렴한다. - 관계를 추론하고 연역하며 - 대안을 범주화하고 계열화하며, - 비교하고 대조하고 - 그럴듯해 보이는 대안을 다듬고 발전시키고 - 가장 그럴듯한 것을 판단하고 의사결정한다.
• 발산적 사고를 할 때는 '판단 유보의 원리'를 지킨다.	• 수렴적(비판적) 사고를 할 때는 '긍정적 판단의 원리'를 지킨다.

(3) 우선순위 매기기

생성해 낸 아이디어들을 어떤 준거(기준)에 따라 순위를 매긴다. 순위를 판단하거나 성적에 따라 시상을 해야 할 때 특히 필요하다.

(4) 내용을 더욱 다듬고 개발하기

생성해 낸 아이디어를 더 낫게 개선하고, 개발하고, 더욱 향상시킨다.

앞에서 이미 언급해 둔 바와 같이 창의적 사고(창의력)는 발산적 사고와 수렴적 사고의 두 개 축으로 이루어져 있다. 그러므로 창의적 사고를 할 때는 먼저 발산적 사고를 통하여 충분히 많은 개수의 아이디어를 생성해 내어야 한다. 그런 다음 이들을 대상으로 수렴적 사고를 수행해야 한다. 이때 특히 두 가지를 주목해야 한다.

(1) 발산적 사고와 수렴적 사고는 독립적으로 별개의 것으로 수행되어야 한다.

여러 아이디어들을 발산적으로 생성해 내고 있을 때는 거기에 집중해야 한다. 판단이나 비판과 같은 수렴적 사고를 발산적 사고와 동시적으로 작동하는 일이 없도록 해야 한다. <표 3−1>은 발산적 사고와 수렴적 사고를 대비하여 설명해 주고 있다.

(2) 발산적 사고와 수렴적 사고는 차례대로 균형 있게 이루어져야 한다.

먼저 발산적 사고를 수행하고, 다음으로 거기에서 생성해 낸 아이디어를 가지고 수렴적(비판적) 사고를 수행한다. 그래야 새롭고, 그러면서도 유용한(가치 있는) 아이디어들을 보다 효과적으로 생산해 낼 수 있다.

2. 수렴적 사고도구

생성해 낸 여러 아이디어를 수렴하기 위한 사고도구를 수렴적 사고도구라 부른다. 수렴적 사고도구에는 몇 가지가 있지만 구체적인 장면에서 이들 가운데 가장 적절하고 효과적인 것을 골라 사용하는 것이 중요하다. 목적에 따라 여러 아이디어들을 정리하거나 조직해야 할 수도 있고, 선택하거나 우선순위를 매겨야 할 수도 있고, 또는 더욱 그럴듯한 것으로 발전시켜야 하는 경우도 있기 때문이다.

몇 가지의 수렴적 사고도구들 가운데 어떤 것을 골라 사용할 때는 아이디어의 개수가 얼마나 되는 지를 우선 살펴보아야 한다. [그림 3−1]은 아이디어의 개수가 어느 정도인가에 따라 선택할 수 있는 적절한 수렴적 사고도구가 다를 수 있음을 보여주고 있다.

다루어야 할 대안의 개수가 상당히 많으면 '히트' 기법과 '하이라이팅' 기법으로 이들을 몇 개의 유의미한 집단(범주)으로 좁히고 분류하는 것이 필요하다. 한 개 또는 몇 개의 대안을 가지고 있는데 이들 모두가 가능해서 좀 더 깊이 있게

▼ [그림 3-1] 수렴적 사고도구의 선택

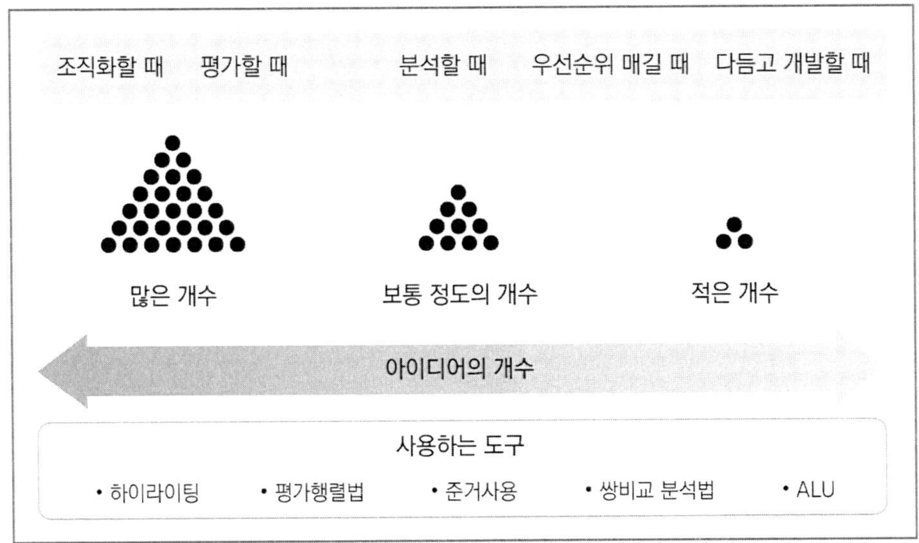

출처: Isaksen, Dorval & Treffinger(2011). p. 121

분석하고 발전시켜 볼 필요가 있을 때 가장 적절한 기법은 'ALU'이다. 대안의 개수가 제법 되지만 이들 모두를 일련의 준거에 따라 체계적으로 음미하고 평가해 볼 필요가 있을 때는 '평가 행렬법'을 사용할 수 있다. 그리고 몇 개 대안들을 우선순위 매기고자 할 때는 '쌍비교 분석법'(PCA)이 적절하다. 예컨대 창의력 대회를 개최한 다음 수상자를 결정해야 하는 경우는 PCA를 사용해야 한다. 그러나 하나가 아니라 몇 가지 기법을 적용하는 경우도 얼마든지 있을 수 있다.

3. 수렴적 사고의 가이드라인

수렴적 사고는 발산적 사고 활동을 통하여 생성해 낸 여러 가지의 아이디어, 대안, 또는 가능성들을 조직, 평가 또는 판단하여 가장 그럴듯한 아이디어를 선택하는 사고의 행위이다. 이러한 수렴적 사고가 효과적으로 수행되기 위하여서는 거기에는 반드시 지켜야 할 규칙, 가이드라인이 있다. 발산적 활동이 끝나자마자 이제까지 참고 기다렸다는 듯이 아이디어를 외통수로 평가하고 판단하려고만 해서는 안 된다. 여기서 외통수 평가라 함은 "이제껏 어지간히 판단을 유보했지. 이제는 엉터리 아이디어들을 잘라 내어야지"라고 말하면서 각기의 아이디어가 가지고 있는 약점이나 결점을 찾아 새로운 것은 모두 잘라버리고 그래서 하나의 낯익은 정답을 찾는 데 시선을 집중하는 것을 말한다. 이처럼 '이것 아니면 저것' 식으로(그래서 대안을 평가하면서 '틀린 것' 아니면 '맞는 것'으로) 접근하는 것은 생산적인 사고가 아니다.

수렴적 사고에서 특별히 강조하고 있는 것은 '긍정적 판단의 원리'이다. 긍정적 판단의 원리는 우리가 아이디어를 분석하고 평가하는 것은 부정하고 잘라내는 데 목적이 있는 것이 아니라 보다 더 좋은 것을 찾고 더욱 개발/발전시켜 가는 데 초점을 두어야 한다는 것이다. 그렇게 하려면 아이디어에 어떤 단점이나 한계가 있는지를 찾기보다는 어떤 강점을 가지고 있는지부터 먼저 살펴보아야 한다. '긍정적 판단'은 또한 다른 세 가지 가이드라인의 기초가 되는데 이들을 정리한 것이 ＜표 3－2＞이다.

(ⅰ) 긍정적 판단을 사용하라

이 가이드라인은 어떤 아이디어/대안이 가지고 있는 강점이나 긍정적인 측면을 먼저 찾아보라고 말한다. 그런 다음 약점이나 제한에 주목한다. 그러나 약점을 확인해 낼 때도 그 아이디어를 죽여버리는 식으로 대하지 않고, 오히려 그것을 어떻게 극복하고 발전시킬 수 있는지를 살펴본다. 이를 위하여 단점을 '어떻게 …' (How to …) 또는 '어떻게 하면 …'(How might …)과 같은 의문의 형태로 진술해 보면 그것을 극복하는 데 도움이 된다. 이렇게 하면 그 아이디어를 죽여버리지 않고 아이디어가 가지고 있는 독특한 강점을 살릴 수 있게 계속해서 더 생각해 볼 수 있게 된다. 요약하면, '긍정적 판단'이란 아이디어를 비판 위주로 대하는 것이 아니라 가능한 대로 최선의 강점을 발견하고 개발하려고 노력하는 과정이어야 한다는 것이다.

(ⅱ) 계획을 따르라

수렴적 사고도구나 전략을 의도적, 계획적으로 사용하고 대안을 분석하고, 발전시키고, 그리고 다듬어갈 때 과제/프로젝트가 바라는 방향에 따라 체계적으로 수렴해 가라는 것이다. 낭신의 문제해결 계획을 체계적으로 그리고 개방적으로 하면 성원들 사이의 갈등을 최소화할 수 있으며, 또한 '숨겨 놓은 준거'가 있

〈표 3-2〉 수렴적 사고의 가이드라인

• 긍정적으로 판단하라.
- 먼저 강점을 생각하라.
- 완벽한 것인가가 아니라 '더 나은 것'이 어느 것인지에 주목하라.
  세상에 완벽한 아이디어/대안은 거의 없다.
  어느 아이디어가 더 나은가?

• 계획을 따르라.
- 과제/프로젝트의 전체 계획을 생각하고, 그에 따라 가장 효과적인 사고도구를 선택하여 사용하라.
  전체의 계획 가운데 나는 지금 어디에 있는가?

• 초점을 목적에 두라.
- 바라는 목적에 초점을 두고 판단하라.
- 목적에 부적절한 것은 아무리 그럴듯해 보이는 것이라도 가치가 없다.
  모든 것은 목적에 적절해야 한다.
  성취하려는 목적은 무엇인가?

• 모든 아이디어에 열린 마음을 가진다.
- 모든 아이디어에 마음을 열고, 강점은 무엇이며, 더 좋은 것은 어떤 것인지를 찾는데 충실하라. 편견을 가지지 말라.
  열린 마음인가?

• 새롭고 독특한 아이디어를 찾으려고 노력하라.
- 특별하고 독창적인 아이디어를 의도적으로 찾아보라. 이들은 처음 보면 우습고 엉뚱해 보이기 쉽고 그래서 내버려지기 쉽다. 그러나 그 속에 독창적인 아이디어가 숨어 있을 수 있다.
  특별하거나 독창적인 아이디어인가?

어 나중에 곤란해지는 일도 미연에 방지할 수 있다.

(iii) 모든 아이디어에 열린 마음을 가진다

발산적 사고를 하느라 엉뚱해 보이는 것도 이제까지 힘들게 참았다는 듯이 칼을 휘두르고 잘라내는 데 열을 올리기 쉽다. 그래서 아주 새롭고 엉뚱해 보이는 것은 얼른 얼른 지워버리고 덜 위협적인 어떤 것 또는 원래 생각하고 있던 것에 보다 가까운 것을 선택하려는 경향이 있다. 이렇게 하면 힘들여 발산적 사고하는 것이 무의미해진다. 새로운 것일수록 낯익지 않고, 생소하고, 위험해 보일 수 있고, 때로는 불안해 보일 수 있다. 혁신적인 아이디어일수록 이럴 가능성이 더욱 클 수 있는데, 진정으로 창의적인 것은 이러한 아이디어 속에 있을지도 모른다.

(iv) 눈을 목적에 두라

아이디어들을 수렴하는 목적이 어디에 있는지를 명심하는 것이 중요하다. 문제해결의 과정을 여행하면서 수정하고 결정하는 일을 여러 번 되풀이 할 수는 있지만 그래도 시선은 언제나 과제/프로젝트가 지향하는 목표지점에 두어야 한다. 그러므로 창의적 수행을 할 때 '내가 무엇을 하고 있지?', '하려는 목적이 뭐지?', '어디로 가고 있지?', 또는 '이것은 예정했던 방향인가?' 등과 같은 질문을 수시로 묻고 대답해야 한다.

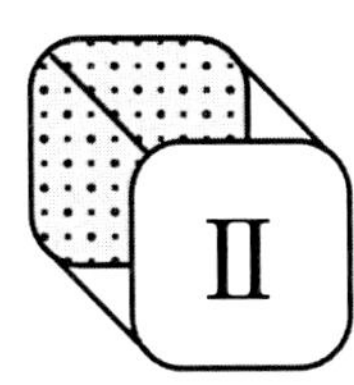

하이라이팅과 ALU 기법

1. 하이라이팅 기법

다루는 아이디어의 개수가 아주 많으면 우선 전체를 좁혀 정리하고 조직화하는 것이 필요하다. 이때 사용할 수 있는 것이 '힛트', '핫 스파트' 및 '하이라이팅' 기법이다.

(ⅰ) 다루는 문제/과제가 무엇인지를 다시 확인해 본 다음 생성해 낸 아이디어의 리스트를 전체적으로 훑어 읽어본다.

(ⅱ) 아이디어(대안) 가운데 그럴듯하고 중요해 보이는 것을 힛트(hit)라 하며 그러한 것에 체크(✓) 표시한다.

전체 아이디어 리스트를 쭉 체크해 보고 힛트로 표시된 것이 너무 많으면 다시 훑어보고 더블 체크하여 개수를 줄여 갈 수도 있다. 더블 체크는 "✓✓"의 형태로 한다. 집단에서 긴 리스트의 아이디어를 가지고 이 기법을 사용한다면 아이디어를 하나씩 읽어간다. 누구라도 '힛트'라고 말하면 그것을 체크 표시한다. 누구라도 개수에 상관없이 체크라고 말할 수 있다.

(ⅲ) 체크 표시한 '힛트'를 들여다보고 서로 관련되어 있어 보이는 것을 함께 묶음(범주화, 집단화) 할 수도 있다.

이것을 '핫 스파트'(hot spots)라 부른다. 핫 스파트를 만들기 위해서는 리스트에 있는 첫째 아이디어부터 살펴본다. 이렇게 차례대로 검토해 가면서 '이것과 비슷한 내용의 아이디어 있나요?' 또는 '이것은 새로운 범주의 아이디어인가?' 등의 질문을 하면 효과적이다. 그리하여 관련 있는 아이디어들을 하나의 범주로 묶음 할 수 있다. 묶음들을 수정하고 확대하여 더 나은 대안을 만들 수도 있다.

(iv) 핫 스파트로 묶음한 것에다 적절한 '이름'(제목, 명칭)을 붙일 수 있는데 이러한 전체의 과정을 '하이라이팅'(highligting) 기법이라 부른다.

'이름'(명칭)은 포함되어 있는 힛트 아이디어가 가지고 있는 일반적인 속성, 의미 또는 함의 등을 고려하여 만든다.

이 기법은 방대한 개수의 아이디어를 정리하여 평가하고 선택할 수 있는 간단하면서도 매우 효과적인 방법이다. 이 기법은 끝이 열려져 있기 때문에 집단 장면에서 사용하면 토의가 활발하게 이루어지게 할 수도 있다.

아래에는 김소영 등(2020)이 하이라팅 활동의 보기로 제시하고 있는 것을 인용해 본다. 토픽(주제)은 '환경오염 해결책'이다. 체크표시 한 것 들은 '힛트'이다.

(i) 브레인스토밍한 아이디어와 힛트

쓰레기, 더러움, 의식부족(✓), 걱정, 자동차 매연, 환경법, 미세먼지, 생활쓰레기 투기(✓), 산업쓰레기 투기(✓), 분리수거(✓), 음식물 쓰레기(✓), 일회용품 사용, 과소비, 재활용품, 멸종위기 동물, 환경보호, 자원부족, 환경보전 보상금(✓), 친환경용품, 텀블러 사용, 재생용지, 폐건전지 수거함, 환경운동, 환경에 대한 경각심(✓), 아나바다 운동(✓), 대체에너지, 종량제 봉투사용(✓), 매장 빨대 사용 금지(✓) 등

(ii) 핫 스파트

- 의식 개선: 음식물 쓰레기, 산업쓰레기 투기, 생활쓰레기 투기, 의식부족, 환경에 대한 경각심
- 정책: 환경보전 보상금, 매장 빨대 사용금지, 종량제 봉투사용, 분리수거
- 사회운동: 텀블러 사용, 아나바다 운동, 재활용품, 친환경용품

(ⅲ) 핫 스파트의 재진술

• 의식 개선: 환경오염을 개선하기 위해서는 사람들의 의식이 개선되어야 한다.
• 정책: 환경오염을 해결하기 위해서는 환경정책이 필요하다.
• 사회운동: 환경오염을 해결하기 위해서는 사람의 자발적인 사회운동이 필요하다.

2. ALU 기법

(1) ALU의 내용

ALU 기법은 한 개 또는 두세 개의 그럴듯한 경쟁적인 아이디어를 면밀히 분석하고 발전시키고 선택하는 데 유용하게 사용할 수 있다(특히 두 개의 아이디어). 또한 ALU는 새로운 아이디어를 찾는 데 유용할 뿐 아니라 아이디어, 제안 또는 건의 같은 것들을 처리하거나 인물이나 정책을 평가하는 데도 매우 효과적이다. 학교 수업뿐 아니라 기관이나 조직에서는 인물, 정책, 견해/입장 등을 비교하여 평가해 보아야 하는 경우에 활용할 수 있다.

특히 두 개의 아이디어를 평가해야 하는 장면에서는 어디서든 ALU를 특히 유용하게 적용할 수 있다. 예컨대 세종대왕과 이순신과 같은 뛰어난 지도자를 평가할 수도 있다. 두 정당의 경제 정책을 비판할 수도 있고, 이야기에 있는 주인공이 취해야 할 최선의 행위를 예상해 볼 수도 있고, 프로젝트의 결과 발표회의 진행 방식을 비교해 볼 수도 있다. ALU(Advantage, Limitation and Unique qualities) 기법에서는 다루고 있는 각기의 아이디어를 다음과 같은 절차에 따라 자세하게 음미해 본다(<활동양식 #7-7> 참조).

(ⅰ) 강점(A)부터 음미한다.

그러면 아이디어를 분석하는 일에 적극적으로 관여하게 될 뿐 아니라 엉뚱해 보이는 아이디어를 보면 반사적으로 '아니야'라 말하고 잘라버리는 과오를 회피하는 데도 도움 된다. 그런데 강점은 분명히 목적에 적합한 것이어야 하며, 사소한 것이거나 위장된 강점 같은 것이어서는 안 된다(실제로는 '약점'인데도 강점같이 보이는 것).

(ⅱ) 약점(L) 또는 개선이 필요한 내용을 살펴본다.

그런데 아이디어가 가지고 있는 약점을 그냥 단순히 나열하는 것이 아니라 그것을 '극복'할 수는 없는지를 생각하면서 긍정적으로 건설적으로 살펴보아야 한다. 따라서 "… 때문에 안 되겠어" 또는 "이 아이디어의 약점/문제는 …" 등으로 말하는 대신에 '어떻게 …?' 또는 '어떻게 하면 …?' 등의 말로 시작하여 그러한 약점을 극복할 수 있는 방법을 찾게 한다(그래서 ALU 대신에 ALoU로 표기하기도 하는데 여기에 있는 'o'는 overcome이다).

(ⅲ) 독특한 잠재력(U)에 대하여 생각한다.

'강점'은 아이디어가 가지고 있는 강점/장점/좋은 점이다. 그러나 '독특한 잠재력'은 이와는 달리 아이디어가 가지고 있는 독창적인 내용을 말한다. 그것은 다른 아이디어보다 두드러지고 '아하'하고 새로운 방향의 생각을 열어주는 통찰적인 특별한 것이다. '독특한 잠재력'은 또한 그러한 아이디어/대안을 실행했을 때 드러날 수 있는 미래적인 강점 또는 가능할 수 있는 '장기적인 이득이나 성과' 같은 것일 수도 있다.

(ⅳ) 각기의 아이디어에 대하여 ALU를 수행한다.

ALU를 모두 마치고 나면 이제 의사결정을 해야한다. ALU를 사용하면 어떤 아이디어가 그냥 좋다, 좋지 않다고 말하는 대신에 새로운 아이디어를 생산해 내는데 매우 유용할 수 있다.

ALU를 하고 난 다음은 어떻게 할 것인가? 한 개의 아이디어를 ALU하는 경우는 얻은 결과에 따라 그대로 채택할 수도 있고, 수정하여 새로운 아이디어를 만들 수도 있으며 기각할 수도 있다. 만약에 두 개 또는 몇 개의 아이디어를 ALU했다면, 이들 가운데 가장 그럴듯한 것을 선택할 수도 있고 ALU 결과에 따라 수정하여 새로운 아이디어를 만들 수도 있다. 그런데 몇 개의 아이디어 가운데 하나를 선택하는 경우는 적절한 '준거'를 사용하여 선택해야 한다. 준거를 이용하여 아이디어/대안을 선택하는 기법으로는 '평가 행렬법'을 이용할 수 있다(나음의 절에 있는 '평가 행렬법' 참조).

하나의 보기를 든다. '혼자 공부하는 방법'과 '친구들과 함께 공부하는 방법'을 ALU 기법을 사용하여 평가하고 의사 결정하는 경우를 생각해 볼 수 있다. 그러면 먼저 '혼자 공부하는 방법'에 대하여 ALU 할 것이다. '강점'(A)에는 집중이 잘되고, 마음대로 할 수 있고, 편하고, 주의산만이 덜 되고 … 등등을 브레인스톰 할 수 있다. '약점'(L)에는 게을러지기 쉽고, 모르는 것이 있어도 물어볼 수 없고, 피드백이 없고, 지도를 받을 수 없고 … 등등이 있을 것이다. 그리고 '독특한 잠재력'에는 공부를 자신이 통제할 수 있다는 것 등이 있을 수 있을 것이다. 이제는 같은 방법으로 '친구들과 함께 공부하는 방법'에 대하여 강점(A), 약점(L)과 독특한 잠재력(U)에 대하여 여러 가지로 생각한다. 여기에 포함되는 '독특한 잠재력' 가운데는 '억지로라도 공부할 수 있다' 등일 것이다. 그러면 이러한 과정을 거쳐서 어떤 결론에 도달할 수 있는가? 준거를 사용하여 둘 중 하나를 선택할 수도 있고 수정한 아이디어를 만들 수도 있다. 예컨대 '혼자서 공부하지만 모르는 것을 묻고 알아볼 수 있는 방법을 찾는다' 등과 같은 것이 될지도 모른다.

(2) P-P-C 대화기법

P－P－C 대화기법(Positive－Possibilities－Concern)은 ALU 기법을 대화 과정에 적용한 것이라 말할 수 있다. 개인적 또는 전문적인 기회 가운데는 상대방(예컨대, 부하나 친구)이 제시하는 아이디어를 효과적으로 다룰 수 있는 대화의 요령이 필요한 경우가 적지 아니하다. 특히 '그럴 것 같지 아니한' 엉뚱해 보이는 아이디어를 제안 받으면 그것을 어떻게 처리할 것인지 고민하게 된다. 대화를 어떻게 하느냐에 따라 부하, 동료 또는 학생의 창의적 사고는 크게 영향을 받는다. "나는 이상한 새로운 아이디어를 들으면 그것을 어떤 식으로 다루는가?"란 질문을 자기 자신에게 해 보아야 한다.

창의적 아이디어를 다루는 P－P－C 대화기법은 유보적이고 미심쩍은 생각이 드는 아이디어를 다룰 때 특히 유용하다. 첫 번째 P는 '긍정적인 면'을 나타내며 그 아이디어에 대하여 좋다고 생각되는 것을 먼저 말한다. 두 번째 P는 '가능성'이며 그 아이디어를 어떻게 적용하거나 확대시킬 수 있는지에 대하여 말한다. 마지막의 C는 '염려스러운 점'을 말하는데, 당신은 그것을 직설적으로 말할 수 있어야 한다. 예컨대, "xx 같은 점은 걱정이 되는데, 그것을 어떻게 극복할 수 있을지 이야기 좀 해 줄 수 있을까?"라 말하는 것과 같다. 그리하여 제안자는 보기, 모델, 이론 또는 더욱 자세한 계획을 적극적으로 말할 수 있도록 해야 한다. 그러면 아이디어가 가지고 있는 모순을 느끼고 제안했던 아이디어를 자진하여 철회할 수도 있을 것이다.

새로운 아이디어 가운데 당신이 동의할 수 있는 것이면 그것에 대하여 쉽게 긍정적으로 반응할 수 있다. 그러나 당신이 동의하기 어렵거나 싫어하는 것이면 당신은 그것을 어떻게 다룰 것인가? 너무 모질게 비판해서 아이디어를 제안하는 사람을 기죽게 한 적은 없는가? 그렇다고 상대의 기분이나 감정을 살린다고 모든 아이디어를 여과 없이 받아들일 수는 없다. 이럴 때의 대화 과정에 필요하고 유용한 것이 P-P-C 대화기법이다.

연 습 활 동

활동 Ⅱ-1

2장의 발산적 사고의 연습활동 가운데 하나를 선택하고 거기에서 브레인스톰 하여 생성해 낸 여러 아이디어를 다시 살펴보라.

(i) 이들의 개수가 상당히 많다면 '하이라이팅' 기법을 사용하여 몇 개로 묶음(범주화, 집단화)해 보라.
- 묶음의 개수는 묶음을 얼마나 자세하게 하느냐에 따라 달라질 수 있다.
- '핫 스파트'의 이름(명칭)도 다를 수 있다. 그러나 각기의 묶음이 포함하고 있는 내용을 전체적으로 잘 나타내 주는 것일수록 보다 적절한 명칭이다.

(ii) 묶음으로 정리한 것을 가지고 내용의 전체를 의미 있게 해석하여 설명해 보라.

활동 Ⅱ-2

어떤 사람이 버스 회사에 다음과 같은 건의를 해왔다. 당신은 이러한 '건의'를 어떻게 처리할 것인가?(이 활동은 De Bono의 'CoRT 1의 레슨 1. PMI에서 인용한 것이다. De Bono의 PMI(Plus-Minus-Interesting)는 ALU와 거의 같은 내용이다).

- 버스 안에 있는 좌석들은 모두 치워버린다.

(i) ALU를 사용하라. 아래에는 A, L, U 각기에 대한 몇 가지 아이디어가 나열되어 있다. 할 수 있으면 이들에다 아이디어를 추가하여 나열해 보라.

A: • 더 많은 사람이 탈 수 있다.
• 타거나 내리기가 더 쉽다.
• 제작하거나 수리하는 비용이 싸게 될 것이다.
…

L: • 갑자기 멈추면 승객들이 넘어질 것이다.
• 노인이나 지체 부자유인들은 버스를 이용할 수 없을 것이다.
• 쇼핑백을 들고 다니거나 아기를 데리고 다니기가 어려울 것이다.

…

U: • 좌석을 몇 가지로 달리하는 새로운 유형의 버스를 생각하게 하는 흥미로운 아이디어이다.
  • 버스에서는 편안함 만이 중요한 것이 아닐 수도 있다는 재미있는 아이디어이다.

…

(ii) 제안에 대한 당신의 결론은 무엇인가? 황당한 아이디어라고 기각할 것인가? 아니면 ALU한 결과를 토대로 보다 적극적인 '새로운 아이디어'를 디자인해 낼 수 있는가?

활동 II-3

도시 운수과에서는 시내 철도에 대한 정책을 논의하고 있다. 이들은 '지하 전철'과 '지상 전철' 가운데 어느 하나를 선택하고자 한다. ALU하여 당신의 견해를 설명하라. 필요하면 판단을 위한 '준거'를 만들어 평가 행렬표를 활용하라. 이러한 논의에서 필요한 추가의 '정보'에는 어떤 것이 있을까?

활동 II-4

다음의 각기에 대하여 ALU하고 당신의 견해를 설명하라.

(i) 대학생은 매년 2개월 이상 산업체에서 근무해야 한다.

(ii) 모든 사람들은 가슴에 현재의 '기분'이 어떤지를 보여주는 배지를 착용한다.

(iii) '여자 중학교'와 '여자 고등학교'라는 표현에서 '여자'란 단어를 모두 삭제한다.

활동 Ⅱ-5

당신은 어느 학반의 담임 선생님이다. 불우이웃을 돕기 위하여 학반 토론을 하고 있는 중 어느 학생이 "학반의 모든 학생들이 1주일간 굶기로 하고 그래서 절약한 돈을 모아 전달합시다"라는 제안을 했다. 당신은 이 제안에 선뜻 동의하기 어렵다고 느낀다. ALU 기법을 사용하여 당신의 결론을 제시해 보라.

• 긍정적인 면(A): (예, 불우이웃 돕기에 매우 적극적인 것이 좋다)

1. ______
2. ______
3. ______

• 염려스러운 점(L): (예, 그런데 1주일을 굶을 수 있을까? 모든 반원들이 그렇게 해줄까? 그런 점을 학생은 어떻게 해결할 수 있을까?)

1. ______
2. ______
3. ______

• 가능성(U): (예, 여러 사람이 함께 동참할 수가 있겠지. 우리가 아주 적극적이면 다른 사람들도 영향을 받겠지).

1. ______
2. ______
3. ______

활동 Ⅱ-6

정부에서는 실험실에서 인공으로 만든 고기를 판매하는 것을 허용하는 정책을 입법예고하였다. 이에 대하여 ALU를 해 보고 당신의 견해를 제시해 보라. 판단에 필요한 추가적인 정보에는 어떤 것들이 있을까?

활동 Ⅱ-7

당신이 경험했던 어떤 '발표회'를 다시 떠올려 보라. 연구 발표회 등 어떤 내용, 어떤 형태의 것도 좋다. 그 발표회의 진행에 대하여 ALU해 보고 어떻게 개선할 수 있는지를 디자인해 보라.

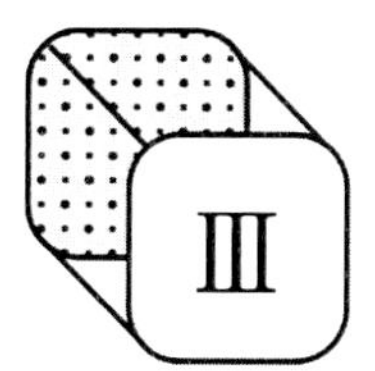

평가 행렬법

1. 평가 행렬법의 요령

평가 행렬법(evaluation matrix)은 3~7개 정도의 아이디어들을 어떤 준거에 따라 체계적으로 평가할 수 있는 강력한 수렴적 사고도구이다. '아이디어'라고 했지만 거기에는 해결 아이디어뿐 아니라 어떤 산출, 서비스 또는 디자인 등과 같은 다양한 것들이 포함될 수 있다. 이 기법은 다음의 절차에 따라 사용할 수 있다(활동양식 #7-8 참조).

(1) 아이디어들을 평가할 수 있는 '준거'를 만든다.

이를 위하여 '내게 정말로 중요한 것은 무엇인가?' 또는 '내가 다루는 과제/문제에 정말로 좋은 아이디어는 어떤 것이어야 할까?' 등의 질문을 하라. 선택한 준거는 아이디어들을 평가하는 데 적절하고 중요해야 한다. 그리고 준거는 '(이 아이디어는) 어느 정도로 … 할까?'와 같은 양식으로 진술한다. 예컨대 '어느 정도로 안전할까?', 또는 '어느 정도로 재미가 있을까?' 식으로 준거를 진술한다.

(2) 행렬표를 완성한다.

평가하려는 아이디어들은 행렬표의 왼쪽의 세로 란에 차례대로 기입하고, 선택한 준거들은 행렬표의 위쪽 가로 란에 차례대로 기입한다.

이제 준거에 따라 아이디어들을 평가할 때 사용할 수 있는 평정척도를 만든다(예컨대, 1-5, 상-중-하, 부정적-?-긍정적). 평정척도에서 숫자 사용이 부적절하다고 생각되면 서술적인 척도를(예컨대, 부정적, ?, 긍정적) 사용할 수도 있다.

그리고 각 아이디어가 각기의 준거를 어느 정도 만족시키고 있는지를 평정 척도에 따라 평가한다. 한 개의 준거를 가지고 모든 아이디어를 평가하고 그런 다음 두 번째 준거를 사용하여 다시 모든 아이디어를 평가하는 식으로 차례대로 진행하는 것이 바람직하다.

(3) 결과를 해석한다.

'최선의' 또는 '최악의' 대안을 알아내기 위하여 평정한 평가 점수를 단순히 합계해서 사용하지 않는 게 중요하다. 행렬표의 결과는 아이디어들이 어디에서 강하고 어디서는 약한지를 확인하는 데 사용해야 한다. 어떤 대안의 총점이 가장 높으면 그것은 적용해 본 준거에서 보면 그 대안이 가장 좋다는 뜻이 된다. 그러나 점수가 낮다고 하여 '나쁜' 대안이라 단정하기는 어렵다. 특히 한두 개 준거에서만 점수가 낮고 기타의 준거에서는 높은 점수를 받은 아이디어에 대하여서는 "어떻게 하면 …?"라는 어간의 질문을 사용하여 그것을 더욱더 다듬거나 수정하고 새롭게 발전시킬 수 없는지를 찾아보아야 한다.

평가 행렬표를 적용한 다음은? 합계 점수가 비슷한 것들이 있으면 ALU 기법을 사용할 수도 있다. 또는 '최선'의 대안의 것을 중심으로 그것과 모순되지 아니하는 다른 대안들을 함께 종합하여 새로운 대안을 만들 수도 있다. 선택을 해야 되기 때문에 '동점'을 깨뜨려야 한다면 또 다른 준거를 추가하여 사용하거나 더 중요해 보이는 어떤 준거에 가중치를 주어 총점을 다시 계산할 수도 있다.

2. 준거의 사용과 습관의 준거

아이디어, 산출 또는 서비스 등을 평가를 하려면 평가를 위한 '준거'(기준)가 매우 중요하다. 미팅을 할 식당을 선택하거나, TV의 채널을 고르거나, 영화를 관람하러 가려고 하는 경우 등의 다양한 장면에서 의사결정을 하려면 어떤 유형의 '준거'를 사용해야 한다. 예컨대 식당을 선택하는 경우는 다음과 같은 준거를 사용할 수 있을 것이다.

- (그 식당은) 음식이 맛이 있는가?
- 메뉴에 특별한 것이 있는가?
- 분위기는 좋은가?
- 가격은 합리적인가?
- 위생은 청결한가?

그러나 평가하고 선택할 준거가 무엇인지를 의식하지 못하면 문제가 생길 수 있다. 선택하는 준거에 대하여 식당을 새삼스럽게 생각해 보게 된다면 놀라워할 수도 있을 것이다. 우리는 많은 경우 다음과 같은 준거들을 별 생각 없이 사용하고 있을 것이다.

- (그 식당은) 내가 자주 가던 곳인가?
- 식사 메뉴는 내가 주로 선택하는 것인가?

사람들은 하던 대로의 '습관'에 따라, '습관의 준거'에 따라 선택하고 그렇게 하면서 편안해 한다. 그러나 그것은 최선의 선택을 위한 준거를 사용한 의사결정이 아니다. 평가를 위한 준거를 의식적으로, 외현적으로 진술하여 사용하면 습관적으로 선택하는 문제를 회피하고 최선의 선택이 가능할 수 있다.

3. '필수' 준거와 '희망' 준거

경우에 따라서는 적용해야 할 준거를 '필수' 준거와 '희망' 준거로 나누어 살펴보아야 할 때도 있다. '필수' 준거(musts)는 평가하려는 아이디어가 반드시 충족시켜야 하는 필수적인 것이고, '희망' 준거(wants)는 더 많이 만족시킬수록 더 좋은 준거이다. 예컨대 가진 돈이 1만 원뿐이라면 이때 선택할 수 있는 활동은 어느 것이나 1만 원 이하여야 한다는 준거를 만족시켜야 한다. 반면에 '이 활동은 같이 있는 친구와 함께 할 수 있는 것인가?'란 준거는 그것이 어느 정도인지를 희망하는 준거이다.

필수 준거는 여러 가지 활동들을 1차적으로 선택해 내어 긴 리스트를 줄이는 데 매우 유용한 것이다. 왜냐하면 그것을 충족시키지 못하는 아이디어는 더이상 고려할 필요가 없기 때문이다. 다음은 남아 있는 것을 대상으로 희망 준거를 적용하게 될 것이다.

필수 준거 대 희망 준거는 여러 장면에서 적용할 수 있다. 예컨대 정치 지도자가 반드시 갖추어야 할 자질과 갖추어 있을수록 좋은 자질을 논의할 수도 있다. 또는 유치원생들을 위한 이야기책이 가져야 할 필수적인 특성과(예컨대, '재미있는 것') 갖출수록 좋은 특성을(예컨대 '이해'하기 쉬운 것) 생각해 볼 수도 있을 것이다.

연/ 습/ 활/ 동/

활동 Ⅲ-1

다음은 새로운 신용카드 제도를 전면적으로 실시하기 위한 여러 방안 가운데 가장 그럴듯한 것 8개를 골라 5개의 판단 준거에 따라 평가해 보기 위하여 만든 '평가 행렬표'이다. 준거마다 최하 점수 1점에서 최고 점수 8점까지로 점수를 매기고 있다. '총점란'을 완성하고 최선의 해결 아이디어를 선정하거나 새롭게 만들어 보라.

해결 아이디어	판 단 준 거					총 점
	1	2	3	4	5	
#10 지역사회 교육 교실	6	6	7	5	6	
#8 신용카드에 음성 비트 장치	7	2	2	1	8	
#4 구매 장소 설치	8	8	8	6	2	
#16 방송과 TV 활용	2	7	6	3	7	
#1 실험 실시를 연기	4	4	3	2	1	
#6 광고 방송	1	5	5	8	5	
#12 노인을 위한 프로그램	3	1	4	4	4	
#11 신용카드 실시를 단계적으로	5	3	1	7	3	

활동 Ⅲ-2

2시간 동안 교실에서 무엇이라도 해도 좋다는 '자유 시간'이 주어졌다. 어떤 활동을 하면 반원들이 같이 재미있게 가장 잘 즐길 수 있을까?

(1) (아이디어의 발산) 가능한 활동들을 많이 브레인스톰 하라.

(2) (활동의 평가, 수렴)

(ⅰ) 활동을 평가할 수 있는 '필수 준거'와 '희망 준거'들을 생각해 본다. 어떠한 활동이라도 선택되려면 필수 준거는 만족시켜야 한다. 예컨대, 안전한가, 조용한가(다른 반에 방해되지 않게), 모두가 참여할 수 있는가? 등

(ⅱ) 다음으로 필수 준거들을 만족시킨 대안(아이디어)만 가지고 희망 준거를 적용하여 가장 그럴듯한 것을 최종적으로 선택하라.

활동 Ⅲ-3

학교에서 애완동물을 길러도 좋다는 허락을 받았다. 그러나 거기에는 고려해 보아야 할 몇 가지 조건들이 있다. 이들을 고려하여 학교에서 기를 수 있는 애완동물을 선택하라.

(1) 애완동물의 구입은 학생들이 해야 하고, 학교에서는 일체의 보조가 없다.

(2) 애완동물의 먹이를 주고 관리하는 책임은 완전히 학생들이 져야 한다. 그것은 주말이든 방학이든 상관이 없다.

(3) 애완동물을 고를 때는 애완동물의 안전분 아니라 관리자나 기타의 사람에게 끼칠 수 있는 위험성도 고려해야 한다.

(ⅰ) 이러한 조건에서 기를 수 있는 애완동물을 많이 브레인스톰 하라. 포스트잇과 같이 쉽게 붙이고 옮길 수 있는 용지를 이용한다. 브레인스톰 하고 나면 애완동물에 대하여 더 알아볼 필요도 있을 것이다.

(ⅱ) 애완동물을 선택하기 위한 5개의 준거를 만들어 이들을 준거 진술의 형식에 맞게 진술하라.

(ⅲ) 브레인스톰한 애완동물들 가운데 5개 동물을 선택하고, 위에서 진술한 5개의 준거들을 가지고 평가 행렬표를 만들어 보라. 그리고 얻은 결과를 가지고 최종적인 결론을 내려 보라.

활동 Ⅲ-4

우리 사회에서는 환경보호에 대한 관심이 늘어나고 있다. 그래서 사람들이 어떻게 해서 환경을 파괴하고 있는지를 알아보고자 한다.

(ⅰ) 환경에 부정적 영향을 미치는 요인을 브레인스톰 하라. 예컨대 자동차 매연, 오염 화학물질 방출, 쓰레기 등. 그런 다음 가장 중요해 보이는 4개의 부정적 요인을 결정한다.

(ⅱ) 아래의 질문에 따라 이들 각기의 요인이 지역사회 환경에 미치는 부정적 영향에 대한 자료를 수집한다.

- 영향은 얼마나 심각한 것인가?
- 영향은 얼마나 지속적인가?
- 단기적인 영향은?
- 장기적인 영향은?

(ⅲ) 환경에 미치는 파괴적인 영향을 나타낼 수 있는 '준거'를 4개 만들어라. 각기의 준거는 '어느 정도로 …?' 시작하는 의문문의 어간을 사용한다. 예컨대 '공기 오염'이 준거라면 '어느 정도로 공기의 오염에 영향을 미치는가?'와 같이 서술한다.

(ⅳ) 이제 부정적 영향의 4개 요인과 5개의 준거에 따라 평가 행렬표를 만들어 분석하라. 그리고 얻은 결론을 설명해 보라.

활동 Ⅲ-5

비대면 원격수업으로 인해 학습격차가 커지고 있다. 원격수업을 위한 장비를 제대로 갖추고 있지 못한 가정의 학생들이 겪을 수 있는 학습의 부재를 극복하는 데 도움될 수 있는 방법들을 많이 생각해 볼 수 있다.

(ⅰ) 여러 가지 방법을 나열해 보라(10개 이상).

(ⅱ) 5개의 해결 아이디어를 선정한다. 그리고 여러 개의 평가 준거들을 발산적으로 사고한 다음 4개를 선정한다. 이들을 가지고 평가 행렬표를 만들어라.

(ⅲ) 각기의 준거에 따라 해결 아이디어를 5~1점까지의 5점 평정척으로 평가한 다음 최선의 해결 아이디어를 결정한다. 그리고 최선의 해결 아이디어를 보다 자세하게 설명해 보라.

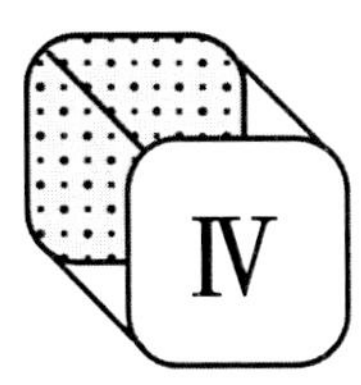

쌍비교 분석법

1. 쌍비교 분석법의 요령

쌍비교 분석법(PCA, Paired Comparison Analysis)은 비교적 소수의 매력적인 대안들을 가지고 이들을 우선순위, 즉 등급을 매길 때 유용하게 사용할 수 있는 수렴적 사고도구이다. 다시 말하면 상대적인 우선순위에 따라 대안을 선택할 때 사용하는 기법이다. 예컨대 몇 개의 과제나 문제 가운데 어느 것을 다룰 것인지를 결정할 때, 올림피아드와 같은 컴페티션에서 등수를 매겨야 할 때, 또는 해결 대안 가운데서 어느 것을 우선적으로 고려하여 심의해야 할 것인지를 결정하는 경우와 같다. 이 기법에서는 모든 아이디어를 한 번에 한 쌍씩 비교해 보고 상대적인 중요성을 결정한다. 이렇게 모든 쌍을 비교해 봄으로써 아이디어들의 상대적인 우선순위를 매길 수 있다. PCA 기법은 개인적으로 사용할 수도 있고 또는 집단에서 어떤 합의를 이끌어 내기 위하여 사용할 수도 있다.

PCA를 사용하려면 먼저 비교하려는 모든 대안들을 같은 형식으로 진술하는 것이 중요하다(예컨대, 모든 아이디어를 긍정적이고 바람직한 형태로 진술). 또한 아이디어들은 너무 비슷하지 않고 특유한 것이어야 하지만, 그렇다고 너무 많은 것들을 지나치게 포괄적으로 묶음 하는 것도 피해야 한다. PCA 방법은 힘이 들고 시간이 걸린다. 그럼에도 몇 개의 아이디어가 모두 중요해서 우선순위를 매길 필요가 있을 때 효과적으로 사용할 수 있다. 그러나 행렬에 빠진 다른 유망한 아이디어가 있을 수도 있고, 적용한 준거가 바뀌면 결과가 달라질 수 있음을 유의할 필요가 있다. 또한 아이디어의 상대적인 중요성을 아는 것이 목적이지 어느 아이디어가 '이긴 것' 또는 '진 것'인지를 결정하는 것이 아님을 기억해야 한다. PCA는 구체적인 용도에 따라 형식을 다소간 달리할 수 있다.

(1) PCA에 각기의 아이디어와 준거를 기입한다.

아래에 있는 [그림 3-2]의 예시 (1)에는 5개의 대안을 단순 비교하고 있고, [그림 3-3]의 예시 (2)에서는 9개의 대안을 9개의 준거에 따라 비교하고 있다.

(2) 각 쌍을 비교한다.

어떤 하나의 준거에 따라 단순 비교하고 있는 예시 (1)에서는 10개의 쌍을 비교하여 더 중요하다고 선택한 것에 동그라미 한다. 예시 (2)에서는 각 쌍들을 '1=약간 더 중요하다, 2=상당히 더 중요하다, 3=매우 더 중요하다'의 3점 척도를 사용하여 쌍비교하고 있다. 선택한 대안에 1~3점에 따른 점수를 적는다. 예컨대 A가 B보다 '매우 더 중요하다'고 생각된다면 A3라고 적는다. 이런 식으로 모든 쌍을 비교하여 기입한다.

(3) 점수를 더하기 한다.

예시 (1)에서는 각기의 아이디어를 몇 번 선택했는지를 계산하면 된다. 예시 (2)에서는 각 대안이 받은 지수들을 합계하여 총점란에 적는다. 예컨대 B는 5개 박스에 나타나 있고 지수의 합은 '8'이므로 'B=8'이라 적는다.

(4) 얻은 결과를 해석한다.

얻은 총점이 높은 대안일수록 보다 더 중요하고 그래서 우선순위가 높은 것이다. 예시 (2)에서 보면 D(좋은 학교)와 H(더 많은 욕실)의 두 개 대안이 우선순위가 차례대로 높다.

▼ [그림 3-2] 쌍비교 분석법 예시(1)

	대안 A	대안 B	대안 C	대안 D	대안 E
대안 A	x	A-B	A-C	A-D	A-E
대안 B		x	B-C	B-D	B-E
대안 C			x	C-D	C-E
대안 D				x	D-E
대안 E					x

▼ [그림 3-3] 쌍비교 분석법의 예시(2)

		B	C	D	E	F	G	H	I	총 점
돈을 감당할 수 있는	A	A^2	C^2	D^2	E^1	F^1	G^1	H^3	I^1	A=2
4개방	B		B^1	D^2	B^2	B^1	B^3	H^1	B^1	B=8
교통편리	C			D^3	C^2	F^1	C^1	H^1	C^3	C=8
좋은 학교	D				D^3	D^1	D^2	D^1	D^1	D=15
적절한 창고	E					F^1	G^1	H^3	I^1	E=1
주변 환경	F						F^2	H^1	F^1	F=6
유지 관리	G							H^2	I^1	G=2
더 많은 욕실	H								H^2	H=13
매매 용이	I									I=3

척도
1. 약간 더 중요
2. 상당히 더 중요
3. 아주 더 중요

2. 집단의 합의도출

집단의 모든 멤버들이 '그런 대로 괜찮다'는 일반적 수준의 합의라도 도출해 내기란 쉬운 일이 아니다. PCA는 이런 경우 아이디어들의 상대적인 중요성에 대하여 합의를 이끌어 내려고 하거나 아이디어에 대한 공통적인 이해를 높이고자 할 때 유용하게 사용할 수 있다.

집단 멤버들의 합의를 도출해 내기 위하여 PCA라는 수렴적 사고도구를 사용할 때는 먼저 멤버 각자가 PCA를 완성한다. 그런 다음 개인들의 결과를 모아서 의견이 일치하는 영역과 불일치하는 영역을 더 잘 이해하기 위하여 토의한다. 집단 멤버들이 서로 위압하거나 경쟁하는 식이 아니라 서로 조심스럽게 경청하고 발표하도록 격려한다. 그래서 의견을 달리하는 영역을 조정하면서 아이디어들의 우선순위에 대하여 공통의 이해에 이르고자 노력해야 한다.

(1) 우선순위를 매기고자 하는 아이디어들을 확인한다.

이들 아이디어의 개수는 10개 이내가 바람직하다.

(2) 이제 집단의 각 멤버들이 각 아이디어에 대하여 이해를 같이 하고 있는지를 분명히 해야 한다.

먼저 아이디어 하나씩 차례대로 읽어보고 의미를 같이 이해하고 있는지를 확인한다. 의미 이해에서 혼돈이나 차이가 있으면 그 아이디어를 제안한 사람에세 설명해 보게 한다. 또는 비슷한 의미를 가지고 있는 다른 아이디어에 포함시킬 수도 있다.

(3) 모든 아이디어들이 병렬적으로 그러면서도 독특하게 진술되어 있는지를 확인한다.

'병렬적'이란 진술이 서로 비교 가능하게 같은 방향으로(예컨대, 모두 '긍정문'으로 진술하는 것) 진술하는 것을 말하며, 그리고 '독특하게'란 아이디어들이 서로 상당히 특유해서 너무 비슷하지 않아야 함을 말한다. 만약 어떤 두 아이디어가 아주 비슷하다면 하나는 없애야 한다.

(4) 멤버 각자가 PCA를 완성한다.

모든 멤버에게 대안과 준거들이 기입되어 있는 활동양식을 나누어 준 다음 각자가 PCA를 완성하게 한다. 그런 다음 수합하여 각 아이디어에 대한 총점을 산출해 낸다.

(5) 집단 총괄표를 만든다.

예컨대 [그림 3-4]와 같은 총괄표를 만든다. 멤버들의 이름은 왼쪽에 세로로 그리고 아이디어는 상단에 가로로 각기 기입한다. 그리고 각 멤버의 점수를 아이디어별로 기입한다.

▼ [그림 3-4] 집단의 합의도출을 위한 PCA 총괄표

	보 기				
	A	B	C	D	E
철수	2	15	10	14	5
영자	11	0	6	8	11
순자	3	7	9	12	7
민철	2	10	9	10	1
유석	5	7	9	10	1
선자	1	5	0	7	3
동미	11	4	2	0	8
총점	35	48	45	61	36

(6) 멤버들이 완성한 PCA 점수를 수합하고 합산하여 총점을 계산한다.

최고의 아이디어와 최하위의 아이디어를 확인한다. 그러면 아이디어들의 전반적인 우선순위를 알아볼 수 있다. 예컨대 [그림 3-4]에서는 A = 35, B = 48, … 등이다. 그러나 이러한 결과를 어느 아이디어가 이겼거나 진 것으로 해석해서는 안 된다.

(7) 토의를 구조화한다.

집단 전체에서 점수를 가장 높게 받은 아이디어에서 시작하여 각 아이디어별로 순위를 가장 높게 매긴 사람과 가장 낮게 매긴 사람이 각자의 생각을 설명해 보도록 한다. 시간이 허용되면 모든 아이디어에 대하여 이러한 절차를 반복한다. 이렇게 하면 아이디어의 우선순위에 대한 집단의 이해가 향상될 것이다.

PCA는 개인별로 우선순위 매기는 것을 먼저 하고 그런 다음 거기서 얻은 결과를 토대로 솔직하고 공개적인 집단 논의를 통하여 집단이 합의에 이르게 하는 데 유용한 도구이다. 이때 논의를 구조화할 수 있도록 다음과 같은 세 가지 가이드라인을 지키는 것이 중요하다.

(ⅰ) 집단 총괄표에서 얻은 수치를 지나치게 강조하지 말아야 한다.

PCA란 집단이 합의를 도출하기 위하여 사용하는 것이지 집단의 의사결정을 그것이 대신할 수 있는 것이 아님을 유의한다. 그러므로 PCA는 집단이 합의를 도출해 내려고 진정으로 노력할 경우에 한하여 도움 될 수 있다.

(ⅱ) 집단 멤버들은 솔직하고 상호 존중하는 분위기를 유지하도록 노력해야 한다.

(ⅲ) 이슈가 민감한 것일수록 멤버들은 방어적이고 감정적으로 반응하기 쉽다.

따라서 사회자는 각자가 다른 사람이 이야기하는 것을 적극적으로 경청하고 진지하게 토의할 수 있도록 진행에 신경을 써야 한다.

3. 몇 개의 단계나 요인으로 구성되어 있는 과제에서의 쌍비교

앞에서는 아이디어나 산출을 전체적으로 비교하는 것을 다루었다. 그러나 경우에 따라서는 비교하려는 '산출'이 몇 개의 단계나 요인/속성으로 이루어져 있고 이들 각기를 채점하여 총점을 계산하는 경우도 있을 수 있다. 그리고 이러한 산출을 몇 명의 평가자가 독립적으로 채점하다 보면 채점자에 따라 점수가 다르고 따라서

〈표 3-3〉 쌍비교 분석의 보기

다음에 있는 두 개의 소책자를 각 단계에 따라 비교하세요. 각 단계에서 두 개의 소책자를 비교해보고 '약간' 더 나은 것에 1점을, '아주' 더 나은 것에 2점을, 서로 비슷하면 0점을 주세요. 다음으로 각 단계의 점수를 합계하여 아래에 있는 합계 점수란에 기입해 주세요.

소책자 # 201			소책자 # 204	
•	(× 3)	단계 1	•	(× 3)
2	(× 3)	단계 2	•	(× 3)
•	(× 3)	단계 3	2	(× 3)
•	(× 2)	단계 4~5	1	(× 2)
•	(× 3)	단계 6	2	(× 3)
•	(× 1)	전체적	•	(× 1)
합계점수 6			합계점수 14	

* 비교하는 산출이 몇 개의 주요 단계(또는 요인/속성)들로 이루어져 있고 이들의 각기를 채점하여 전체를 쌍비교 분석하는 경우에 사용할 수 있다. 여기에 있는 '단계 1~ 단계 6'은 창의적 문제해결의 단계들인데 각기의 단계별로 쌍비교하여 '합계점수'를 산출하고 있다.

** '× 3' 또는 '× 1'은 가중치이며 이것은 비교하는 과제에 따라 적절하게 결정할 수 있다.

'등위'도 다르게 나오는 것이 일반적이다. 이러한 경우 여러 산출을 '등위' 매기고 시상 같은 것도 해야 한다면 쌍비교 분석법도 위에서보다는 좀 달리해야 한다.

아래에서는 FPSP 창의력 올림피아드에서 사용하는 것을 예시해 본다(4장의 창의적 문제해결 단계 참조). 주어진 토픽에 대하여 참가자들은 창의적 문제해결의 6단계에 따라 '소책자'에 반응하지만 평가자는 5단계별로 그리고 전체적인 평가에 따라 채점하고 합산한다. 채점자가 3명이라면 총점이 서로 다를 수 있고 그러면 예컨대 최종적으로 3명의 순위를 매기려면 쌍비교 분석을 하게 된다. 예컨대 3명의 채점자가 쌍비교 분석을 한다면 각기 3번(1−2, 1−3, 2−3 비교)을 쌍비교하여 합계점수를 낸다. 채점자들의 쌍비교 분석의 결과를 정리하면 가장 그럴듯한 '등위'를 매길 수 있다. 보기는 <표 3−3>과 같은데 여기서는 6개의 각 단계에는 가중치를 'x 3'을 주고 있다.

연/ 습/ 활/ 동/

활동 Ⅳ-1

글쓰기, 그림 그리기, 과학 연구 또는 작품 만들기를 하고 거기에서 얻어진 결과, 즉 산출물을 평가하거나 순위를 매겨야 하는 경우는 많이 있을 수 있다. 학생들의 경우뿐 아니라 비즈니스나 사회활동에서도 얼마든지 있을 수 있다. 그러나 그것은 간단해 보이지 아니한다. 예컨대 유치원생이 그린 그림을 사정해 보고 피드백 해 주어야 할 때도 있고, 등위를 매겨 시상하는 경우도 있을 수 있다.

미술작품, 작문, 작품 디자인 또는 광고 문안 등의 영역에서 실제의 '작품'을 3개 이상을 확보해 보라. 어느 분야의 것이라도 좋고, 4개 분야 모두에서 실제 작품을 구할 수 있으면 좋은 연습이 될 것이다(나아가 좋은 연구거리가 될 것이다).

(ⅰ) 3~5명이 심사원이 된다. 각자가 각기의 작품들을 쌍비교 한다(예컨대 작품이 A, B, C의 3개라면 A-B, A-C, B-C 식으로), 각자 독립적으로 하며 쌍비교의 순서도 다르게 한다. 그리고 평가 척도는 '더 못하다(1)-같거나 비슷하다(2)-더 낫다(3)'의 3단계에 따라 비교 평가한다. 그리고 전체를 취합하여 등위를 매겨라.

(ⅱ) 이들 작품을 평가하기 위하여 사용할 수 있는 '준거'를 3~5개 정도로 생각하고 같이 합의한다(준거를 만드는 것은 간단하지 않지만 그래도 시행착오적으로 만들어 볼 수는 있다). 이제 이들 준거를 사용하여 앞의 (1)에서 했던 것과 같이 쌍비교해 보라.

(ⅲ) 앞의 두 가지 방법에서 얻은 결과를 비교해 보고 우리가 어떤 이야기를 할 수 있는지를 논의해 보라.

활동 Ⅳ-2

가능하면 발명반이나 공작반에서 만든 '공작 작품'을 3개 이상 몇 개를 확보하고 다음에 따라 쌍비교 분석한다. 그리고 얻은 결과를 논의한다.

(ⅰ) 평가 척도를 '덜 창의적(1)-비슷하게 창의적(2)-훨씬 더 창의적(3)을 사용하여 작품들을 쌍비교 분석하여 결론을 만들어라.

(ⅱ) 평가의 요인으로 '새로움', '기능성', '디자인의 매력' 등을 사용하고 각기에 대하여 5점 척도를 적용하여 이들 작품들을 쌍비교 분석한다. 그리고 얻은 결과를 논의한다.

(ⅲ) 〈표 3-4〉에 있는 '학생 발명 평정지'를 이용하여 이들 작품을 쌍비교 분석하고 얻은 결과를 논의한다. 이들 가운데 몇 개의 요인만을 선택하여 사용할 수도 있다(이 평정지는 Besmer & Treffinger(1981)가 발표한 것이다).

(ⅳ) 위의 3가지의 평가 결과들을 비교해 보고 가능한 함의를 논의해 보라.

〈표 3-4〉 학생 발명 평정지

준 거:					
1. 독창성. 이 발명은 새롭거나 독특한 아이디어를 제시하고 있다. 이 발명은 흔히 볼 수 있는 그러한 것이 아니다.	1	2	3	4	5
2. 발전 가능성. 이 발명은 앞으로 새로운 작품을 만들어 낼 수 있는 새로운 아이디어들을 많이 시사해 주고 있다.	1	2	3	4	5
3. 변형 가능성. 이 발명은 사람들로 하여금 이 분야를 전혀 새로운 방식으로 보거나 생각하게 만들고 있다.	1	2	3	4	5
4. 적합성. 이 발명은 문제의 장면이나 의도하는 목적이 담고 있는 중요한 요구와 관심에 대하여 적합하게 반응하고 있다.	1	2	3	4	5
5. 적절성. 이 발명은 그럴듯해 보이며 목적이나 요구에 분명히 적절하다.	1	2	3	4	5
6. 논리성. 이 발명은 이 분야에서 인정하고 이해하고 있는 규칙에 맞게 만든 작품이다.	1	2	3	4	5
7. 유용성. 이 발명은 실제에 적용하여 사용할 수 있음이 분명하다.	1	2	3	4	5
8. 가치성. 이 발명은 장래의 사용자들이 가치있고 중요한 것이라고 생각할 것이다.	1	2	3	4	5
9. 매력. 이 발명은 사람들의 주목을 받을 것이며 사용자에게 먹혀들 것이다.	1	2	3	4	5
10. 복합성. 이 발명은 몇 가지 상이한 요소, 부분 또는 사용수준을 포함하고 있다.	1	2	3	4	5
11. 우아함. 이 발명은 세련되어 있고 목적이나 목표를 은밀하게 표현하고 있다.	1	2	3	4	5
12. 표현력. 이 발명은 사람들이 쉽게 이해할 수 있으며 그것이 가지고 있는 목적과 강점을 효과적으로 전달하고 있다.	1	2	3	4	5
13. 조직성. 이 발명은 전체성, 즉 완전하다는 느낌을 가지게 해 주고 있다.	1	2	3	4	5
14. 기능적 솜씨. 이 발명에는 정성, 열성적인 노력, 그리고 세련된 솜씨 같은 것이 들어나 보인다. 이것은 높은 수준의 성취라 말할 수 있다.	1	2	3	4	5

수렴적 사고 - 점검을 위한 활동

활동 3-1

오른쪽에 있는 용어를 가장 잘 설명해 주고 있는 것을 B에서 골라 짝지어라.

A	B
1. 하이라이팅	• 우선순위(등급) 매기기
2. 평가행렬법	• 평가와 판단
3. 수렴적 사고의 원리	• 대안들을 묶음 하여 정리
4. 쌍비교 분석법	• 반드시 충족시켜야 하는 준거
5. 필수 준거	• 유망한 아이디어들을 집중적으로 분석·개선
6. 수렴적 사고	• 아이디어나 산출들을 준거에 따라 비교 평가
7. ALU	• 긍정적 판단

활동 3-2

다음의 빈칸에 가장 그럴듯해 보이는 낱말을 써 넣어 보라.

1. 새로운 아이디어를 생각해 내는 것을 발산적 사고라 한다. 발산적 사고를 잘해야 (　　　), (　　　), 독특한 그리고 자세한 여러 가지의 아이디어들을 생각해 낼 수 있다.

2. 새로운 아이디어를 생각하다보면 막혀 더이상 생각이 나지 않을 수 있다. 이러한 경우 도움을 줄 수 있는 것이 '[|] 리스트'이다. 이 리스트를 들여다보면 여러 가지의 다른 입장에서 생각을 더 할 수 있기 때문에 아이디어를 더 많이 만들어 내는 데 도움이 될 수 있다.

3. 새로운 아이디어를 생각해 낼 때는 '아이디어 생성을 위한 원리'(가이드라인)를 지켜야 한다. 이들 원리에는 "예-[| |]라 말하지 말아요", "어떤 것도 좋아요", "남의 생각을 조금 (　　　) 만들어도 좋아요" 그리고 "많을수록 좋아요" 등이 있다.

4. 수렴적 사고는 충분한 개수의 아이디어를 생각해 낸 다음에 하는 사고이다. 이러한 사고는 아이디어를 정리하거나, 판단하거나, 순위를 매기거나, 또는 더 나은 것으로 [　　　　　] 위하여 사용된다.

5. 수렴적 사고를 할 때는 아이디어가 가지고 있는 (좋은 점, 나쁜 점) 부터 먼저 생각해야 한다.

6. 생각해 낸 아이디어는 말이나, (　　　) 또는 신체 동작(제스처) 등으로 다른 사람들에게 표현해야 한다. 아이디어를 커뮤니케이션 할 때는 다른 사람들이 이해하기 쉽게 요점을 정리해야 한다.

활동 3-3

다음에 있는 '창의력 자기 사정 평정지'에 따라 자신의 창의적 잠재력을 4단계(1=결코 그렇지 않다, 2-다소 그렇지 않다, 3-가끔 그렇다, 4-대개가 그렇다)에 따라 사정해 보라. 총점뿐 아니라 각기의 문항들을 가지고 같이 논의해 보거나 조용히 스스로를 반성해 보라.

	준거
1. ______	(나는) 심각하게 생각해 보아야 하는 복잡한 문제와 장면을 대하면 오히려 생기가 난다.
2. ______	일을 새롭게 그리고 더 낫게 할 수 있는 방법을 찾는다.
3. ______	동료들은 나를 혁신적 아이디어의 사람이라고 생각한다.
4. ______	나의 견해와는 분명하게 다른 사람과도 잘 지낸다.
5. ______	질문을 많이 한다.
6. ______	동료들은 해결하기 어려운 문제가 생기면 나의 의견을 묻는다.
7. ______	일을 처리할 때 다양한 시각에서 생각한다.
8. ______	다른 사람과 생각이 틀린다고 해서 그것 때문에 걱정하지는 아니한다.
9. ______	새로운 아이디어를 대하면 나는 회의적으로 대하기보다는 오히려 열성을 가지고 호의적으로 생각한다.
10. ______	새로운 변화를 접하게 되면 마음이 즐거워진다.
11. ______	문제를 고지식하게 해결하려는 사람을 보면 참기 어렵다.
12. ______	전문영역 내의 것뿐만 아니라 그 밖의 책이나 자료도 많이 읽는다.
13. ______	동료들 사이의 공개적인 토론과 의견의 불일치를 오히려 격려한다.
14. ______	잠을 자고 있는 동안에 좋은 아이디어가 떠오른다.
15. ______	흔히 있는 평범한 것을 평범하지 않는 방식으로 들여다보기를 좋아한다.

CHAPTER

04

창의적 문제해결(Ⅰ): 문제의 확인/발견

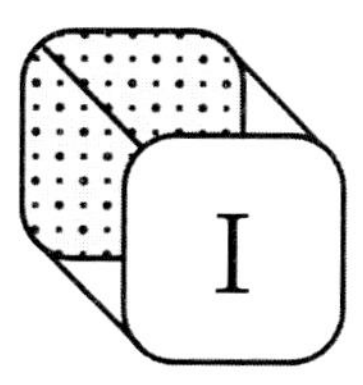

CPS 창의적 문제해결

1. 창의적 문제해결

누구나 살아가다 보면 시도 때도 없이 이런저런 문제를 접하게 된다. 그것은 대충 넘어가도 되는 사소한 문제일 수도 있고 '더 낫게' 할 수 있게 신경을 써야 하는 일상의 것일 수도 있고 또는 고민하여 혁신적으로 극복하면 새로운 세상이 열리는 반전의 기회일 수 있는 혁명적인 것일 수도 있다. 문제는 위기일 수 있고 또한 기회일 수도 있다. 과제와 상황에 담겨져 있는 잠재적인 문제들을 발견하고 정의하여 새로운 해결 아이디어를 생성해 내고, 해결책을 전략적으로 실행할 줄 아는 것은 우리 모두에게 요구되는 핵심적인 능력이다. 문제는 변화와 성공을 위한 기회가 될 수도 있다. 익숙한 생활 패턴에 안주하면 이러한 성장과 반전의 기회는 찾아오지 않는다.

창의력 교육은 '창의적 문제해결'의 능력을 향상시키는 데 있다. 창의적 사고의 목적은 일상의 문제나 전문적인 문제를 창의적으로 해결하는 것이기 때문이다. '창의적'이란 '새로운 아이디어'가 요구된다는 의미이다. 간단하게 말하면 창의력이란 창의적으로 사고하는 '방법과 전략'이며 이것을 향상시키는 것이 창의력 교육이다. "진정으로 창의적인 것은 누구에게도 가르칠 수 없다. 그렇다고 창의(력)는 가르치지 않고 저절로 생겨나는 것도 아니다. 생존의 기로에 서 있는 전투기 조종사가 당면한 문제를 창의적으로 해결할 수 있으려면 이전에 훈련받은 내용이나 지식뿐 아니라 현재의 장면에서 주어져 있는 것들을 유용한 아이디어로 새롭게 상상하고 재조합할 수 있어야 한다. 극한의 상황에서 생존해온 비행사들은 모두가 창의력이 바로 생존의 도구임을 증언하고 있다. 창의적 문제해결의 요소는 가르칠 수 있지만 창의적 사고 자체는 본인 스스로 발견하고 훈련해야 한다"(Torrance, 1995, p. 33). 창의적으로 생각할 줄 아는 힘은 배우고 가르쳐야 한다. 달리 말하면 이것은 창의적 문제해결의 기능(방법)과 전략을 배우고 가르쳐야 한다는 말이 된다.

이제 창의적 문제해결의 이론을 개관해 볼 것이다. '창의적 문제해결'이라 하면 개인이나 집단이 문제를 해결하기 위하여 창의적으로 사고하는 과정을 통칭하는 것이다. 그러나 대부분의 이론이나 훈련 프로그램에서 사용하는 창의적 문제해결은 CPS(Creative Problem Solving)를 의미한다. 창의력 교육 프로그램의 95% 이상이 CPS를 사용하거나, 또는 이것을 수정하여 사용하고 있기 때문이다(Nickerson, Perkins, & Smith, 1985). 긴 세월과 실제적 활용을 통한 검증을 거치면서 CPS는 창의력 교육의 제일가는 바탕이 되고 있다.

CPS는 Alex F. Osborn(1963)이 문제해결 7단계를 제시한 데서 시작한다. CPS는 문제해결의 과정에 대한 프레임이며, 그러한 문제해결의 전체 과정을 단계적으로 접근한다. 그런데 그는 1963년도 개정판에서는 '사실 발견'(fact finding, 문제의 정의와 준비), '아이디어 발견'(idea finding, 아이디어의 생산과 개발) 및 '해결 발견'(solution finding, 평가와 채택) 등으로 단계를 더욱 단순화하고 있다. Osborn은 자신의 CPS 이론을 교육장면에 적용하기 위하여 동료 Sidney Parnes와 함께 계속하여 노력하였다. 그러나 1996년 그가 죽은 다음 Parnes와 그의 동료들은 Osborn의 접근법을 수정하여 그의 저서(Creative behavior guidebook, 1967)에서 CPS의 5단계 모형을 제시하고 있다. 그의 5개 단계 CPS과정에는 '사실 발견', '문제 발견', '아이디어 발견', '해결 발견' 및 '수용 발견' 등이 포함되어 있다.

Osborn－Parnes의 CPS는 1970년대와 1980년대 이래로 학교 창의력 교육용 프로그램으로 그리고 기업이나 각종 조직의 워크숍에서 광범위하게 보급되고 있다. 특히 Parnes는 CPS를 보급하면서 '상상'과 '시각화' 등과 같은 개념들을 강조하여 사용하였다. 그리고 Treffinger, Isaksen & Firestien(1982)은 CPS 접근이 보다 성공하려면 발산적 사고도구와 수렴적 사고도구를 균형 있게 사용할 것을 강조하기 시작하였다. 그리고 지난 40여 년 동안 CPS는 엄격하고 고정적인 체제가 아니라 보다 쉽고 설명적인 버전으로 계속하여 진화해 오고 있다. 그래서 CPS는 Osborn과 Osborn－Parnes를 거쳐 현재는 Treffinger, Isaksen & Dorval(2000) 및 Isaksen, Dorval & Treffinger(2000) 등의 제 3세대에 이르고 있다.

그리고 CPS를 수정한 대표적인 창의력 교육 프로그램에는 FPSP(미래문제해결 프로그램, 현재는 FPSPI로 개칭, Future Problem Solving Program Intenrational)가 있다. E. P. Torrance가 1974년에 CPS를 학교 창의력 교육에 맞게 수정하여 만든 것이 FPSP이다. 이 프로그램은 현재는 미국 대부분의 주와 약 13개 국가에서 지회를 운영하고 있으며 참가 학생수나 지회수가 확대되고 요소 과정이 추가되면서 세계적으로 대표적인 학교 창의력 교육 프로그램으로 성장하게 되었다. 언어 재료를 사용하여 창의력을 직접 교수·학습하고 연간 교육 프로그램의 일환으로 '국제 창의력 올림피아드'를 개최하는 세계 유일의 창의력 교육 프로그램이다.

FPSP는 학생들에게 '무엇을'(what) 가르치는 것이 아니라 '어떻게'(how) 사고할 것인지를 가르친다. 학생들에게 '사고하는 방법'을 가르쳐 변화하는 미래에 적극적으로 대처할 수 있는 능력과 전략을 배우게 한다. 다시 말하면 '미래에 대하여', '창의적으로', '사고하는 방법'을 가르치는 것이 토란스 창의력 교실, FPSP의 기본 목적이다. 창의적 문제해결력은 학생들이 익혀야 할 21세기의 필수적인 생존 능력이며, 교과 수업뿐 아니라 '창의적 사회실현' 등과 같은 교과외 활동의 창의력 교육에도 매우 유용하게 사용할 수 있다.

2. CPS 모형의 구조

현재의 CPS는 몇 가지 상이한 수준에서 기술할 수 있는 모형 구조를 가지고 있다. 가장 일반적인 수준에서 보면 CPS는 세 가지 과정 요소와 6개의 단계로 이루어져 있는데 <표 4-1>과 같다. 여기서 '과정 요소'라 함은 문제해결을 창의적으로 하려고 할 때 사람들이 관여하는 활동의 범주 또는 일반적 영역이다. 세 가지의 과정 요소에는 '문제의 확인/발견', '아이디어 생성' 및 '행위를 위한 계획' 등이 있다.

'과정 요소' 보다 더 구체적인 수준에 '단계'(stage)가 있다. '문제의 확인/발견' 요소 속에 '도전의 발견', '자료의 탐색'과 '문제의 발견' 등의 단계가 포함되어 있다. '아이디어 생성'에는 '해결 아이디어의 생성'이라는 하나의 단계가 있다. 그리고 '행위를 위한 계획'에는 '해결책의 개발'과 '행위계획의 개발'의 두 가지 단계가 있다. 이들 단계보다 더 구체적인 수준으로 각 단계에는 발산적 사고와

〈표 4-1〉 CPS 창의적 문제해결- 3개의 과정 요소와 6개 단계

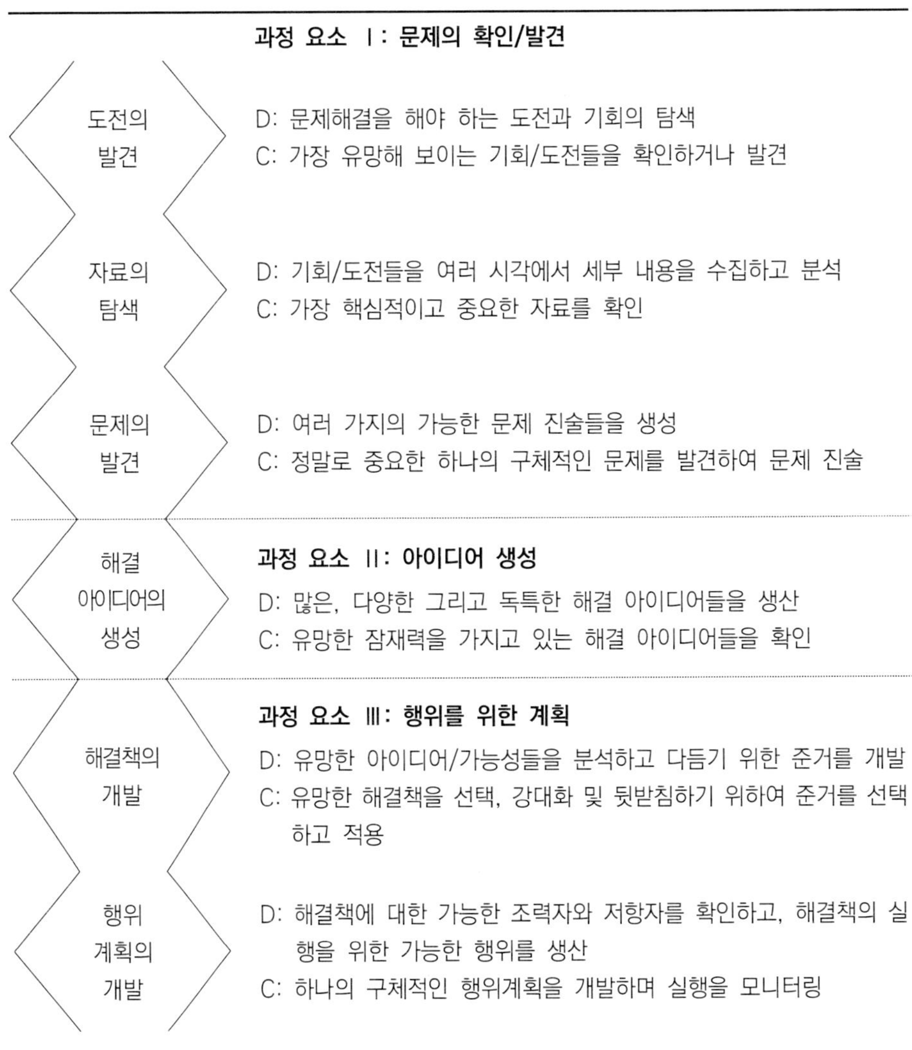

	과정 요소 Ⅰ: 문제의 확인/발견
도전의 발견	D: 문제해결을 해야 하는 도전과 기회의 탐색 C: 가장 유망해 보이는 기회/도전들을 확인하거나 발견
자료의 탐색	D: 기회/도전들을 여러 시각에서 세부 내용을 수집하고 분석 C: 가장 핵심적이고 중요한 자료를 확인
문제의 발견	D: 여러 가지의 가능한 문제 진술들을 생성 C: 정말로 중요한 하나의 구체적인 문제를 발견하여 문제 진술
	과정 요소 Ⅱ: 아이디어 생성
해결 아이디어의 생성	D: 많은, 다양한 그리고 독특한 해결 아이디어들을 생산 C: 유망한 잠재력을 가지고 있는 해결 아이디어들을 확인
	과정 요소 Ⅲ: 행위를 위한 계획
해결책의 개발	D: 유망한 아이디어/가능성들을 분석하고 다듬기 위한 준거를 개발 C: 유망한 해결책을 선택, 강대화 및 뒷받침하기 위하여 준거를 선택하고 적용
행위 계획의 개발	D: 해결책에 대한 가능한 조력자와 저항자를 확인하고, 해결책의 실행을 위한 가능한 행위를 생산 C: 하나의 구체적인 행위계획을 개발하며 실행을 모니터링

* 'D'는 발산적 사고, 'C'는 수렴적 사고임.

수렴적 사고의 두 가지 국면이 있어 이들 간의 균형 있는 사용을 강조한다. 첫째 국면인 발산적 사고에서는 많은, 다양한, 독특한 아이디어/대안을 생성해 내는 것을 강조한다. 두 번째 국면에서는 생성해 낸 대안들을 정리하거나, 분석하거나, 평가하거나, 우선순위 매기거나, 다듬는 수렴적 사고를 한다. 프로그램에는 발산적 사고는 '생성하기', 그리고 수렴적 사고는 '수렴하기'로 표현하고 있다.

다음에서는 <표 4-1>에 제시되어 있는 CPS 창의적 문제해결의 과정을 과정 요소와 단계에 따라 간략하게 설명해 본다.

(1) '과정 요소 Ⅰ: 문제의 확인/발견'

생산적인 일을 하려면 먼저 현재의 과제 장면에 가장 적절하고 중요한 문제가 무엇인지를 확인하거나 발견하여 그것을 바르게 적극적으로 문제 진술할 수 있어야 한다. 이를 위하여 과제 장면에 포함되어 있는 보다 넓고 일반적인 도전/기회들을 여러 가지로 탐색해 보고 관련의 자료를 분석해야 한다. 그런 다음 중요한 과제를 생산적으로 다룰 수 있게 문제 진술을 바르게 할 수 있어야 한다. 이 요소과정에는 세 개의 단계가 있다.

(ⅰ) 도전의 발견

다루는 과제의 장면을 전체적으로 이해하고 거기에서 있을 수 있는 일반적인 문제, 도전, 기회, 이슈, 걱정거리 등을 발견해 낸다.

(ⅱ) 자료의 탐색

과제가 가지고 있는 여러 측면을 탐색하고 이들 가운데 보다 중요한 것들을 확인해 낸다.

(ⅲ) 문제의 발견

가장 그럴듯한 '핵심 도전'을 선택하여 가능한 여러 가지의 문제 진술을 생성해 낸 다음 이들 가운데 가장 중요해 보이는 한 개의 구체적인 문제 진술을 선택하거나 구성한다.

문제/도전의 장면 가운데는 '개념적인' 아이디어나 해결책을 생성해 내는 것이 아니고 '가시적인 산출'을 생산해 낼 것을 요구할 수도 있다. 다시 말하면 문제/도전이 어떤 가시적인 산출을 고안하고, 디자인하고 또는 생산해 내어야 하는 것일 수도 있다. 또한 문제/도전은 개인, 소집단 또는 팀 프로젝트일 수도 있다. 그리고 시간이 있고 관심과 요구 그리고 자원이 가용하다면 가능한 산출의 시제품(prototype, 프로토타입)을 만들거나 또는 어떤 산출에 대한 디자인(design)이나 계획을 생산해 낼 수도 있을 것이다(실제로 프로젝트나 산출 생산을 완성하기 전에). 이것은 디자인 씽킹(Design Thinking)에서의 목표이기도 하다.

(2) 과정 요소 II: 아이디어 생성

다루고자 하는 문제를 바르게 확인하고 이해하고 나면 그것을 구체적인 형식으로 '문제 진술'한다. 바른 문제 진술은 문제를 창의적으로 해결하기 위한 많은, 다양한 또는 독특한 해결 아이디어들을 생성해 낼 수 있게 자극하는 것이어야 한다. 과정 요소 Ⅱ에서는 진술한 문제에 대한 해결 아이디어들을 생산해 낸다. '아이디어 생성'의 과정 요소에는 '단계 4－해결 아이디어의 생성'이라는 1개의 단계만이 있다.

(3) 과정 요소 III: 행위를 위한 계획

새롭고 유망한 해결 아이디어들을 생성해 내었으면 이제는 이들을 가지고 구체적인 '해결책'을 만들어야 한다. 그리고 더 나아가 구체적인 행위 단계로 나누어 이들을 분석하고, 다듬고 체계화하여 실제적인 행위의 계획을 개발해야 한다. 이 과정 요소에는 두 개의 단계가 포함되어 있다.

(ⅰ) 해결책의 개발

가장 그럴듯하고 유망해 보이는 해결 아이디어/가능성을 선택하고 분석하여 이들을 하나의 잠재적인 해결책으로 개발한다.

(ⅱ) 행위계획의 개발

개발해 낸 해결책을 더욱 구체화하면서 그것을 실제로 실행할 때 '도움'될 수 있는 것과 방해되고 '저항'할 수 있을 것들을 찾는다. 그리고 도움될 수 있는 '조력자'를 최대화하고, '저항자'를 극복하여 행위계획을 성공적으로 실행할 수 있는 방법을 찾는다. 그런 다음 행위계획을 구체화하며, 실행 과정에서는 진행 과정을 점검하고 필요하면 수정하면서 과제를 완성한다.

3. CPS 창의적 문제해결 모형의 활용

CPS는 요소 접근법을 취하여 문제해결의 전체 과정을 단계적으로 접근한다. CPS는 광범위하게 적용할 수 있지만 특히 문제해결에 새롭고 유용한 해결책을 필요로 할 때 더욱 효과적으로 사용할 수 있다. 몇 가지 특징을 정리해 보면 다음과 같다(김영채, 2014).

(ⅰ) 유치원에서부터 대학원 수준이나 일반 성인들에 이르기까지 다양한 수준의 사람들이 사용할 수 있다.

(ⅱ) 여러 가지의 전통적인 교과교육에 적용하여 사용할 수 있다. 그리고 현재는 기업체나 각종 조직에서도 활발하게 사용되고 있다.

(ⅲ) 창의적 문제해결의 과정을 익히고 적용하는 데 초점이 있다. 새롭고, 유용하고 그리고 혁신적인 해결을 필요로 할 때 보다 효과적으로 사용할 수 있는 접근법이다. '과정'이란 방법이고 기능이며 또한 전략이다.

(ⅳ) 과제의 성질에 따라 집단에서 사용할 수도 있고 또는 개인적으로 사용할 수도 있다.

(1) 어떻게 사용?

CPS는 창의적인 아이디어가 필요한 과제/프로젝트에서는 언제든지 유용하게 사용할 수 있다. 그러나 CPS는 모든 단계를 고정적인 순서대로 사용해야 하는 것도 아니다.

첫째, CPS는 창의적인 아이디어가 필요한 과제에서만 유용하게 사용할 수 있는 것이며 모든 과제에 언제나 적합한 것이 아니다. 둘째 CPS를 사용하더라도 항시 세 개의 과정 요소 또는 여섯 개 단계를 모두 사용해야 되는 것이 아니다. 필요에 따라 어떤 단계에서라도 시작할 수 있으며 또한 몇 개 단계를 골라 사용할 수도 있다. 셋째 CPS의 요소나 단계를 반드시 고정적인 시퀀스로 차례대로 사용해야 하는 것도 아니다. 필요에 따라서는 어떤 단계에서라도 출발할 수 있고 요구에 따라 단계를 거꾸로 가서 앞 단계 활동을 할 수도 있다. 그러므로

CPS를 사용하는 것이 현재의 문제/과제에 적합한지를 우선 판단해야 한다. 그리고 CPS 사용이 효과적이라 판단되면 어떤 과정 요소 또는 어떤 단계에서 출발(시작)할 것인지를 결정하는 것이 중요하다. 다음과 같은 몇 가지 경우가 있을 것이다.

(i) 어떤 주제/토픽의 어떤 문제를 다룰 것인지를 잘 모르지만 그럼에도 일이 되게 하기 위하여 어떤 프로젝트라도 수행해야 하는 경우이다. 이때는 단계 1에서 단계 6 '행위계획의 개발'에 이르기까지의 6단계를 차례대로 진행할 수 있다.

(ii) 어떤 프로젝트는 '분명하게 정의되어 있는 문제'에서 시작할 수도 있다.

다루어야 하는 문제가 주어져 있거나 이미 확인할 수 있는 경우이다. 이런 경우에서도 문제가 가지고 있는 여러 측면들을 살펴보아야 하고, 또한 '문제'의 범위를 좀 더 넓게, 또는 더 좁게 재정의해 볼 필요가 있는지는 검토해 보아야 한다. 그리고 가능하면 다루고 있는 토픽에 관련한 다른 중요한 '도전'들이 있는지도 살펴보는 것이 바람직하다.

(iii) 어떤 프로젝트는 문제에 대한 '해결책'(해결 아이디어)까지도 이미 제시되어 있을 수도 있다(예컨대, 재활용 프로그램).

이 경우에도 다루는 토픽에서 다른 유용한 관심영역(주제 영역)이 있는지, 그리고 '해결 아이디어'가 핵심 문제를 다루고 있는지 등을 재검토해 볼 필요가 있을 수 있다. 이러한 경우에도 전체의 단계를 거쳐 전체적으로 이해하고 접근하는 것이 바람직하다.

(iv) 어떤 프로젝트는 자신이 또는 다른 누군가가(팀이) 이미 시작한 것이며 그래서 현재 창의적 문제해결의 어떤 단계에서 진행되고 있는 것일 수도 있다.

이러한 경우에도 가능하면 문제해결의 다른 단계들을 전체적으로 살펴보는 것이 도움 된다. 그렇게 해야 다루고 있는 프로젝트의 전체를 더 잘 이해할 수 있기 때문이다.

(v) 어떤 프로젝트는 더이상 진척해 갈 수 없는 '장벽'에 직면하여 이전의 단계로 되돌아가야 할 수도 있다.

이러한 경우는 어느 단계가 적절한지를 다시 살펴봐야 한다.

요약하면 실제의 프로젝트가 어떤 지점에서 시작하든 간에 주제(토픽) 영역과 거기에 대한 '연구'가 이루어져야 한다. 프로젝트가 다루어야 하는 상황이나 요구는 여러 가지로 다를 수 있다. 어떠한 경우든 간에 모든 프로젝트는 핵심 문제를 분명하게 진술해야 하고 해결 아이디어와 행위 계획은 정확하고 적절하게 핵심 문제를 다루는 것이어야 한다. 과제의 수행은 적합하고 효과적인 것이어야 한다.

(2) 발산적 사고와 수렴적 사고의 균형 있는 사용

CPS에 있는 여섯 개 단계들은 모두가 '생성해 내기'와 '수렴하기'의 두 가지 국면으로 이루어져 있다. 발산적 사고와 수렴적 사고를 차례대로 그리고 균형 있게 사용하는 것을 강조하고 있다.

먼저 발산적 사고로 많은, 다양한 그리고 독특한 아이디어/가능성을 생산해 낸다. 그런 다음 생산해 낸 아이디어를 가지고 분석하고, 평가하는 수렴적 사고를 하여 보다 유망한 아이디어를 수렴하고 판단한다. 문제를 해결하는데 와일드한 아이디어를 많이 생성해 내는 것만으로는 불충분하다. 마찬가지로 몇 개의 가능성만을 가지고 분석과 평가를 열심히 하는 것 또한 불충분하다. 보다 생산적인 문제해결을 할 수 있으려면 발산적 사고를 통하여 우선 가능한 대로 충분한 개수의 아이디어(대안)를 생성해 내어야 한다. 그런 다음 이들을 가지고 최선의 것을 평가하고 선택하는 수렴적 사고를 수행할 수 있어야 한다. 필요하면 발산적 사고와 수렴적 사고를 몇 번이고 반복할 수 있다. 발산적 사고와 수렴적 사고는 기초적 사고로서 창의적 문제해결을 위한 '수단'이지 그 자체가 목적은 아니다.

(3) CPS는 개인적으로 사용할 수도 있고 집단에서 사용할 수도 있다.

CPS는 개인적으로 사용할 수도 있고 집단이나 조직에서 협동적으로 사용할 수도 있다. 집단에서 사용하려면 우선 집단의 운영이 관리가능하고 생산적일 것이라는 확신이 서야 한다. 그리고 해결해야 하는 과제가 개인적인 것이 아니라 여러 사람이 공개적으로 다룰 수 있는지를 확인해 보아야 한다. 다음과 같은 경우는 '집단'에서 이용할 수 있다.

- 집단의 성원들과 편안한 마음으로 같이 아이디어를 나눌 수 있고
- 모든 자료를 공개적으로 테이블 위에 기꺼이 내 놓을 수 있고
- 어떤 새로운 아이디어들이 정말로 필요 하고
- 여러 가지 새로운 시각에서 문제/과제를 접근해 보기를 원할 때

다음의 절에서는 '과정요소 I : 문제의 확인/발견'에 포함되어 있는 세 개의 단계들을 차례대로 다룬다. 이들은 다음과 같다.

- 단계 1: 도전의 발견
- 단계 2: 자료의 탐색
- 단계 3: 문제의 발견

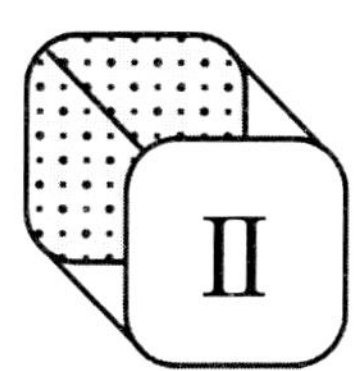

단계 1: 도전의 발견

1. 과정 요소 Ⅰ- 문제의 확인/발견

어떤 도전적인 문제 장면이 있어 그것을 정말로 새롭게 바꾸고 발전시키고 싶으면 우선 변화시켜 가야 할 포인트를 정확하게 포착해야 한다. 다시 말하면 무엇이 핵심의 문제/도전인지를 바르게 확인하거나 발견하고 그것을 정확하게 진술할 수 있어야 한다. 중요한 문제를 확인/발견하고 그것이 해결 아이디어의 생성을 자극할 수 있게 진술하는 것은 '창의적 문제해결'의 핵심적인 포인트이다. 해결 아이디어를 생성하는 것과 같은 후속의 문제해결 과정은 모두가 이러한 문제 진술의 내용과 방향에 따라 진행될 것이다. 창의적 문제해결의 '과정요소 Ⅰ'은 문제를 확인하거나 발견하기 위한 것이다. 이 요소에는 세 개의 단계가 포함되어 있다.

(1) 도전의 발견

과제나 프로젝트가 다루고 있는 '토픽'(주제, topic)을 바르게 이해하고 거기에 포함되어 있는 보다 일반적인 문제, 걱정거리, 우려, 관심사, 이슈 또는 기회 등을 확인하거나 광범위하게 발견해 낸다. 이들을 토픽 영역, 또는 '도전'이라 부른다. '도전'이란 다소간 넓고 막연한 '문제'를 말한다.

(2) 자료의 탐색

과제/프로젝트의 여러 측면들을 깊게 이해해야 보다 중요한 도전/문제를 발견해 낼 수 있다. '자료의 탐색'은 대개가 '도전의 발견'과 맞물려 진행된다. 특히 선택한 '핵심 도전'에 대하여 '알고 있는 것', '알 필요가 있는 것' 또는 '알고 싶은 것' 등에 따라 정보탐색 한다.

(3) 문제의 발견

보다 넓고 일반적인 '도전'들을 기초하여 가능한 여러 가지의 문제 진술들을 생성해 낸 다음 이들 가운데 가장 그럴듯한 한 개를 선택하거나 구성하여 이를 문제 진술의 요령에 따라 진술한다.

'문제의 확인/발견'의 과정 요소는 다음의 경우에 필요하다.

(i) 어떤 생산적인 과제/프로젝트를 발견해 내려고 할 때

(ii) 몇 개의 프로젝트들 가운데 하나를 선택해야 할 때

(iii) 복합적이고 애매한 과제에서 보다 분명한 구체적인 방향을 찾아 진행하고 싶을 때

2. 단계 1의 개관

이 단계에서는 다루는 토픽과 관련한 일반적인 '도전'들을 확인해 내고 이들 가운데 보다 중요해 보이는 몇 개를 수렴해 낸다. '토픽'이 주어져 있지 않으면 먼저 어떠한 토픽을 다룰 것인지를 발견해야 한다. 이 단계의 목적은 해결하려는 '문제'를 정의하는 것이 아니고 보다 일반적이고 넓은 범위의 것인 '도전, 기회, 걱정거리, 관심영역, 또는 문제' 등으로 부를 수 있는 것들을 먼저 발견해 내는 데 있다. 이들을 포괄하여 '도전'(challenges) 또는 '도전 영역'이라 부른다.

(1) 도전이란? '도전'과 '문제'는 어떤 관계인가?

대개의 사람들은 문제(problem)라 하면 틀린, 골치 아픈, 또는 걱정이 되는 어떤 것이라 생각한다. 그리고 문제가 생기면 화가 나고, 좌절하고, 긴장되고,

걱정되고, 겁이 나고, 신경질적이 되고 또는 스트레스를 받는다. 사실로 많은 문제의 장면은 누구에게나 이와 같이 골치 아픈 '문제'일 수 있다.

그러나 문제를 보다 적극적으로 좀 더 넓게 정의할 수도 있다. 지금보다 더 '향상'시켜야 하는 어떤 것, 성장을 위한 '기회', 당신이 하고 싶거나 만들어 보고 싶은 어떤 것, 또는 가슴을 흥분시키는 '도전적'인 어떤 것 등으로 생각해 볼 수도 있다. 이들은 모두가 '거기에 있기는' 하지만 덜 구체적이고 애매하고 범위가 넓은 것이기 때문에 밖으로 들어나 있는 '구체적인 문제'와 구분하여 '도전'이라 부른다. 그러므로 새로운 해결 아이디어와 행위 계획을 만들어 과제/프로젝트를 창의적으로 해결할 수 있으려면 '도전'을 발견하고, 더 나아가 이것을 '문제'로 보다 구체화하여 진술해야 한다.

그러나 '문제'와 '도전'을 엄격하게 구분하기는 어렵다. 그래서 좀 넓은 '우려, 걱정거리, 기회' 등은 도전으로, 더욱 구체적인 것은 문제라 부르지만 구분 없이 사용하기도 한다. 그래서 문제의 범위가 너무 넓으면 더욱 좁게 재정의하여 재진술해야 할 경우도 많이 있다.

(2) 토픽이란? 과제/프로젝트는 어떠한 것이든 간에 '…에 대한' 것을 다룬다.

우리의 말이나 생각은 반드시 '…에 대한' 것이다. 이것을 토픽(topic, 주제)이라 부른다.

그러므로 어떤 과제나 프로젝트를 수행하려면 먼저 어떤 '토픽'을 다룰 것인지를 발견해야 한다. '도전'이란 이러한 토픽의 한 영역의 것이며 그래서 '토픽 영역'이라 부르기도 한다.

여기서는 두 가지 가능성이 있을 수 있다. 하나는 다음에서 다루고 있는 과정을 통하여 토픽과 이와 관련한 토픽 영역의 도전을 생성해 내고 이를 문제로 진술하고 나아가 문제해결 하는 것이다. 다른 하나는 토픽을 미리 선정해 두고 이것을 다루면서 창의적 문제해결의 단계를 거쳐가는 것이다. 어떤 토픽의 내용을 창의적으로 수업하거나 또는 연수 활동하고자 할 때 사용할 수 있는 방법이다. 전통적인 대개의 교과 수업에서는 다루는 토픽이 '단원 이름'으로 주어져 있고 그리고 토픽의 내용이 단원의 내용으로 교과서에 주어져 있다.

(3) ‘단계 1: 도전의 발견’과 다음에 있는 ‘단계 2: 자료의 탐색’은 반드시 차례대로 이루어져야 하는 것은 아니다.

함께 어울려 이루어질 수도 있고 ‘도전’을 선택한 다음 이와 관련하여 자료의 수집과 분석이 집중적으로 이루어질 수도 있다. 그래서 이들 두 개의 단계를 하나의 단계로 통합하여 ‘사실 발견’(fact-finding) 단계라 부르기도 한다(Parnes, 1967).

‘도전의 발견’ 단계에서 우리는 과제/프로젝트의 토픽과 관련한 여러 가지의 도전, 기회, 이슈, 걱정거리 또는 관심사들을 생성해 낸다. 이들은 ‘매우 일반적인’ 성질의 것이기 때문에 ‘간단히, 짧게’ 진술하게 된다. 예컨대 ‘성적 올리기, 체중 조절’, ‘봉사활동’, ‘가족 관계’, ‘학교 생활’, ‘스포츠’, ‘애완동물 기르기’, ‘친구 만들기’ 등의 도전들이 있을 수 있다. 물론이지만 토픽의 내용은 학교 수준, 연령 수준 또는 기업 특징에 따라 많이 다를 수 있다.

3. 도전 생성하기

‘도전’이란 다소간 넓은 범위의 ‘문제’이며 또한 기회, 걱정거리, 이슈 또는 관심 사항 등이라 부를 수 있는 것을 말한다. 단계 1에서는 먼저 이러한 도전들을 브레인스톰 하여 많이 생성해 내어야 한다.

(1) 질문과 브레인스톰 하기

Parnes(1967)는 여러 가지 도전을 생성해 내기 위하여 필요할 수 있는 여러 가지 질문을 다음과 같이 제시하고 있다.

- 무엇을 가지거나, 성취하거나 또는 행위하고 싶은가?
- 무엇이 일어나기를 소망하는가?
- 더 낫게 하고 싶은 것은?
- 무엇에 시간을 더 보내고, 돈을 더 소비하고 싶은가?
- 무엇을 인생에서 더 얻고 싶은가?

- 무엇이 아직은 이룩하지 못한 목표인가?
- 무엇이 당신을 화나게 하는가?
- 무엇이 당신을 긴장되고 초조하게 만드는가?
- 무엇을 오해하고 있는가?
- 무엇에 대하여 불평하고 있는가?
- 누구와 더 잘 지내고 싶은가?
- 다른 사람의 태도에서 더 나빠진 어떤 변화는?
- 어떤 변화를 일으키고 싶은가?
- 시간이 너무 걸리는 것은 무엇인가?
- 무엇을 낭비하고 있는가?
- 무엇이 너무 복잡한가?
- 무엇이 병목처럼 방해가 되고 있는가?
- 어떤 것이 비효과적인가?
- 무엇이 견디기 어려운가?
- 무엇을 더 잘 조직화하고 싶은가?

(2) WIBAI와 WIBNI

도전이나 문제의 정의를 다르게 하면 그에 따른 발산적 사고도 달라지게 된다. '도전'을 발견해 내는 데는 크게 보아 부정적인 접근과 긍정적인 접근의 두 가지가 있다.

(i) WIBAI

'만약에 … 큰 일이 아닐까?'(Wouldn't It Be Aweful If …)라는 형식으로 걱정스러운, 피하고 싶은 것, 고치면 좋을 것, 또는 스트레스 받는 것을 '도전'으로 발산적 사고한다. 예컨대 만약에 성적이 떨어지면 큰일이 아니겠나?, 만약에 세계적 유행병(팬데믹, pandemic)이 확산되면 어쩌나? 등

(ii) WIBNI

'만약에 … 좋지 않을까?'(Wouldn't It Be Nice If …)라는 형식으로 바라는 소

망, 희망, 꿈, 기회, 가능성들을 '도전'으로 브레인스톰 한다. 예컨대 '만약에 국어 공부를 도와주는 사람이 있으면 좋지 않겠나', 또는 '교실이 더 깨끗하면 좋지 않겠나' 등.

이제 충분히 많은 개수의 '도전'을 생성해 내고 그래서 WIBAI와 WIBNI에 대한 발산적 사고가 종료되면 WIBAI의 도전들은 WIBNI 형식의 것으로 바꾸어 진술해 본다. 다시 말하면 부정적인 진술을 긍정적인 것으로 바꾸어 보는 것이다. 그러면 자신감과 열정을 가질 수 있을 뿐 아니라 부정적으로 물러나지 아니하고 반대로 긍정적으로 전진해 가야 할 방향 감각 같은 것을 가지게 된다.

생성해 내는 도전의 내용은 어떤 토픽을 가지고 고민하느냐에 따라 많이 다를 것이다. 개인 생활적인 것일 수도 있고(학업, 교우관계, 적응, 가족관계 등), 기관이나 비즈니스 관계의 것일 수도 있고(조직구조, 생산성, 판매, 연구투자, 승진 등), 글로벌한 토픽 영역의 도전일 수도 있을 것이다(정치, 선거, 종교, 환경, 의복, 먹거리, 공동생활, 팬데믹, 무역 전쟁 등).

(3) 도전의 진술

생성해 낸 '도전'이 과제/프로젝트의 목표나 방향을 확인하고 제시하는 데 도움이 되려면 다음의 '3B'의 요령에 따라 간단하게 진술해야 한다.

(i) 넓게(Broad)

도전의 진술은 다소간 넓게 진술한다. 그래야 가능성에 대한 열린 생각을 조급하게 제한시키지 아니한다.

(ii) 간단히(Brief)

'헤드라인'(headline) 형태로 단순하고 분명하게 진술한다. 길게 표현하면 시작부터 혼돈스러워 길을 잃기 쉽다.

(iii) 유익하게(Beneficial)

도전은 긍정적으로, 적극적인 말로 진술하려고 노력한다. 피하거나 움직여 가고 싶지 아니한 어떤 곳이 아니라 의욕을 갖고 움직여 가고 싶은 방향에 초점을 둔다. 적극적인 진술을 위한 동사의 예시는 다음과 같다.

• 개발하다	• 자극하다	• 설립하다	• 확대시키다
• 생산하다	• 격려하다	• 구축하다	• 뒷받침하다
• 변화시키다	• 향상시키다	• 발명(발견)하다	• 디자인하다
• 구성하다	• 증진시키다	• 증가시키다	• 보충하다

4. 도전 수렴하기

충분히 많은 개수의 도전들을 생성해 내고 나면 이제는 수렴적 사고를 통하여 한 개 또는 몇 개의 중요한 도전을 선택해야 한다. 먼저 생성해 낸 도전의 개수가 상당히 많으면 그럴듯해 보이는 것들을 '힛트'로 체크하고 이들을 다시 비슷한 것끼리 '핫 스파트'를 묶음하는 하이라이팅 기법을 이용할 수 있다(3장의 하이라이팅 기법 참조).

다음과 같은 네 가지 요인들을 고려해 보아야 한다.

(i) 영향

이 '도전'은 당신이 영향을 미칠 수 있는가? 당신이 어떤 행위를 취할 수 있는가? 무엇인가를 할 수 있는 책임과 기회를 가지고 있는가?

(ii) 흥미

이 도전 과제에 대하여 관심과 흥미가 있는가? 어떤 행위를 할 수 있기를 진정으로 원하는가?

(iii) 상상

이 과제는 어느 정도의 상상력이 요구되는가? 더 새롭거나 더 나은 아이디어를 얼마나 필요로 하는가?

(iv) 중요성

이 과제를 다루는 것이 얼마나 절박하고 중요한가? 노력하면 어느 정도의 보람과 결말을 얻을 수 있을까?

생성해 낸 도전들 가운데(또는 '핫 스파트'를 가운데) 한 개 또는 몇 개의 도전을 선택하려면 위의 네 가지 준거의 각기에 대하여(영향, 흥미, 상상, 중요성) 2점 또는 3점의 평정척도를 적용해 볼 수 있다(1~2점, 1~2~3점). 특히 집단 멤버들의 합의가 필요할 때는 평정척도를 사용하는 평가 행렬법을 활용하면 도움 된다. 예컨대 영향이 '가장 크다'면 3점, '보통이다'이면 2점, '낮다'이면 1점을 주는 것인데 최고 점수를 받은 '도전'을 선택하게 된다. 그러나 최고점수의 것과 같이 합칠 수 있는 것이 있으면 조합하여 더 나은 도전을 만들 수도 있다. 그리고 최고점수를 받은 것이 아니더라도 대단히 중요해 보이는 '도전' 과제가 있으면 이를 보존하여 후속의 과제로 활용할 수도 있을 것이다.

5. 하나의 사례

아래에서는 '창의적 문제해결'의 전체 과정의 전개를 예시하기 위하여 고등학교 2학년인 '영수'가 수행한 사례를 제시해 본다. 영수는 자신이 학교를 다니면서 직면하고 있는 많은 도전들을 생각해 내어 이렇게 나열하고 있다(이미 언급한 바와 같이 그가 경험하는 '도전'이란 그가 겪고 있는 문제, 걱정, 관심사, 우려, 기회 등이다). 거기에는 성적, 친구 관계, 동료들 압력, 이른 등교, 너무 많은 과제, 부모의 압력, 잔소리, 너무 많은 구속, 선생님 눈치, 체중 조절, 이성 친구 등이 다양하게 포함될 수 있다. 도전/문제들을 많이 생각해 낸 다음 이제는 이들 가운데 어느 것을 다루어 갈 것인지를 수렴적 사고를 하였다. 보다 중요해 보이는 것에 체크(✓)하고, 이들의 수가 6개나 되어 다시 더불 체크하면서 1개를 선택하였는데 그것은 '학교 성적 올리기'였다. 그것이 가장 큰 관심사이고 중요하며, 자신이 통제할 수 있고, 그리고 잘하려면 해결 아이디어가 필요한 것이라고 생각하였다.

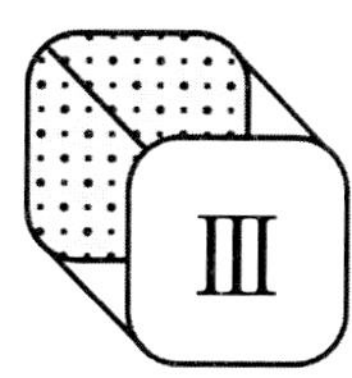

Ⅲ 단계 2: 자료의 탐색

1. 단계 2의 개관

'도전'의 과제를 결정하고 그것을 공식화하면 창의적 문제해결의 모든 노력은 거기에 따라 이루어지게 된다. 도전의 과제를 더 잘 이해하기 위하여 먼저 필요한 여러 가지 자료/정보를 수집하고 분석해 보아야 한다. 도전의 과제를 결정하고 충분히 이해하는 것은 매우 중요하기 때문이다. 자료의 탐색은 이러한 도전 과제를 전체적으로 그리고 세부적으로 더 잘 이해하는 데 목적이 있다. 탐색의 결과가 이외의 것으로 나타나면 선정한 '도전'을 수정하거나 변경할 수도 있다. 그리고 자료의 탐색을 여러 부분에서 자세하게 수행하기 때문에 도전에서 '예상하지 못했던 중요한 내용'을 발견할 수도 있다. 그래서 도전 과제의 어떤 부분에 노력을 더 많이 요구하는지를 파악하는 데도 도움이 될 수 있다.

'자료의 탐색'은 '우리가 과세에서 초점에 두어야 할 것은 무엇인가?'라는 질문을 제기하면서 도전의 과제를 더 잘 이해하고 개선하는 데 도움이 되어야 한다. 예컨대 '만약에 우리가 실시하려는 교육 프로그램이 보다 더 효과적이면 좋지 않겠나?'와 같은 도전의 진술을 가지고 자료의 탐색을 한다면 보다 업데이팅된 교육방법과 기자재 활용, 기술과 자원의 활용, 생산성과 직원 사기와의 관계 및 대상자들의 참여 의식 등의 분야에 대한 정보들이 필요할 것이다. 보다 구체적으로 보면 '자료의 탐색'은 다음과 같은 이유 때문에 중요하다.

- 토픽의 전체와 그 속에 포함되어 있는 토픽 영역들. 즉 도전, 기회, 우려, 또는 상황에 대한 고정관념적인 사고에서 벗어날 수 있고

- 과제를 전체적으로 넓게 봄으로써 중요한 내용을 놓치는 일이 없게 하고
- 과제를 깊게 이해하여 정말로 두드러지고 중요한 부분을 찾아내며
- 과제 속에 숨겨져 있는 어떤 형태나 경향과 같은 상호관계적인 패턴을 찾을 수 있다.

2. 자료 탐색 생성하기

다루려는 과제를 더 잘 이해하는 데 도움될 수 있는 자료(정보)를 여러 가지의 방식으로 다양하게 수집한다('자료'와 '정보'는 대개 보아 상호교환적인 것으로 사용할 수 있다). 그래야 다루는 과제의 핵심을 발견할 수 있기 때문이다. 자료 탐색의 생성적 사고를 철저하게 하면 중요한 자료를 빠트리거나 무시하는 일이 없고, 또한 예상하지 못했던 중요한 것을 발견할 수도 있다.

문제나 도전의 종류에 따라 반응해야 하는 공간의 크기가 달라진다. 어떤 문제는 긴 시간 동안의 자료 수집이 가능하지 않기 때문에 즉시적인 정보가 중요할 수 있다. "행위하기 전에 가질 수 있는 시간이 얼마나 되는가?"란 질문은 우리가 대답해야 하는 것 가운데 하나이다. '아무것도 하지 않으면 어떤 일이 일어나는가?'에 대답하는 것도 중요한 지침이 된다. '최악의 상황은?'이란 질문에 대한 대답은 문제나 도전을 전체적으로 이해하는 데 중요하다. 이러한 질문들은 행위 아이디어들을 생산해 내기 전에 문제/도전에 대한 정보를 가능한 대로 많이 수집하기 위하여 필요한 것이다.

자료를 수집하여 이해하면 도전/문제를 더 넓게 전체적으로 볼 수가 있다. 자료를 가능한 대로 많이 수집하고 나면 다음은 이들 가운데 가장 적절하고 중요한 것을 찾아내고 선택해야 한다. '자료'와 '정보'는 구분할 수도 있지만 그러나 대개 말하면 자료는 정보이다. 문제를 실제로 해결하기 시작하기 전에 정보를 수집하면 '문제' 또는 '도전'이 정말로 무엇인지에 대한 새로운 통찰을 얻을 수 있다.

(1) 자료의 유형

문제해결에 필요한 자료를 몇 가지로 다르게 나누기도 하지만 과제 수행을 위한 연구 활동이므로 크게 보면 사실(facts)적 정보, 정의적 정보 및 퍼지성 정보(fuzzy)로 나눌 수도 있어 보인다.

사실적 정보란 과제 장면에 관련한 사람, 사전, 장소, 상황, 사실 또는 기타의 지식 기반적인 사실들을 말한다. 정의적 정보란 과제와 관련한 의견, 인상 또는 감정 등을 말한다. 예컨대 어떤 사람이 당신에게 '다니고 있는 학교는 어떻습니까?'라고 묻는다 해 보자(또는 당신이 근무하는 회사는 어때요?라고). 이에 학급 수, 학생 수, 교사 수, 남녀 학생비, 역사 등을 말해 준다면 당신은 지금 다니고 있는 학교에 대한 얼마간의 사실적 '정보'를 말하고 있는 것이 된다. 그러나 당신이 학교가 마음에 든다거나, 선생님들이 수업을 엄하게 하신다는 것 등을 말해 줄 수도 있다. 그러면 당신이 학교에 대하여 느끼고 생각하고 있는 것에 대한 얼마간의 자료를 말해 준 것이다. 이들은 학교에 대한 사실적 자료가 아니라 의견, 인상, 감정 등을 포괄하는 정의적 정보라 말할 수 있다. 물론이지만 문제해결에는 이러한 두 가지 종류의 자료의 모두가 중요할 수 있다. 그리고 세 번째는 퍼지성 정보(자료)인데 여기에는 과제 장면에 관련한 의문스러운, 불확실한, 혼돈스러운 또는 불명료하다고 생각되는 정보를 말한다. 그러한 장면에 대하여 가지게 되는 특별한 소감, 당혹감, 이해하기 어려운 상황 정보, 예상하지 못했던 정보 등이 여기에 포함될 것이다.

(2) 6하 질문

과제에 대하여 많은 질문을 다양하게 하려면 '6하 질문'을 사용할 수 있다. 이러한 질문을 할 때는 마음속에 '이 문제/도전의 진짜 핵심은 어디에 있는가?'란 의문을 간직하고 있어야 한다. 이를 위해 6하 질문을 활용하여 다양한 정보를 수집할 수 있다.

누가?	• 누가 관련되어 있는가? 누가 핵심인가? 누가 이 장면을 만들거나 조장했는가? 누가 이해관계가 많은가?
어디서?	• 어디서 일어났는가? 어디서 행위하고 있는가? 어디서 비슷한 장면을 다루어 본 적이 있는가? 최선의 또는 최악의 장소는?
무엇을?	• 무엇을 했는가? 무슨 일이 있었는가? 중요한 자원, 재료, 행위, 또는 우려사항은? 무엇이 일어났으면 좋을까?
언제?	• 언제 일어났는가? 언제 행위를 해야 하는가? 작업하기에 가장 좋은 시간 또는 나쁜 시간은? 언제 생각을 많이 하는가?
왜?	• 왜 이것을 정말로 다루어 보고 싶어하는가? 왜 우리가 이러한 상황에 놓이게 되었는가? 왜 지금까지 이것을 다루지 않았는가? 왜 사람들은 이것을 좋아하는가, 싫어하는가?
어떻게	• 사람들은 이것을 어떻게 생각하는가? 사람 따라 어떻게 다르게 보고 있는가? 어떻게 변화하기를 바라는가? 지금까지 어떻게 다루었는가?

3. 자료 탐색 수렴하기

이미 지적한 바와 같이 도전 과제의 종류에 따라 정보 수집을 얼마나 광범위하게 해야 하는지가 달라진다. 일반적으로 보면 어떠한 문제/도전의 장면이라 하더라도 거기에는 여러 가지 상이한 부분들이 포함되어 있으며, 따라서 자료를 철저하게 수집하다 보면 자료가 방대해지기 쉽다. 여기에서 우리에게 필요한 것은 이들을 정리하고 전체가 하나의 방향으로 모아질 수 있게 비판적으로 수렴하여 초점화하는 것이다. 그래서 수집한 자료/정보를 조직화해서 과제의 어느 부분에 집중해야 하는지를 발견할 수 있어야 한다. 그렇지 못하면 너무 많은 정보에 파묻혀 허우적거릴 수 있다. 다음과 같은 몇 가지 질문은 과제의 목적을 분명하게 이해하는 데 도움 될 것이다.

- 이 도전/문제는 무엇 때문에 중요한가?
- 이 과제의 핵심은?
- 이 과제의 결정적인 본질은 무엇인가?
- 이 과제가 가지고 있는 핵심적인 이슈(쟁점, issues)는 무엇인가?

그리고 수집한 자료들을 분석하고 정리할 때는 다음과 같은 사고도구와 절차들을 활용할 수 있다.

(i) 힛트와 핫 스파트를 찾는다.

그럴듯해 보이는 자료에 '힛트' 표시를 한다. 이때는 '어떤 자료가 과제에 대하여 가장 많이 가르쳐 주고 있는가?'란 질문을 한다. 그런 다음 어떤 공통적인 주제나 이슈를 다루고 있는 것을 같은 결집으로 묶음하여 핫 스파트를 만든다. 그리고 핫 스파트를 통하여 핵심적인 자료들 사이에 있는 어떤 '형태', '상호 관계' 같은 것을 확인해 낼 수 있어야 한다. 핫 스파트는 자료 속에 있는 유의미한 결집들이기 때문에 이들을 확인해 내면 도전 과제를 이해하고 관리하는 데 도움 된다.

힛트 자료로 선정된 것들은 다음과 같은 세 가지 범주로 나누어 볼 수 있다. 이러한 세 가지의 질문은 관련의 자료를 수집하면서 활동의 가이드로 사용할 수도 있다.

- '이미 알고 있는' 자료: 현재 알고 있거나 가용한 자료
- '더 알 필요가 있는' 자료: 이들이 필요한 핵심자료들이다
- '알면 더 좋을' 자료: 도전 장면을 이해하는 데 도움될 수 있는 자료

(ii) 자료들 간의 관계를 살펴보고 전체를 조직화한다.

자료들은 서로 어떻게 상호 관련되어 있으며 이들 사이의 공통점과 차이점은

무엇인지를 묻는다. 그리고 가장 중심적인 것을 찾아내고 자료들을 구조적으로 조직화한다. 개념도나 마인드맵 같은 다이어그램을 만들어 시각적으로 파악하는 것도 매우 중요할 수 있다. 그러나 문제해결의 다음 단계에서 다른 어떤 자료나 결집이 보다 더 중요하다는 것을 발견하게 된다면 '생성하기'의 국면으로 되돌아갈 수도 있을 것이다.

4. 하나의 사례

앞의 단계에서 예시한 영수는 한 개의 도전 영역으로 '학교 성적 올리기'를 선정한 바 있다. 이제 '자료의 탐색' 단계에서 선정한 '도전'에 대하여 이들을 '이미 알고 있는 것', '알 필요가 있는 것' 그리고 '알면 더 좋은 것' 등으로 자료/정보를 수집하고 정리하였다.

- (내가) 이미 알고 있는 것: 공부 방법을 가르치는 학원이 있다. 시간 관리를 잘못한다. 잘 아는 두세 명의 친구는 공부를 아주 잘 한다. 남들과 같이 공부하는 것이 재미있고 좋다. 오후 8시 이후면 대개가 자유시간이다. …
- 더 알 필요가 있는 것: 어떤 공부 방법을 잘 모르지? 나하고 같이 공부하고 싶은 친구가 있을까? 학원에는 어떻게 가지? 특별 과외시간이 있는가? …
- 알면 더 좋을 것: 부모님은 어떻게 생각할까? 과목별 소그룹 공부 모임은 어떤가? 상담실은 도움이 될까? 학교 선생님은 개인 지도를 하는가? …

영수는 힛트와 핫 스파트 기법을 사용하여 이들 항목을 몇 가지로 묶음 하였다. '이미 알고 있는 것'에는 '학교에서 공부를 잘하는 친구, 자유로운 시간, 도움을 받을 수 있는 곳, 좋아하는 공부 방법' 등으로 집단을 만들었다. 그리고 '더 알 필요가 있는 것'과 '알면 더 좋을 것'은 같이 합쳐 몇 개의 집단으로 묶음 한 다음 이들을 가지고 우선순위를 매겼다. 이들은 '공부 방법, 같이 공부할 수 있는 친구, 도움을 받을 수 있는 곳' 등이었다. 이제 영수는 이들을 바탕하여 다음의 '단계 3: 문제의 발견'에서 구체적인 문제 진술을 하게 될 것이다.

연 습 활 동

활동 Ⅲ-1

학교 성적표가 나왔는데 절반 가까운 과목이 낙제 점수이다. 어머니는 새아버지와 재혼했고, 나는 전혀 낯선 녀석과 같은 방을 사용해야 한다. 여러 가지의 문제나 도전들이 저절로 모습을 드러내는 형국이다. 그러나 자세히 생각해 보면 이들 가운데는 보다 더 중요한 것이 있을 것이다. 나는 무엇부터 부딪쳐 우선적으로 해결해 가야 할까? 도전과 기회들을 여러 가지로 생성해 내어 이들을 한 두개의 단어로 간단하게 나열해 보라. 그런 다음 1개 또는 몇 개로 수렴해 보라.

활동 Ⅲ-2

어느 잡지사에서 원고 청탁을 해왔다. 그런데 '원고'는 반드시 '당신 자신, 그리고 당신의 관심사'에 대한 것으로 해 달라고 요구한다. 나는 무엇에 대한 글을 쓸 수 있을까? 어떤 토픽들이 가능할까?
편집자가 보내온 '질문 리스트'에 대답해 보면 가능한 토픽을 발견해 내는 데 도움이 될 수도 있을 것 같다. 아래에는 편집자의 질문 리스트들 10개 가운데 5개의 질문만 제시되어 있다.

- 5개의 질문에 대하여 대답해 보라.
- 이들 이외에 추가적으로 질문해 보면 토픽을 찾는 데 도움 될 수 있는 것에는 또 다른 어떤 것이 있을까? 그래서 당신은 무엇에 대한 글을 쓸 것 같은가?

(i) 당신에게 중요한 일들:

(ii) 다른 사람과의 관계:

(iii) 지난달에 고민했던 일들:

(iv) 당신이 잘 할 수 있는 것:

____

____

(v) (   )

____

____

(vi) (   )

____

____

(vii) (   )

____

____

(viii) 어떤 제목이 가능할까?

____

____

활동 Ⅲ-3

어떤 일이건 하기 싫을 때가 있을 수 있다. 학교에 가고 수업시간 지키는 것이 그럴 수도 있고, 친구 만나는 것이 그럴 수도 있고, 또는 직장 생활이 지겨울 수도 있다. 그러나 '학교가 싫어요'라는 느낌을 심하게 자주 경험한다면 그것은 그냥 지나칠 수 없는 '걱정거리'이며 간단한 문제가 아닐 수 있다.
이것은 넓은 영역에 관련된 넓은 범위의 것이기 때문에 우리 팀에서는 '학교 싫증'이란 토픽에 대한 여러 도전들을 찾아보고 가장 핵심적인 것으로 '학교가 싫은 원인 알아보기'로 결정하였다.

(1) 다음은 정보수집 활동을 나열한 것이다. 이들을 참고하여 어떤 자료들을 추가로 수집하는 것이 중요해 보이는지를 생각해 보라.
   (i) 가장 재미가 없던 수업시간을 생각해 보라. 왜 싫었는가?
   (ii) 재미있었던 수업시간을 생각해 보라. 이 수업의 교사는 어떻게 하였는가? 친구들은? 재미없던 수업과 재미있던 수업의 차이나는 점을 나열해 보라.
   (iii) 누가 이런 문제를 이미 생각해 보았을까? 이들은 어떤 이야기를 들려줄까? 그 외 어떤 사람들이 관련의 정보를 제공해 줄 수 있을까?
   (iv) '학교 싫증'과 관련 있는 사람들은? 관련 있는 시간이나 관련 있는 일은?
   (v) 추가로 필요한 자료/정보는?

(2) 위의 질문 항목에 대하여 다음에 따라 정리해 보라.

(i) 중요해 보이는 것에 체크 표시하라(힛트).

(ii) 체크 표시한 것을 살펴보고, 비슷한 것들을 몇 개로 묶음해 보라(핫 스파트). 그리고 각기의 묶음(분류)에 적합한 이름을 붙여 보라(하이라이팅).

(3) 묶음의 집단 가운데 가장 그럴듯해 보이는 것을 '핵심 도전'으로 결정하여 보다 자세하게 적어보라.

활동 Ⅲ-4

동호는 50명이 같이 참가한 창의력 교육 워크숍에서 '빨강색 하면 생각나는 것'을 많이 브레인스톰 해보라는 요구를 받았다. 그래서 1분 단위로 10분 동안 여러 가지로 생산해 낸 아이디어 자료를 가지게 되었다. 이제 이러한 자료를 음미해 보고 거기에 재미있는 어떤 함의, 의미 같은 것이 있는지를 찾아보려고 한다. 아래는 동호의 아이디어들을 그대로 제시한 것이다.

1. 빨간펜	2. 신호등	3. 팬티	4. 내복
5. 수박	6. 토마토	7. 딸기	8. 사과
9. 염색	10. 자켓	11. 볼빨간 사춘기	12. 빨갱이
13. 일본	14. 태극무늬	15. 부끄러움	16. 김치
17. 제육볶음	18. 크레파스	19. 공산주의	20. 색연필
21. 사인펜			

(i) 동호의 유창성, 융통성, 독창성의 점수는 얼마나 될까?(그냥 '개수'로 계산하여)

(ii) 생성해 낸 아이디어의 내용과 시간의 경과 사이에는 어떤 의미 있는 관계를 발견할 수 있는가?

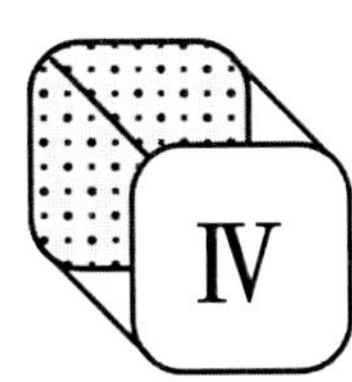

단계 3: 문제의 발견

1. 단계 3의 개관

이제 '단계 1'에서 확인 또는 발견해 낸 1개 또는 몇 개의 도전들 가운데 최종적으로 1개의 도전을 선택한다. 1개의 도전은 '자료의 탐색' 단계의 결과를 참조하여 선정한 것이며 이를 '핵심 도전'이라 부르기도 한다(다른 유망한 '도전'들은 선정한 도전에 병합하거나, 추후의 다른 과제에서 사용할 수 있게 저장해 둘 수 있다).

이제 '단계 3'에서는 핵심 도전을 앞으로 다루어 가야 할 '핵심 문제'로 공식적으로 진술해야 한다. 어떤 '도전'을 구체적인 문제로 진술하는 데는 접근하는 시각이나, 문제의 추상성의 정도 등이 다를 수 있기 때문에 '도전'을 구체적인 '문제 진술'로 진술하는 것은 몇 가지로 다양할 수 있다.

'단계 3'에서 할 일은 핵심의 도전을 가장 효과적인 것으로 문제 진술하는 것이다. '효과적인 문제 진술'이란 과제의 핵심을 작업 가능하고, 동기 부여적이고 구체적인 단어를 사용하여 문제로 진술하는 것을 말한다. John Dewey(1933)가 '문제를 정확하게 진술하면 문제는 이미 절반이 해결된 것이다'라고 한 말은 핵심의 문제를 확인/발견하고 이것을 정확하게 진술하는 것의 중요성을 지적하고 있는 것이다.

효과적인 훌륭한 문제 진술이 중요하다는 것을 정말로 인식하려면 '잘못된' 문제 진술을 살펴보고, 그렇게 하면 왜 안 되는지를 성찰해 보면 된다. 예컨대, '문제는 … 필요한 돈이 없는 것, … 자원이 없는 것, … 해 봐야 인정도 해 주지 않는 것, … 해 본 적이 없는 것, … 지금까지의 방법으로도 충분하기 때문, … 높은 사람들이 좋아하지 않는 것' 등으로 문제를 진술하는 것이다. 또한 여러 위원회와 미팅에서는 '인사 제도 개선, 봉사활동 활성화, 생산성 향상 …' 등과 같은 형식의 '안건' 같은 것을 제시하고 있다. 문제 진술을 이렇게 하면 몇 가지 장애가 생긴다. 첫째, 문제를 이런 식으로 진술하면 일을 시작하기도 전에 우울하고 좌절을 느끼기 쉽다. 둘째, 어떤 일을 하도록 하기보다는 생각을 멈추게 하고 행위 하지 않으려는 이유를 찾게 만든다. 셋째, 미팅의 안건 제시에서 흔히 볼 수 있듯이 '한두 개 단어'로만 제시하면 해결책을 찾아 가려는 과제의 방향이나 초점이 없고 막연해진다.

2. 효과적인 문제 진술의 네 가지 요소

다루려는 문제를 정확하게 바르게 진술하는 데는 아래와 같은 네 가지의 요소가 포함되어야 한다. 문제 진술을 정확하게 하면 그에 대한 해결 아이디어를 생성해 내기가 쉬워진다. 문제의 진술은 간결하면서도 과제/프로젝트의 요점을 찌르는 것이어야 한다.

(1) 아이디어 초대적인 어간

다음과 같은 의문문의 어간을 사용한다.

- 어떻게 (하면) … (있는가?) (How to ..., H_2)
- 어떻게 하면 … (How might ..., HM)
- 어떤 방법으로 하면 … (In What Way Might ..., IWWM)

(2) 문제의 소유자/행위자

다루는 과제/문제의 주인이 누구이며 어떤 사람이 책임을 지고 행위할 것임을 분명히 한다.

(3) 행위 동사

어떤 행위를 할 것인지를 말하는 '구체적인 행위동사'가 포함되어야 한다. 그리고 '없애다', '발견하다' 등과 같은 절대적인 동사보다는 '감소시키다', '격려하다' 등과 같은 융통성 있는 동사(구)를 사용한다.

(4) 목적(목표)

행위 동사를 통하여 문제해결을 진행해 가는 방향을 지시해 주는 간략한 목적/목표가 포함되어야 한다.

문제 진술 몇 가지를 예시해 본다.

- 어떻게 하면 내가 시간을 효과적으로 사용할 수 있을까?
- 어떤 식으로 하면 나의 창의력을 향상시킬 수 있을까?
- 어떤 방법으로 하면 우리가 팀워크를 생산적으로 할 수 있을까?
- 어떻게 하면 학생들의 수업 동기를 증진시킬 수 있을까?
- 어떻게 하면 우리 프로젝트가 제대로 진행되게 할 수 있을까?
- 어떻게 하면 대학생활을 보다 의미 있게 보낼 수 있을까?

3. 문제 진술 생성하기

문제의 진술을 생성해 낸다는 것은 문제(과제)에 대한 여러 가지의 가능성 또는 표현 방법을 찾아보는 것이다. 그러나 문제의 진술은 질문에 대한 '대답'을 찾는 것이 아니다. 그것은 해결하려는 '질문'이 무엇인지를 강력하게 매력적인 방법으로 제기하는 것이어야 한다. 정말로 필요한 것을 찾아보기 위하여 물어보고 싶은 핵심적인 질문을 효과적으로 표현할 수 있는 가능한 한 많은 방식들을 탐색해 보아야 한다. 여러 가지 문제들을 생성해 내는 데 도움 되는 기법에는 적어도 다음과 같은 두 가지가 있다.

(1) 키워드 바꾸어 보기(Key word variations; Isaksen & Treffinger, 1985).

이 기법은 '단어를 가지고 춤추기'(Dancing with words, Treffinger, Isaksen & Dorval, 2000)라고도 부른다. 시초의 문제 진술에서 키워드(핵심어)인 '동사'와 '목적'(또는 행위의 대상)을 여러 가지로 장난스럽게 바꾸어 보면서 문제를 새롭게

〈표 4-1〉 '키워드 바꾸기' 기법용 동사와 목적

어떻게 … 동사(모집하다)	목적(새로운 대상)
발견하다	회원
찾아내다	학생
붙잡다	소비자
이기다	활동가
흥분시키다	의사
유인하다	창의자
보장하다	새로운 얼굴

진술해 보는 방법이다. 이때 사용할 수 있는 동사와 목적(대상)을 예시해 주고 있는 것이 <표 4-1>이다.

(ⅰ) 처리해야 할 문제로 생각나는 것을 '시초의 문제 진술'로 진술한다.

예컨대 '어떻게 하면 우리가 새로운 회원을 모집할 수 있을까?

(ⅱ) 동사('모집하다')에 밑줄을 치고, 그 자리에 다른 동사를 바꾸어 넣는다.

마찬가지로 '목적'(또는 '대상')에 밑줄치고 거기에 대신 사용할 수 있는 것을 적어본다.

(ⅲ) 동사와 목적('대상')을 여러 가지로 조합하여 새로운 문제 진술을 만들어 본다.

이렇게 하다 보면 전혀 새로운 시각/방향을 열어 주는 새로운 조합의 문제 진술들이 가능할 수 있다. 예컨대 <표 4-1>을 이용하면 다음과 같은 문제 진술들이 가능할 것이다.

- 어떻게 하면 우리가 새로운 학생들을 찾아낼 수 있을까?
- 어떤 방법으로 하면 우리가 새로운 활동가들을 유인할 수 있을까?
- 어떻게 우리가 새로운 얼굴을 발견할 수 있을까?

(2) 추상화 사다리 기법

시초의 문제 진술이 너무 넓거나, 반대로 너무 좁고 구체적이면 '추상화 사다리 기법'을 이용하여 추상화의 수준을 조정할 수 있다(이 기법에 대하여서는 <Box 4-1> 참조). 문제의 진술은 너무 광범위해서도 안 되고, 그렇다고 너무 구체적이어서도 바람직하지 않다. 전자의 경우는 가능한 해결 아이디어가 너무 많아 혼란스러울 수 있고, 후자의 경우는 그것이 너무 제한적일 수 있다. 추상화 사다리 기법은 문제 진술의 추상성 정도를 조정하는 데 유용하게 사용할 수 있다.

(i) 시초의 문제 진술에서 '왜'라고 질문하고 거기에서 나온 대답 가운데 어느 것이든 사용하여 새롭게 문제로 진술하면 시초의 진술보다 더 일반적이고 추상적인 것이 된다.

그것을 가지고 다시 '또 왜'라 질문하고 마찬가지의 과정에 따라 새로운 문제를 진술하면 더 추상적인 것이 된다.

(ii) 시초의 문제 진술에서 '어떻게'라고 질문하고 거기에서 나온 대답 가운데 하나를 골라 재진술하면 추상화 사다리를 내려가게 되어 한층 구체적인 문제 진술을 얻을 수 있다.

'또 어떻게'에 대하여 마찬가지로 하면 더욱더 구체적인 새로운 문제 진술이 된다.

예컨대 시초에 문제 진술한 것이 '어떻게 해서 내가 자동차를 가질 수 있을까?'라면 '왜 자동차를 가지고 싶어?'라고 물을 수 있다. 여기에 대한 대답은 몇 개가 될 수 있지만 이들 중 하나가 '일하러 갈려면 교통편이 필요해서'일 수 있다. 이제 이것을 새로운 문제로 진술하면 다음과 같이 될 것이다. "어떻게 하면 내가 일하러 가기 위한 교통편을 가질 수 있을까?" 이렇게 진술하면 과제에 접근하고 해결하는 것이 상당히 달라진다.

4. 문제 진술 수렴하기

발산적 활동을 통하여 문제를 몇 가지로 진술해 보았다면 이제는 이들을 평가하여 가장 적절하고 효과적인 것을 선택해야 한다. 다음의 요령을 참조할 수 있다.

(ⅰ) 가장 두드러진 것을 선택한다.

문제를 수렴할 때는 다음의 질문들을 제기하고 숙고해 보아야 한다.

- 무엇이 나에게 가장 중요한 관심사, 걱정거리인가?
- 내가 가려고 하는 목적, 목표 또는 소원의 중심을 가장 잘 짚어주는 것은?
- 어느 질문의 문제가 새로운 아이디어가 가장 필요한 것인가?
- 질문들 가운데 비슷한 내용을 말하고 있는 것은 어떤 것인가?
- 이들이 의미하는 공통적인 내용(주제)는 무엇인가?
- 이들을 하나의 문제 질문으로 합쳐서 재진술할 수는 없는가?
- 문제 질문들 가운데 가장 유용한 방향 같이 보이는 것은?
- 어디에서 시작해야 할까? 내게 정말로 요구되는 것은?

(ⅱ) 여러 개의 문제 진술이 있는 경우는 '하이라이팅' 기법을 사용한다.

문제 진술을 훑어 읽으면서 '특별히 중요해' 보이는 것에 체크 표시한다(힛트), 다음으로 힛트들 가운데 '관련되어' 있는 것 같이 보이는 것을 찾아 집단으로 묶음한다('핫 스파트'). 이렇게 몇 개의 핫 스파트들을 확인해 낸 다음 묶음별로 이들이 가지고 있는 공통적인 의미나 주제에 맞게 '명칭'(이름)을 붙인다.

이제 모든 핫 스파트들을 보다 일반적인 것으로 문제 진술하고 그런 다음 한 개의 최선의 문제 진술을 확인해 낸다. 그것은 두 개의 비슷한 문제 진술을 같이 조합한 것일 수도 있다.

- 어느 문제 진술이 관심이 많이 가고 가장 그럴듯한가?
- 어느 문제 진술이 해결 아이디어를 많이 생성해 내게 할 것인가?

(ⅲ) ALU 기법을 사용한다(3장 수렴적 사고의 ALU 참조).

두세 개의 그럴듯해 보이는 문제 진술을 가지고 이들을 보다 깊게 분석하여 하나를 선택하거나 더욱 그럴듯하게 다듬는 데 이 기법을 유용하게 사용할 수 있다. 그리고 그럴듯해 보이는 문제 진술이 몇 개가 될 때는 '평가 행렬법'을 사용할 수도 있다(3장 수렴적 사고의 평가 행렬법 참조). 평가 행렬법은 먼저 판단을 위한 '준거'를 만든 다음 이에 따라 아이디어를 평정하여 대안을 선택하는 수렴적 사고 기법이다.

5. 하나의 사례

단계 3

'문제의 발견'의 전체를 '영수'의 사례를 통하여 정리해 본다. 그는 앞 단계에서 핵심적인 도전 영역으로 '학교 성적 올리기'를 선정하였고, 우선순위가 높은 자료에는 '공부 방법, 같이 공부할 수 있는 친구, 도움을 받을 수 있는 곳' 등을 발견한 바 있다.

영수는 '학교 성적 올리기'란 핵심 도전을 가지고 다음과 같은 몇 가지 문제 진술들을 생성해 내고 있다.

• 어떻게 하면 (내가) 효과적인 공부 방법을 배울 수 있을까?
• 어떻게 수학과 과학 과목의 성적을 올릴 수 있을까?
• 어떤 방법으로 시간을 보다 효과적으로 사용할 수 있을까?
• 어떻게 하면 수학 과목을 개인지도 받을 수 있을까?
• 어떻게 하면 수학과 과학 과목의 활동을 더 잘 할 수 있을까?

이와 같이 여러 개의 문제 진술들을 생성해 낸 다음 한 개를 결정하기 위한 수렴적 활동을 하였다. 이들 가운데 첫 번째 것과 두 번째 것이 가장 그럴듯하며 '그거야'란 생각이 들었다. 그러나 이들 두 개의 문제 진술을 가지고 처음에는 ALU해 볼까 생각했지만 아무래도 두 번째 것이 보다 더 매력적이고 중요해 보여서 ALU를 사용하지는 않았다. 최종적으로 선택한 문제 진술은 다음과 같다: “어떻게 하면 수학 과목과 과학 과목의 성적을 올릴 수 있을까?”

〈Box 4-1〉 추상화 사다리 기법

추상화 사다리 기법(Ladder of abstraction)은 문제의 진술이 너무 넓거나, 반대로 너무 좁지 않게 추상성의 스펙트럼(범위)을 조정하기 위하여 사용할 수 있는 기법이다. 문제를 너무 추상적으로 넓게 진술하면 문제해결의 방향과 그에 따른 해결 아이디어가 너무 넓고 많아 혼란스러울 수 있다. 반대로 문제를 너무 구체적으로 좁게 정의하면 창의적인 해결의 시야가 좁아지게 된다. 예컨대 ‘어떻게 하면 잘살 수 있을까?’라면 문제가 너무 추상적이다. 반대로 ‘어떻게 하면 사과를 살 수 있을까?’라고 문제 진술하면 ‘창의적’이라 부를 만한 아이디어가 필요하지 아니할 것이다.

(ⅰ) 시초의 문제 진술에 대하여 ‘왜’, 또는 ‘어떻게’라는 질문을 하고 거기에서 얻은 어떤 반응을 새로운 문제 진술로 바꾸면 당신은 문제 진술의 사다리를 올라가거나 내려갈 수 있다. 아래에서 사용하고 있는 ‘시초의 문제 진술’은 ‘어떻게 하면 우리 회사가 새로운 고객을 유치할 수 있을까?’이다.
시초의 문제 진술에 대하여 ‘왜?’라고 질문한다. 거기에 대한 대답은 한 개일 수도 있고 몇 개일 수도 있다. 이들 대답의 어느 것이든지 그것을 ‘문제’로 새롭게 진술하면 시초의 문제 진술보다 더 추상적이고 일반적인 문제진술이 된다. 예컨대 대답 가운데 하나가 ‘수입을 더 올리기 위하여’라면 이것을 문제로 진술하면 ‘어떻게 하면 우리 회사가 수입을 더 올릴 수 있을까?’와 같이 될 수 있다. 이렇게 문제를 재정의하면 문제의 추상성 수준은 올라간다. 그리고 새롭게 만든 문제 진술에 다시 ‘또 왜?’라고 진술하고 거기에서 얻은 대답을 문제 진술하면 보다 넓ㄱ 일반적인 문제가 된다.

(ⅱ) 시초의 문제 진술에 대하여 ‘어떻게?’라고 질문할 수도 있다. 거기에 대한 대답 역시 한 개 일수도 있고 몇 개가 될 수도 있다. 아래에서는 ‘사은품을 많이 주어서’, ‘광고를 많이 해서’ 및 ‘친절한 봉사로’ 등의 세 가지 대답을 얻고 있다. 이러한 대답을 가지고 다시 문제 진술하면 보다 구체적이며 추상성의 수준이 낮은 것이 된다. ‘광고를 많이 해서’란 대답을 새로운 문제로 정의하면 ‘어떻게 하면 우리 회사가 광고를 더 많이 할 수 있을까?’가 된다. 이처럼 ‘어떻게?’라고 질문하여 만든 문제 진술에 대하여 ‘또 어떻게?’라 질문하고 거기에서 얻은 대답을 다시 새로운 문제로 진술하면 추상화 사다리를 더 내려가고 그래서 추상성 수준이 더 낮아지게 된다. 아래의 보기를 참조할 수 있다.

어떻게 하면 우리
회사가 시장을
독점할 수 있을까?

시장을 독점해기 위해

또 왜?

어떤 방법으로 하면
우리 회사가 경쟁회사를
이길 수 있을까?

경쟁사에 이기기 위해

왜?

어떻게 하면 우리가
회사를
확장시킬 수 있을까?

회사를 확장시키기 위해

또 왜?

어떻게 하면
우리 회사가 수입을
더 올릴 수 있을까?

수입을 더 올리기 위해

왜?

어게 하면 우리가
회사를 일류로
만들 수 있을까?

일류회사를 만들기 위해

또 왜?

어떻게 하면 우리가
회사의 지명도를
더 높일 수 있을까?

지명도를 높이기 위해

왜?

어떻게 하면 우리 회사가 새로운 고객을 유치할 수 있을까?

어떻게?

사은품을 많이 줘서

어떻게 하면
우리 회사가 사은품을
더 많이 줄 수 있을까?

또 어떻게?

고객을 많이 만나서

어떻게 하면
우리가 고객을 더
많이 만날 수 있을까?

어떻게?

광고를 많이 해서

어떻게 하면
우리 회사가 광고를
더 많이 할 수 있을까?

또 어떻게?

광고기법을 향상시켜서

어떻게 하면 우리가
광고기법을
향상시킬 수 있을까?

어떻게?

친절한 봉사로

어떻게 하면 우리가
보다 친절하게
봉사할 수 있을까?

또 어떻게?

부드러운 말씨를 써서

어떻게 하면 직원들이
보다 부드러운 말씨를
쓰도록 할 수 있을까?

연/ 습/ 활/ 동/

활동 Ⅳ-1

다음에 있는 각기의 문제 진술은 '좋은 문제 진술'이라 부를 수 있는가? 잘못이 있다면 어떤 것인가? 왜 그렇게 생각하는가?

(ⅰ) 군대에 입대할 것인가?

(ⅱ) 어떻게 하면 우리 회사가 고객을 왕으로 모실 수 있을까?

(ⅲ) 학생이 학교의 주인이 되게 할 수 있을까?

(ⅳ) 돈이 없는 것이 문제지!

(ⅴ) 인터넷에서 넘쳐 나는 허위 정보를 어떻게 쓸어버릴 수 있을까?

활동 Ⅳ-2

당신이 관리하고 있는 직원 한 사람이 게으르고 불손하여 대단히 불만스럽다. 그래서 당신은 "어떻게 이 직원을 해고해야 할까?"라고 고민하게 되었다.

(ⅰ) 이 장면에서 당신이 직면하고 있는 문제를 몇 가지로 다르게 정의하여 재진술해 보라.

(ⅱ) 추상화 사다리 기법을 이용하면 더 추상적인, 또는 더 구체적인 문제들을 새롭게 재진술할 수 있다. 그래서 당신은 보다 창의적인 어떤 결정에 이를 수 있을까?
'어떻게 이 직원을 해고해야 할까?'가 '시초의 문제 진술'이다. 이를 더 추상적인, 그런 다음 더 구체적인 문제로 재진술해 보라.

활동 Ⅳ-3

당신이 소속해 있는 조직/학교에서 사용할 수 있는 '비전'(vision)을 제시해 보라. 비전이란 존재의 이유이며, 나아가야 할 목표이고 또한 지향하는 미래에 대한 그림 같은 것이다. 당신이 생각할 수 있는 어떠한 것이라도 그것을 시초의 비전 진술로 사용할 수 있다.

활동 Ⅳ-4

아래와 같이 시초의 문제가 진술되어 있다.

- 어떻게 하면 내가 남친(또는 여친)을 사귈 수 있을까?

(1) 추상화 사다리 기법에서 '왜', '또 왜' 등을 사용하여 보다 더 추상적인(일반적인) 문제를 진술해 보라.

(2) 추상화 사다리 기법에서 '어떻게', '또 어떻게' 등을 사용하여 처음보다 더 구체적인 문제로 재진술해 보라.

(3) 최종적으로 이들 가운데서 가장 그럴듯해 보이는 문제 진술을 결정하여 진술해 보라.

활동 Ⅳ-5

이제 중학생이 된 철수가 저녁 시간 부모님에게 이런 이야기를 하였다: "저는 태권도를 배워야겠어요. 학교에서 놀림당하지 않으려면 힘이 있어야 할 것 같아요. 지금도 저는 몸이 그렇게 약한 편은 아니지만 나를 괴롭히는 우리 반 서너 명에게는 상대가 안 됩니다. 태권도가 답인 것 같아요". 부모님은 놀라며 걱정하게 되었다. 학교 폭력, 따돌림 같은 문제는 매스컴에서 자주 등장할 뿐 아니라 실제로 경험한 적도 있어 문제가 심각할 수 있음을 알고 있기 때문이다. 특히 공부를 좀 잘하면 놀림과 따돌림의 대상이 되기 쉽다는 것도 부모님은 알고 있었다.

(1) 부모님은 '승낙'을 하기 전에 철수가 직면하고 있는 문제가 무엇인지를 알아보아야 한다고 생각했다. 그래서 자료의 탐색을 통하여 다음의 것을 발견하였다.
   (ⅰ) 괴롭힘은 혼자 있을 때 그리고 학교에 사람이 없을 때 일어난다.
   (ⅱ) 괴롭힘이 항시 폭력적인 것은 아니다. 친구들이 놀려주면 철수는 화를 내고 그러면 싸움이 벌어진다.
   (ⅲ) 철수가 가까운 친구들과 같이 있을 때는 문제가 생기지 않는다.

(2) '문제의 발견'에는 상황/장면을 다시 살펴보고 시초의 문제 진술을 보다 현실적이고 그럴듯하게 '재정의' 하는 것이 포함된다.
   - (시초의 문제 진술) "어떻게 하면 철수가 학교에서 자신을 보호할 수 있는 능력을 향상시킬 수 있을까?"
   (ⅰ) 탐색해 본 자료를 참고하여 진짜의 문제가 무엇인지를 더 깊게 생각해 보라. 그래서 시초의 문제 진술을 할 수 있는 대로 여러 가지로 '재진술'해 보라.
   (ⅱ) 이제는 '문제의 소유자/행위자'를 '철수'에서 '교사', '부모' 또는 '학교 선생님' 등으로 바꾸어 문제를 다르게 재진술해 보라. 다시 말하면 철수의 시각이 아닌 다른 시각에서 여러 문제들을 발견하여 진술해 보라. 문제의 형식은 "어떻게 하면

교사가 …, 철수 부모님이 …, 학교 행정가들이 …" 등이 될 것이다.

(3) 이들 가운데 문제의 핵심을 짚고 있는 진술 하나를 선택하라. (ⅰ)항과 (ⅱ)항을 통틀어 살펴보고 철수에게 정말로 중요해 보이는 한 개의 문제 진술을 최종적으로 확인해 보라. 그리고 이를 정교하게 서술해 봄으로써 문제해결을 시작할 수 있게 하라.

활동 Ⅳ-6

철수는 자기 집의 가족관계가 엉망이라 생각하고 가정생활에 불만이다. 의기소침하고 화가 많이 나기도 한다. TV에 나오는 다른 집과는 많이 다르다. 가족관계와 가정생활에 대하여 곰곰이 생각해 보니 다음의 사실들이 머릿속에 떠올랐다.

(ⅰ) 철수(17세)는 동생 정수(14세)와 사이가 나쁘다. 그러나 견디기 어려울 만큼 심각한 정도는 아니다.

(ⅱ) 철수는 막내 동생 훈수(10세)와도 잘 지내지 못한다. 관계가 아주 심각하다.

(ⅲ) 아버지와 어머니를 포함한 다섯 식구 모두의 성격은 서로 아주 다르다. 식구들의 성격은 모두 강하고 지배적이지만 막냇동생은 예외로 성격이 부드럽다.

(ⅳ) 가족들이 함께 즐길 수 있는 것은 아무것도 없다. 부모님은 같이 나들이 가기를 바랄 때도 있지만 나들이 가게 되면 식구들은 언제나 다툼으로 끝난다.

철수는 '자료 수집'을 통하여 '가족관계'가 특히 중요하다는 것을 발견한다. 그래서 '가족관계의 향상'이란 도전을 찾아내고 이를 좀 더 구체적으로 다음과 같이 진술하게 되었다.
- 어떻게 하면 내가 동생들과의 긴장 관계를 완화시킬 수 있을까?

이제 철수의 시초의 문제 진술을 여러 가지로 재진술해 보라. 철수의 가정생활, 가족관계를 향상시킬 수 있는 결정적인 영역을 찾을 수 있게 문제를 재진술해 보라. 이때 다음을 참조하기를 바란다.

(ⅰ) 문제 진술에 있는 '동사'를 바꾸어 보라.

(ⅱ) 문제에 있는 '목적'(또는 행위의 대상)을 몇 가지로 바꾸어 보라.

(ⅲ) 눈을 감고 어제 집에서 일어났던 일을 머릿속에 떠올려 보고 이들 가운데 해결하기 위하여 다루었으면 좋을 것 같은 문제를 새롭게 상상해 보라.

활동 Ⅳ-7

나이가 들면 사람들은 누구나 퇴직을 하고 은퇴 생활을 해야 한다. 그래서 '노후 계획'이 필요해 진다. 그래서 B씨는 아래와 같이 문제를 제기하였다.
- 어떻게 하면 내가 노후 계획을 세울 수 있을까?

이제 그의 시초의 문제 진술을 여러 가지로 재진술하여 가장 중요해 보이는 문제를 찾아보라. 다음의 방법을 사용하라.

(ⅰ) 노후 생활을 상상해 보고 가능한 문제들을 나열해 보라.

(ⅱ) 문제 진술에 포함되어 있는 '동사'를 바꾸어 보고 이에 따라 재진술해 보라.

(ⅲ) 문제에 있는 '목적'(또는 '대상')을 몇 가지로 바꾸어 보고 이에 따라 재진술해 보라.

활동 Ⅳ-8

어떤 창의력 교육 세미나에 참가하는 강사는 세미나가 열리기 10분 전에 세미나 장에 도착하였다. 그런데 그는 앞에 서서 이야기 할 '강연 탁자'를 찾아보았으나 찾을 수 없었다. 그는 재빨리 "어디서 강연 탁자를 구할 수 있을까?"라고 지금의 문제를 정의하였다. 그런 다음 '왜 강연 탁자가 필요하지?'라고 스스로에게 물어 보았다. 그리고 그것이 없으면 강연 원고를 올려놓고 거기에 적어 놓은 내용을 볼 수 없어 불편하기 때문임을 깨닫게 되었다. 그러므로 이 강사가 직면한 문제는 "어떻게 하면 강연 탁자를 찾을 수(구할 수) 있을까?"가 아닌 것 같다는 생각이 들었다. 그러면 그가 해결해야 할 중요한 진짜 문제는 무엇이며, 그것을 어떻게 진술할 수 있을까?

활동 Ⅳ-9

다음에서 서술하고 있는 상황과 관련하여 만들어낸 각기의 '문제 진술'이 어떻다고 생각되는지를 좋음(A), 보통(B), 좋지 않음(C)에 따라 판단해 보라. '좋지 않음'(C)인 경우는 왜 그렇게 생각하는지를 말해 보라.

아침부터 비가 많이 내리고 있다. 퍼붓듯이 내리고 있는 비는 그칠 기미가 전혀 없다. 오랫동안 기다렸던 휴가 날이지만 날씨가 모든 것을 망치고 있다. 하루 종일 집에서 빈둥거리려니 할일도 없고 짜증도 난다.

가능한 문제 진술	평 정
1) 어떻게 하면 내가 비를 중단시킬 수 있을까?	A B C
2) 어떻게 하면 엄마가 나를 즐겁게 해 줄 수 있을까?	A B C
3) 어떻게 하면 내가 어떤 할 일을 계획할 수 있을까?	A B C
4) 어떻게 하면 옷이 젖지 않거나 감기에 걸리지 않고 적어도 1시간 정도 밖에 나갈 수 있는 방법을 찾을 수 있을까?	A B C
5) 어떻게 내가 비 오는 날에 할 수 있는 활동을 발견할 수 있을까?	A B C
6) 어떻게 하면 권태로움을 줄일 수 있을까?	A B C
7) 어떻게 하면 가족들이 나의 권태로움을 덜어줄 수 있을까?	A B C

CHAPTER

05

창의적 문제해결(Ⅱ): 아이디어 생성

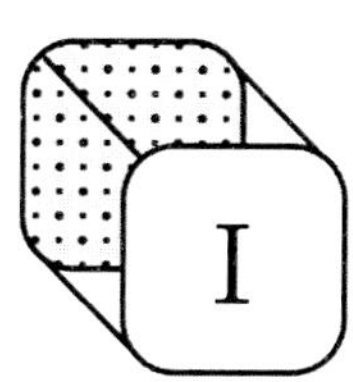

해결 아이디어 생성하기

두 번째의 '아이디어 생성'이라는 과정 요소에는 '단계 4: 해결 아이디어의 생성' 하나밖에 없다. 앞 단계에서는 최선의 '문제 진술'을 결정해 내었다. 이제 단계 4에서는 이를 해결할 수 있는 가능한 해결 아이디어들을 생성해 낸다.

첫째, 이 단계에서는 1개의 최선의 해결 아이디어를 결정해 내는 것이 목적이 아니다. 이 단계에서는 여러 많은 아이디어들을 생성해낸 다음 '몇 개의' 유망한 해결 아이디어들을 발견해 낸다. 그리고 다음의 단계에서 이들을 효과적으로 사용하여 완전한 해결책을 생산해 내게 될 것이다.

둘째, 이 단계에서는 '해결 아이디어'(ideas)란 용어를 사용하되 '해결책'(solutions)이란 말은 사용하지 아니한다. 해결 아이디어들 가운데는 문제를 해결할 수 있는 것도 있지만 그렇지 못한 것도 얼마든지 있을 수 있다. 그러므로 여러 해결 아이디어들을 수렴하여 '유용한' 것을 찾아낼 수 있어야 한다.

해결 아이디어들을 발산적 사고해 낼 때는 먼저 생성해 내는 아이디어를 기록할 '기록자'를 둔다. 그리하여 말하는 모든 아이디어들을 큰 용지에 적거나 포스트잇에 적어 붙인다.

그리고 사회자는 발산적 사고를 할 때의 규칙, 즉 가이드라인을 충분하게 설명해 주어야 한다. 이 단계에서는 어떠한 아이디어를 말하더라도 거기에 대하여 질문하지 말아야 한다. 이때의 '질문'은 아이디어를 판단하는 것이다. 그리고 아이디어를 설명하거나 정당화할 것을 요구하지도 않아야 한다. 가이드라인을 지켜서 아이디어들이 자유스럽게 흘러가게 하라. 발표하는 아이디어에 대하여 반응하거나, 판단하거나, 토론이나 논의하는 것 등의 일은 절대로 하지 않아야 한다.

(1) 많은, 다양한, 독특한 아이디어들을 브레인스톰 한다.

그것은 이미 알고 있거나 경험했던 것을 생성해 내는 것뿐 아니라 그것을 넘어 진짜로 새롭고 혁신적인 아이디어들을 생성해 내려고 노력하는 것이어야 한다. 딱 한 개가 아니라 많은 아이디어를 생각해 내려고 해야 하며, 그리고 새로운 지평을 열어줄 수 있는 여러 가지의 가능성을 탐색해 보아야 한다. 그렇다고 '이미 알고 있는' 쉬운 것들을 말하는 것이 중요하지 않다는 것은 아니다. 집단에서는 사람들이 가지고 있는 경험이 다양하기 때문에 이 수준의 브레인스톰에서도 여러 가지를 얻을 수 있다. 그러나 이 수준에만 머물면 안 되고 브레인스톰 활동은 더 높은 수준까지 스트레칭 될 수 있어야 한다.

(2) 기타의 적절한 발산적 사고도구를 선택하여 사용한다(물론이지만 몇 개의 사고도구를 연이어 사용할 수도 있다).

브레인스톰을 진행하다 보면 한 가지 방향에 고착되어 갇혀버릴 수도 있고 또는 아이디어 생성이 어렵거나 느려 진척이 잘되지 아니하는 경우도 얼마든지 있을 수 있다. 이때는 다음을 고려할 수 있다.

(i) 아이디어 체크리스트

여러 가지 시각에서 다양한 아이디어들을 생성해 낼 필요가 있으면 SCAMPER가 유용할 수 있다(3장 발산적 사고의 SCAMPER 기법 참조). 이 기법은 새로운 아이디어를 생각나게 하는 질문들을 간편하고 기억하기 쉽게 조직화 해 놓은 것이다. 이들 중 적절하다고 생각되는 몇 개 질문을 사용하면 당신이 다루고 있는 어떠한 문제에 대하여서도 새로운 다양한 아이디어를 시사 받을 수 있다.

(ii) 속성 열거법

이 기법에서는 먼저 다루는 문제가 가지고 있는 내용을 몇 개 '속성'으로 나눈다. 그런 다음 문제의 전체에 대하여 브레인스톰 하는 대신 각기의 '속성별'로 브레인스톰 하여 그것을 향상시킬 수 있는 아이디어를 찾는다.

(iii) 강제 결부법

이 기법은 서로 관련이 없어 보이는 어떤 '대상'(물건)을 임의로 선택한 다음 이들을 문제와 어떻게든 결부시켜 봄으로써 독창적인 아이디어를 생성해 내는 방법이다. 예컨대 연필이나 펜, 방이나 거리 또는 넘기는 책장 속에서 눈에 띄는 몇 가지 물건들을 임의로 선택하여 적는다. 이제 기록한 것들 하나하나씩을 당신이 다루는 '문제'에 어떻게든 '연결'(관련)시켜 보려고 노력해 보라. 그래서 어떤 새로운 가능성을 찾아볼 수 있다.

발산적 사고를 위한 여러 가지의 사고도구를 적절하게 선택하여 적극적으로 사용할 줄 아는 것이 중요하다. 새로운 아이디어를 생성해 내는 데는 브레인스톰이 가장 많이 그리고 가장 익숙하게 사용되고 있다. 그러나 많은 경우 그것으로 충분하지 아니하다. 그런데 적지 아니한 사람들은 브레인스톰 기법이란 많은 아이디어들을 한꺼번에 미친듯이 쏟아내는 것이란 고정 관념 같은 것을 가지고 있는 듯하다. 몇 가지를 지적해 두고자 한다.

(i) 시작하기 전에 진술한 '문제'를 함께 다시 살펴보고 내용을 충분히 이해해야 한다.

(ii) 진행은 편안하면서도 서로 존중하는 절제된 태도를 가지고, 자유로우면서도 목표지향적으로 진행되어야 한다.

(iii) 집단에서 브레인스톰 하는 세션의 중간 중간에는 개인적인 휴식시간을 가지게 해야 한다.

그것은 개인의 에너지와 여러 생각들을 반성, 재조직 또는 회복하는 시간이 될 수 있다. 달리 말하면 창의적인 아이디어 탐색을 위한 '부화'의 시간이 될 수 있다.

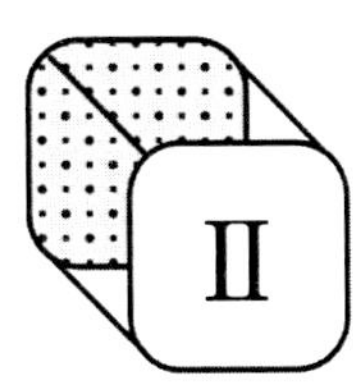

해결 아이디어 수렴하기

많은 해결 아이디어들을 생성해 내고 나면 이제 우리는 이들을 분류하고 정리하고 판단하여 성공적인 해결책을 만들고 그에 따라 문제해결을 실천하는 행위 계획을 디자인해 볼 수 있어야 한다. 이를 위하여 많은, 다양한 그리고 독특한 여러 해결 아이디어들을 수렴해야 한다. '해결 아이디어 수렴하기'는 다른 단계에서의 '수렴하기'와 비슷하다.

먼저 '힛트'라 생각되는 아이디어에 체크 표시한다. 그런 다음 이들 가운데 '관련 있는' 아이디어들을 '핫 스파트'로 집단으로 묶음 한다. 그런 다음 거기에다 각기의 '핫 스파트'에 포함되어 있는 아이디어를 모두 포괄할 수 있을 만큼 일반적인 어떤 '명칭'(이름)을 붙인다. 그리고 이러한 질문을 스스로에게 해 본다: '어느 것이 가장 흥미로운가?', '어느 것이 가장 그럴듯해 보이는가?', '어느 것이 가장 좋은 해결책이 될 수 있을까?' 10~15개 정도의 해결 아이디어를 최종적으로 선정한다.

그런데 유망한 해결 아이디어들을 수렴하는 활동을 할 때는 자신이 가지고 있는 '문제해결 스타일'을 고려해 보는 것도 필요하다. 문제해결 스타일에는 '순응적'(adaptive) 스타일과 '혁신적'(innovation) 스타일이 있다. 순응적 스타일의 사람은 현재의 체제 내에서 생각하고 행동하며, 따라서 지금보다 '더 나은' 대안을 찾는 데 집중하는 경향이 강하다. 그것은 비교적 쉽게 실천할 수 있고 또한 인정을 받을 수 있는 것이란 점에서 장점이 있다. 그럼에도 순응적 스타일은 혁명적인 변화, 패러다임적 변화에서는 거의 쓸모가 없어질 수 있다는 것을 명심해야 한다. 우리 주변의 생활에서 보면 단순히 '더 잘' 하는 것만으로는 더이상 생존하지 못하고 사라진 사례들을 너무나 쉽게 볼 수 있다. 반면에 혁신적 스타일은 극단적이고, 드물게 독창적인 아이디어에 집착하는 경향이 있다. 이들은 '더 나은' 아이디어가 아니라 지금까지와는 '다른' 혁신적인 아이디어를 찾는다. 이들은 다른 사람들보다 앞서 갈 수 있는 장점이 있지만, 그러나 선택한 아이디어가 남들의 인정을 받고 남들에게 '팔기가' 대단히 어려울지도 모르고 비용이 많이 드는 것일 수도 있다. 그러므로 만약 당신이 이러한 경향의 사람이라면, 당신의 아이디어를 수렴할 때 허공에서만 헤엄치지 말고 적어도 한쪽 발만이라도 땅을 딛고 있어야 함을 명심할 필요가 있다.

3. 하나의 사례

다시 '영수'의 사례로 돌아가 '해결 아이디어 생성'의 단계를 살펴본다. 영수는 '어떻게 하면 수학과 과학 과목의 성적을 올릴 수 있을까?'란 문제와 관련하여 여러 가지의 아이디어를 생각해 내었는데 거기에는 다음의 것들이 포함되어 있다.

- 저녁 공부시간을 효과적으로 조정한다.
- 가까운 친구 철이와 같이 공부한다.
- 가까이에 있는 A학원에 다닌다.
- 심리 상담을 받아 본다.
- 수학과 과학을 같이 듣는 친구들과 스터디 그룹을 만든다.
- 선생님의 특별 지도를 받을 수 있는지 확인해 본다.
- 단과 학원을 바꾼다.
- 주별로 스터디 스케줄을 만든다.
- 독서실에 등록한다.
- B학원에서 하고 있는 공부 방법에 대한 강의를 듣는다.
- 학교의 학습 센터에 등록한다.
- 보습학원에 등록한다.
- 취미 활동을 줄인다.

그리고 여러 해결 아이디어들을 하이라이팅 기법으로 정리하고 다듬은 다음 아래와 같은 세 개의 아이디어 핫 스파트를 선정하였다.

- 같은 반 친구들과 스터디 그룹을 만든다.
- 학습 센터의 보습 과정에 등록한다.
- 주별로 스터디 스케줄을 만든다.
- 단과 학원을 바꾼다.

연습활동

활동 I-1

학교 앞 건널목에서는 교통사고가 자주 일어난다. 그래서 다음과 같이 문제 진술하였다.
- 어떻게 하면 우리 학교 앞 건널목에서 일어나는 교통사고를 줄일 수 있을까?

(i) 해결 아이디어를 학생, 학교당국, 부모, 경찰서의 각기에 따라 5개 이상씩 생산해 보라.

(ii) 이들을 기초하여 가장 그럴듯한 해결책을 만들어 보라.

활동 I-2

오늘날 많은 사람들은 아파트나 빌라와 같이 정원이 별도로 있지 않는 곳에서 살고 있다. 대부분의 가족들은 펜스가 달린 정원 있는 곳에서 살지 않는다. 그럼에도 적지 아니한 사람들은 개나 고양이 등의 애완동물을 기르고 있다. 이들에게는 애완동물을 매일 운동시키는 것이 중요한 관심사가 되고 있다.
많은 사람들은 바쁘게 살고 있어서 애완동물과 함께 걸을 수 있는 시간이 많지가 않다. 그렇다고 이들 동물을 아무렇게나 놓아두는 것은 현실에 맞지 않고, 위험하고, 그리고 우리 사회에서는 불법이다. 사람들은 직장에서 대부분의 시간을 보낸다. 그래서 애완동물들은 하루 종일 운동할 수 있는 시간이 거의 없이 지내기도 한다.
애완동물에게 운동을 시킬 수 있는 새로운 방법을 디자인 해 보라. 운동시킬 애완동물은 어떤 것을 선택해도 좋다.

활동 I-3

지구에는 계절의 변화에 따라 겨울에는 하루에 몇 시간 동안만 해가 떠 있고, 여름에는 어두운 밤이 하루에 몇 시간도 되지 아니하는 지역이 있다. 이들의 생활은 우리와는 어떻게 다를까? 일조시간과 야간시간의 차이가 많으면 어떤 장점, 어떤 단점들이 있을까?

활동 Ⅰ-4

세탁기로 세탁을 하고 양말을 꺼내어 짝을 맞추는 것은 생각만큼 간단한 일이 아니다. 예컨대 1주일에 한 번씩 세탁을 하고, 여러 명의 대가족이라면 짝 맞추어야 할 양말의 수는 적지가 않다. 결국 짝을 맞추지 못하는 경우도 많다. 그리고 이 일을 하는데 시간도 적지 않게 걸린다. 가정에 따라서는 세탁하는 횟수도 적지 않을 것이다.

(ⅰ) 가능한 많은 해결 아이디어를 나열해 보라.

(ⅱ) 가장 그럴듯해 보이는 유망한 두 개의 아이디어를 선정하여 이들을 ALU해 보라. 이들 가운데 특허가 가능한 아이디어가 있을까?

활동 Ⅰ-5

부모님은 산타클로스 선물을 잘 감추어 두었다가 아이들이 잠드는 동안에 그것을 머리맡에 놓아두어야 한다. 선물을 감추어 둘 수 있는 효과적인 방법을 많이 생각해 보라.

활동 Ⅰ-6

4장의 〈활동 Ⅳ-9〉에는 하루 종일 비 오는 날에 겪게 되는 여러 가지 문제가 나열되어 있다. 이들 가운데 하나는 '어떻게 하면 권태로움을 줄일 수 있을까?'이다.

(ⅰ) 이 문제에 대하여 할 수 있는 대로 많은 해결 아이디어를 생각해 보라. 적어도 두 가지 이상의 발산적 사고도구를 활용하라.

(ⅱ) 생성해 낸 아이디어들을 수렴해 보라. 최종적으로 두 개를 선택하여 ALU해 보라.

활동 Ⅰ-7

초중등 및 대학교에서는 어떤 사정으로 오프라인 수업(대면 수업)이 온라인 수업(비대면 수업)으로 많이 전환되고 있다. 온라인 수업은 비실시간 또는 실시간 형태로 운영되는데 만약 앞으로 모든 수업을 온라인으로 운영한다면 어떤 일이 벌어질까?

(ⅰ) 브레인스토밍으로 아이디어 30개 이상 나열해 보라.

(ⅱ) 힛트 기법을 사용하여 그럴듯한 아이디어 10개 체크하라.

(ⅲ) 핫스팟을 위해 체크 된 아이디어들의 공통적인 측면이나 요소에 따라 묶음하고 이름을 붙여라.

(ⅳ) 핫스팟 한 것을 과제에 적절한 형태로 재진술하라.

활동 Ⅰ-8

시초에 진술한 문제는 다음과 같다.
- 어떻게 하면 사무실의 인테리어를 잘 할 수 있을까?

(ⅰ) '사무실' 대신에 학교 교실이나 공부방 어떠한 것으로 바꾸어도 좋다. 추상화 사다리 기법을 사용하여 문제를 가장 효과적으로 재진술해 보라. 추상화 사다리 기법에서는 '왜', 또는 반대로 '어떻게'라 질문하면서 문제의 추상성 수준을 조정한다.

(ⅱ) 재진술한 문제를 해결할 수 있는 해결 아이디어들을 많이 나열해 보라.

(ⅲ) 가장 그럴듯해 보이는 한 개의 해결 아이디어를 선택하고 이를 두세 개의 문장으로 자세하게 설명해 보라.

활동 Ⅰ-9

당신은 아이스크림 회사를 경영하고 있다. 이제 TV 광고를 내려고 한다. 광고에는 그럴듯한 '광고 문안'이 중요하다.

(ⅰ) 여러 가지의 광고 문안을 생각해 보라.

(ⅱ) 생산해 낸 광고 문안들 가운데 한두 개를 선택하여 사용하려고 한다. 어떤 기법을 사용할 것인가? 그리고 선택한 것을 어떻게 프레젠테이션 하면 효과적일까?

활동 Ⅰ-10

'만약에 대한민국이 현재와 같이 진화해 간다면 그러면 20년 후는 어떤 모습일까요?'

(ⅰ) 20년 이후의 대한민국의 모습을 여러 가지로 상상해 보라(15개 이상).

(ⅱ) 생산해 낸 것들 가운데 가장 그럴듯해 보이는 것 5개를 수렴하라. 그리고 이들 각기에 대하여 왜 그러한 '미래의 모습'을 예상할 수 있는지를 서술해 보라. 창의적인 '상상'은 현재의 지식에 기초하지만. 그러면서도 그것을 스트레칭 하면서 자유롭게 벗어날 수 있어야 함을 기억하라.

CHAPTER

06

창의적 문제해결(Ⅲ): 행위를 위한 계획

CPS 창의적 문제해결

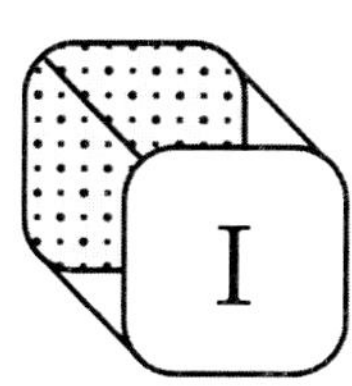

단계 5: 해결책의 개발

창의적 문제 해결의 '과정 요소 Ⅲ: 행위를 위한 계획'은 '단계 5: 해결책의 개발'과 '단계 6: 행위계획의 개발'의 두 개의 단계로 이루어져 있다. 이 과정 요소의 목적은 앞 단계에서 생성하고 수렴해 낸 해결 아이디어들을 선택하여 '해결책'을 만들고, 그런 다음 이를 실제의 행위로 번역하기 위한 '행위계획'을 만드는데 있다. 새로운 아이디어라 하더라도 그것을 실제의 행위로 번역하여 현실에서 실현하여 문제/과제의 장면에 변화가 일어나지 아니하면 별로 가치가 없다. 정말로 가치 있는 아이디어임에도 불구하고 사람들의 인정과 수용을 받지 못해서 죽어가는 경우는 실제로 빈번하게 일어나고 있다.

앞의 '단계 4: 해결 아이디어의 생성'에서는 한 개가 아니라 몇 개의 그럴듯하고 유망한 아이디어를 생성해 내고자 하였다. 이제 단계 5에서는 크게 보아 두 개의 목적이 있다. 하나는 앞 단계의 창의적 문제해결 과정에서 찾아낸 몇 개의 해결 아이디어를 평가하기 위한 '일련의 준거'를 생성해 내는 것이고, 다른 하나는 이들 준거를 적용하여 해결 아이디어를 평가하고 필요하면 수정하는 것이다.

이러한 과정은 유망한 가능성들을 보다 엄밀하게 체계적으로 살펴볼 수 있는 기회가 된다. 그런데 특히 두 가지를 유의할 필요가 있다. 첫째, 아이디어 가운데 많은 것은 자세히 보면 처음에는 보이지 않던 우려나 단점을 가질 수 있다. 아이디어는 대개가 강점과 단점을 동시에 가지고 있어 새롭게 다듬거나 수정할 필요성이 있을 수 있다. 따라서 아이디어를 선택할 때 '이것 아니면 저것'으로만 접근하는 것은 바람직하지 않다. 둘째, 우리의 목표는 어떤 해결 아이디어가 승리하는 것을 확인하는 것이 아니라 문제해결에 도움 되는 아이디어들을 확인해 내고 이들을 문제해결에 활용하는 것이다.

1. 해결책 생성하기

해결책의 개발에서 발산적 사고를 하는 목적은 해결 아이디어들을 평가하기 위한 가능한 한 많은 준거들을 생성해 내는 것이다. '이들 해결 아이디어들을 비교, 선택, 수정 또는 향상시키기 위하여 기준해야 할 가장 중요한 요인들은 무엇일까?'라고 질문한다. 그리하여 대안들을 분류, 선택, 순위 매김 또는 수정할 때 적용할 수 있는 준거(기준, criteria)를 생성해 낸다.

(1) 준거의 생성

일반적으로 보면 다음과 같은 5개 준거들이 도움이 되는데 이들은 약성어로 CARTS로 기억한다. 이들은 일반적 유형의 준거이다.

- 비용(Cost). 이 대안은 비용 효과적인가? 가용한 예산이나 기금을 초과하지 않은가?
- 수용(Acceptance). 남들이 수용할 수 있을까? 지원해 줄 사람들이 수용할 수 있을까?
- 자원(Resources). 자원이 쉽게 가용할까? 특별한 재료나 기구가 필요한가?
- 시간(Time). 시간 스케줄에 맞는가? 필요할 때 결정적인 자원이나 사람이 가용할까?
- 공간(Space). 실천에 필요한 공간이 있을까? 필요한 작업을 할 수 있는 공간이 있는가?

이러한 일반적인 준거 이외에 과제 자체의 목적에 부합하는 더욱 적합한 준거가 필요할 수도 있다. 예컨대 과제에 따라서는 '안전한가?', '보관이 쉬운가?' 또는 '효과가 빠른가?' 등이 중요한 준거가 될 수도 있다. 그러므로 아이디어를 살펴보면서 '이 아이디어는 무엇이 좋지?', 또는 '이 아이디어는 무엇이 나쁘지?' 등의 질문을 하라. 그런 다음 이러한 질문에 대한 대답을 '준거의 형식'으로 진술할 수 있다. 어떠한 준거라 하더라도 과제의 목적에 적합하지 아니한 것은 좋은 준거가 아니다.

(2) 준거를 진술하는 형식

아이디어를 평가하기 위한 '준거'는 다음의 가이드라인에 따라 진술해야 한다.

- '어느 것이 …(할까)?' 형식의 완전문장의 의문문으로 진술한다.
- 각기의 준거는 '한 가지 차원'(측면)만을 다룬다.
- '최상급'을 사용한다(어느 것이 가장 …?).
- '바라는 방향'으로 진술한다.

2. 해결책 수렴하기

단계 4의 '해결 아이디어 생성'에서는 몇 개의 유망한 해결 아이디어들을 발견해 내는 데 목적이 있었다. 그러나 '몇 개'란 것이 애매할 수도 있지만 과제에서 무엇을 성취하고 싶은가에 따라 진행 경로는 다음과 같이 세 가지로 다를 수 있다.

(ⅰ) 한두 개의 정말로 의미 있는 대안을 가지고 있는 경우

어떤 경우에는 한두 개의 해결 아이디어가 정말로 어필할 수도 있다. 이런 경우는 '해결책'을 개발하는 것이 중요하지 않을 수도 있다. '해결책의 개발'은 대안들을 단순히 판단하는 것이 아니라 그럴듯한 대안을 더욱 다듬어 보다 완전하고 강력한 것으로 만드는 데 있음을 기억해야 한다.

이런 경우에 사용할 수 있는 것이 ALoU 기법이다(4장 수렴적 사고의 ALU 기법 참조). 여기서는 먼저 적극적인 시각으로 대안이 가지고 있는 강점을 찾아보고, 다음으로 제한이나 우려 사항을 그것을 극복할 수 있는 방법과 함께 찾아보고, 마지막으로 독특하고 매력적인 잠재적 가능성을 탐색해 봄으로써 해결 아이디어를 더욱 그럴듯한 것으로 만들어야 한다.

(ⅱ) 우선순위나 등급을 매겨야 하는 경우

몇 개의 해결 대안 또는 아이디어들의 결집을 가지고 있지만 이들 모두를 사용할 수는 없는 경우이다. 이런 경우는 성공할 가능성이 가장 큰 최선의 것을 선택해야 한다. 창의력 올림피아드에서처럼 참가자들을 순위 매겨 시상해야 하는 경우도 이와 마찬가지이다.

이러한 장면에서는 쌍비교 분석법(PCA)를 유용하게 사용할 수 있다(4장 수렴적 사고의 PCA 기법 참조). 이 기법에서는 대안들을 몇 개의 준거에 따라 한 번에 한 쌍씩, 그래서 모든 쌍들을 비교하고 나면 어느 대안이 몇 번 선택되었는지를 계산할 수 있다(산출의 크기나 강도에 따라 가중치(무게)를 달리하여 비교할 수도 있다).

(ⅲ) 여러 개의 대안들을 가지고 이들을 평가하고 선택하는 경우

과제에 따라서는 아주 많은 개수의 흥미로운 해결 아이디어를 가지게 되어서 이들을 어떻게 처리해야 할지 당황할 수도 있다. 잠재력이 가장 큰 것을 찾아내려면 상세한 것까지를 고려해야 한다.

이러한 장면에서는 '평가 행렬법'을 사용하는 것이 매우 도움이 된다(4장 수렴적 사고의 평가 행렬법 참조). 여기서는 주요한 세 가지 작업을 해야 한다. 첫째는 여러 해결 아이디어들 가운데 평가 행렬법으로 평가하려는 것을 최종적으로 선정하는 것이다. 힛트, 핫스파트 등에 따라 10개 정도를 결정할 수 있다. 둘째는 가장 중요해 보이는 평가 준거를 확인해 내는 것이다. 여기서도, 다른 단계에서와 마찬가지로, 힛트와 핫스파트 기법을 효과적으로 적용할 수 있다. 그리하여 대개 보아 5~10개의 준거를 확인해 낸다. 그런 다음 선정한 준거를 반드시 충족시켜야 하는 '필수' 준거와 충족될수록 좋은 '희망' 준거의 두 가지로 나누어 본다. 그러면 필수적인 준거를 충족시키는 해결책을 확인해 낸 다음 이들 해결책이 희망하는 준거를 성공적으로 충족시킬 수 있게 수정할 수 있기 때문이다. 셋째는 선정한 준거를 적용하여 평가 행렬표를 만들고, 그를 통하여 대안의 아이디어들을 평가하고, 더욱 다듬거나 수정하는 것이다.

<표 6-1>에 있는 것처럼 왼쪽 세로 란에 평가하려는 '해결 아이디어'들을 그리고 위의 가로 란에 준거를 기입한다. 그리고 평가를 할 때는 각기의 준거에 따라 모든 아이디어를 평가 척도에 맞추어 점수를 매긴다. 평가는 예컨대 1~5점 척도를 사용할 수도 있고(1=가장 나쁜, …, 5=가장 좋은), 또는 평가하는 아이디어의 개수에 따라 평가할 수도 있다(아이디어의 수가 7개이면 '가장 좋은' 것에 7

점, 그리고 차례대로 하여, '가장 나쁜' 것에 1점을 줄 수 있다). 사용한 '준거' 가운데 중요한 정도가 상당히 다르다고 사료될 때는 '가중치'를 달리할 수도 있다. 예컨대 2배로 중요하다면 'x 2' 하여 계산할 수도 있다. 마지막으로 각기의 해결 아이디어들이 받은 점수를 합산하여 최고 점수의 것을 가장 유망한 해결 아이디어로 결정한다. 그러나 최고 점수를 받은 해결 아이디어라 하여 반드시 그것만을 사용해야 하는 것은 아니다. 그것에 같이 병합하여 사용할 수 있는 대안이 있으면 그것을 같이 '조합'하거나 또는 참고하여 수정할 수도 있다.

3. 하나의 사례

영수는 '수학과 과학 과목의 성적 올리기' 과제를 해결하기 위한 해결 아이디어로 네 개의 아이디어들을 선정한 바 있다. 여기에는 같은 반 친구들과 스터디 그룹 만들기, 보습 학습 센타 등록, 주별 스터디 스케줄 만들기 및 단과 학원 바꾸기 등의 네 가지가 포함되었다. 네 가지의 해결 대안(해결 결집)이므로 ALoU를 사용할 수도 있고, 쌍비교 분석법을 이용하여 최선의 대안을 결정할 수도 있었다. 그러나 평가 행렬표를 만들어 <표 6-1>에 있는 '평가 행렬표'의 결과를 얻을 수 있었다. 이를 위하여 먼저 몇 가지의 평가 준거를 나열해 본다음 다음과 같은 네 가지를 사용하기로 하였다: 이들은 경비, 가능성, 흥미 및 기대 결과 등이다.

〈표 6-1〉 공부 방법 평가 행렬표

준거 / 아이디어	경비	가능성	흥미	기대 결과	총 계
스터디 그룹	3	3	4	4	14
보습 학습 센터	1	1	3	2	7
스터디 스케줄	4	4	2	3	13
단과 학원	2	2	1	1	6

* 준기와 해결 아이디어는 각기 4개이며, 평정 척도는 가장 좋은 것부터 4~1점을 부여하였다.

영수는 평가 행렬표를 통하여 '친구들과 스터디 그룹 만들기'라는 대안이 최고의 점수를 받았으며, 그리하여 이것을 최선의 해결 대안으로 선정하게 된다. 그러나 다음으로 높은 점수를 받은 '주별 스터디 스케줄 만들기'도 같이 병합할 수 있음을 발견하고 친구들과 스터디 그룹을 만들어 같이 공부하고 아울러 주별로 공부 스케줄 만드는 것을 해결책으로 결정한다. 이제 영수는 이러한 최종의 해결책을 가지고 다음의 단계로 넘어갈 것이다.

연습활동

활동 Ⅰ-1

다음의 각 항목은 어떤 것을 평가하기 위한 질문들이다. 다시 말하면 평가 준거를 질문으로 표현한 것이다. 각기의 문항의 내용을 적절하게 나타내는 '준거'의 이름을 오른쪽에 적어보라(예컨대 '문항 1'의 준거명은 '비용'이다).

문항	준거
1. 어느 해결책이 돈이 가장 적게 들까?	비 용
2. 이것을 하면 누가 상처를 받지 않을까?	
3. 이 해결책은 너무 단기적인 것이라서 다시 또다시 일을 벌여야 하는 것이 아닌가?	
4. 시간이 얼마나 걸릴까?	
5. 너무 논쟁적인 것이 아닌가?	
6. 우리의 권한 내의 것인가?	
7. 지불하는 희생만큼 가치 있는 것일까?	
8. 다른 해결책과 함께 사용할 수 있는가?	
9. 오늘날 유행하는 방식과 어울리는가?	
10. 이 해결책은 도덕적인가? 이 일을 하려면 거짓말, 사기, 또는 악용 등의 나쁜 짓을 해야 하는 것인가?	

활동 Ⅰ-2

'좋아한다'(선호한다, 가치롭게 여긴다)는 것과 '평가한다'는 것은 다르다. '좋아한다'는 것은 어떤 것에 대한 선호, 태도, 신념을 말한다. 반면에 '평가 한다'는 것은 준거(기준)에 따라 판단을 내리는 것을 말한다. 물론 이들 두 가지 사이에 상관이 있을 수는 있을 것이다.

여러분들이 다 잘 알고 있는 어떤 유명한 문구 회사에서 여러분의 도움을 요청해 왔다. 이 문구 회사에서는 여러 가지의 '노트'를 만들고 있다. 이 회사에서는 학생들이 가장 좋아하는 노트가 어떤 것인지를 알아보고 그런 노트를 만들려고 한다. 당신은 이 과제를 어떻게 처리할 것인가?

활동 Ⅰ-3

다음은 '가장 좋은' 과자를 골라내기 위하여 생각해 낸 평가 준거들이다.

• 어느 과자가 …

… (가장) 바싹바싹한가?
… 오래 두고 먹을 수 있는가?
… 좋은 이름을 가지고 있는가?
… 부드러운 느낌이 드는가?
… 맛이 좋은가?
… 영양이 많은가?
… 포장이 잘 되어 있는가?
… 달콤한가?
… 값이 싼가?
… 보기가 좋은가?
… 친구들이 제일 좋아하는가?

(ⅰ) 이들 가운데 가장 중요해 보이는 세 개의 준거를 선택해 보라.

(ⅱ) 선택한 세 개의 평가 준거는 '무게'(중요도, 비중)가 비슷한가? 만약에 중요도의 정도가 상당히 다르다면 어떻게 해야 할까? 몇 가지의 과자를 샘플로 가져와서 어떤 과자를 선택할 때 사용할 수 있는 준거로 가장 적절한 것인지를 결정하라.

(ⅲ) 평가 준거는 개인이 가지고 있는 '가치관', 즉 '가치'의 차이에 따라 다를 수 있다. 그래서 팀 멤버들은 생각이 서로 다를 수 있다. 팀 멤버들의 의견이 다르면 어떻게 합의를 이끌어 낼 수 있을까?

✓ 활동 Ⅰ-4

고양이가 날마다 쥐를 잡아 갔기 때문에 엄마 쥐가 가족회의를 열었습니다. 가족회의에서 세 마리의 쥐가 각기의 생각을 아래와 같이 말하였습니다.

첫째 쥐가 말하였습니다.
"이사를 가면 좋겠어요. 이웃 마을에는 고양이가 없을 거에요."

그러자 둘째 쥐가 말하였습니다.
"이삿짐을 싸려면 힘들잖아요? 차라리 한 명씩 돌아가며 망을 보도록 해요."

그러자 셋째 쥐가 말하였습니다.
"고양이 목에 방울을 달면 어때요? 고양이가 올 때마다 방울 소리가 나니까 빨리 도망갈 수 있어요."

(ⅰ) 만약에 두 마리의 쥐가 더 있어서 이들도 모두 자신의 생각을 말한다면 어떤 말을 할 수 있을까? 상상해 보라.
- 네 번째 쥐 : ______________________
- 다섯 번째 쥐 : ______________________

(ⅱ) 어느 쥐의 생각이 가장 그럴듯한가? 가장 좋은 생각을 골라내기 위하여 사용할 수 있는 '준거'(기준)를 만든다면?

(ⅲ) 평가 행렬표를 만들어 다섯 마리 쥐의 생각 중에서 가장 좋은 것을 골라 보라. 왜 그것이 가장 좋은 아이디어인가?

활동 Ⅰ-5

세상에는 완전히 좋거나 완전히 나쁜 일이나 아이디어는 거의 없다. 다음의 각기에서 '좋은 점'은 무엇이며 '나쁜 점'은 무엇인지를 많이 생각해 보라. 그런 다음 이 활동에서 우리가 얻을 수 있는 시사점을 '준거'와 관련하여 논의해 보라.

	좋은 점	나쁜 점
• 화산이 불을 뿜는다.		
• 겨드랑이에서 날개가 난다.		
• 친구를 많이 사귄다.		

활동 Ⅰ-6

새로운 유형의 '펜'을 만들려 한다. 펜은 사용하는 개인마다 선호하는 기호가 다르기 때문에 여러 가지 유형(볼펜, 아크릴 타입, 카트리지 타입 등), 여러 가지 크기와 색채의 펜을 만들고 싶다. 그러나 개인차가 있다 하더라도 '펜'에는 아마도 '완전한 펜'이 가져야 할 기본적인 속성이 있을 것이다. 좋아하는 펜은 사람 따라 다를 수 있다. 그러나 개인의 취향을 넘어 '완전한 펜'이 가지고 있는 일반적인 속성은 어떤 것들일까?(판단 준거를 만들고 이에 따라 '펜'이 가지고 있는 '기본적인 속성'을 찾아내어야 한다)

(ⅰ) '좋은 펜'을 판단할 수 있는 준거(기준) 리스트를 만들어라(이것은 개인의 '선호'와는 관계없는 것이어야 한다). 다음과 같은 활동을 해보면 도움 될 것이다.
- 아주 엉터리라고 생각되는 '펜'은 어떤 것들인가? 특성을 나열해 보라.
- 정말로 좋은 '펜'은 어떤 것들인가? 특성을 나열해 보라.
- 펜을 살펴본다. 엉터리 펜과 그럴듯한 좋은 펜의 차이는 어떤 것들인가? 속성을 나열해 보라. 기본적인 특징을 찾아보라.

(ⅱ) 펜을 판단하기 위한 '평가 행렬표'를 만들어 현재 사용하고 있는 몇 개의 펜을 평정해 보라.

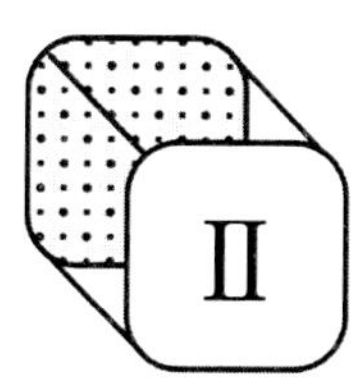

단계 6: 행위계획의 개발

이 단계에서는 앞 단계에서 선정한 해결책이 실제 세계에서 실행될 수 있도록 그것을 남들의 눈으로 들여다보고 행위의 계획을 자세하게 마련해야 한다. 좋은 아이디어와 현실에서 적용될 수 있는 '유용한' 해결책 사이에는 커다란 거리가 있을 수 있다. '단계 6'은 좋은 아이디어가 확실하게 유용한 해결책이 될 수 있도록 노력하는 중요한 단계이다. 그러므로 이 단계에서는 해결책을 실행하는 데 도움 될 수 있는 것을 극대화하고, 반대나 저항이 될 수 있는 것을 극복하거나 최소화하는 방향으로 노력하게 된다. 나아가 해결책을 실행하고 평가하고 조정하기 위한 단기 및 장기적인 행위계획을 개발해야 한다.

1. 행위계획 생성하기

유망한 해결책을 성공적으로 실행하는 데 무엇이 필요한지를 면밀하게 살펴본다. 어떤 문제에 대한 어떠한 해결책이든 간에 거기에는 실행에 도움이 되는 사람, 장소 및 기타의 조건들이 있게 마련이고, 또한 장애가 될 수 있는 사람, 장소, 기타의 조건들이 언제나 있을 수 있다. 행위계획의 생성하기에서는 해결책의 실행에 도움 되는 '조력자'(assisters)와 장애되는 '저항자'(resisters)들을 확인해 내는 것이다.

(ⅰ) 가능한 조력자의 확인

해결책이 바라는 방향으로 전개되게 하려면 어떤 것이 가장 유리하고 적합한가? 이것이 바로 '조력자'를 찾는 것이다. 그것은 도움을 받을 수 있는 사람일 수도 있고, 뒷받침하는 지원일 수도 있고, 편리한 방법이나 시기 또는 장소일 수도

〈표 6-2〉 조력자와 저항자

조력자	저항자
• 누가? 도움이 되는 사람은? • 무엇? 필요한 자원이나 물건은? • 언제? 실행을 위한 최선의 시간은? • 어디? 실행을 위한 최선의 장소는? • 왜? 가장 설득력 있게 정당화할 수 있는 것은?	• 반대하거나 비판할 사람, 불안을 느끼거나 실패하면 얻을 것이 있는 사람은? • 빠졌거나, 가용하지 않거나, 간과해버리고 있는 것은? • 실행 가능한 시간 가운데 피해야 할 시간은? • 실행을 위한 좋지 아니한 장소는? • 설득력이 없거나 기피하게 만드는 이유는?

있다. 조력자란 도움을 받고 의존할 수 있는 사람뿐 아니라 도움이 되는 다른 어떤 것일 수도 있다. 이들 각기에 대하여 가능한 여러 가지 내용을 생산해 내어야 한다. 예컨대 도움 되는 사람에는 어떤 사람이 어떻게 도움 될 수 있는지를 여러 가지로 생각해 낸다. 조력자의 내용은 <표 6-2>에 있는 바와 같다.

(ii) 가능한 저항자의 확인

잘못될 수 없는 아이디어란 거의 없다. 더욱 새롭고 독창적인 아이디어일수록 잘못될 수 있는 가능성은 더 커진다. 성공적인 문제해결자는 이처럼 잘못될 수 있는 것에 대하여 예방대책을 세울 것이다. '저항자'란 잘못되거나 문제를 일으킬 수 있는 사람, 사물, 시간, 장소 또는 행위 등이다. <표 6-2>에 있는 것과 같이 저항자에는 사람뿐 아니라 방해나 장애가 될 수 있는 다른 몇 가지가 포함된다. 우선 이들 각기의 저항자에 대하여 여러 가지의 많은 것들을 생성해 내어야 한다.

해결책을 실행할 때 장애될 수 있는 저항자들은 두 가지의 방법으로 다룰 수 있다. 하나는 저항자들을 예상하고, 가능한 대로, 그것들이 일어나지 않도록 예방하거나 회피한다. 다른 하나는 만약에 그것을 사전에 방지할 수 없다면 일어났을 때 그것을 극복하거나 처리할 수 있는 방법을 생각해 내는 것이다.

그런데 한 가지 더 주목해야 할 것이 있다. 조력자와 저항자들을 발산적으로 많이 생성해 내다보면 어떤 것은 '조력자'이면서 동시에 '저항자'일 수도 있다. 이러한 내용은 특별히 중요한 것이기 때문에 각별히 고려해야 한다.

(ⅲ) 잠재적인 행위와 행위단계 생성해 내기

해결책을 실행하기 위해서 취해야 할 '행위'들을 가능한 대로 자세하게 브레인스톰 하여 리스트를 만들어 본다. 그리고 이들을 실행하기 위한 몇 개의 구체적인 단계들을 계획한다.

2. 행위계획 수렴하기

생성해낸 조력자와 저항자 그리고 가능한 행위들을 정리하고 수렴하여 이제는 해결책을 실제에서 실행할 수 있는 '완전한 행위계획'을 만들어야 한다.

(ⅰ) 많은 조력자와 저항자들을 나열하고 나면 이제 당신은 '어느 것이 중요하게 다루어야 할 것인가?'라고 질문하면서 핵심적인 조력자들을 찾아내어야 한다.

그리고 이들을 어떻게 활용할 수 있는지를 고민해야 한다. 다음으로 의미있는 저항자를 체크하고 이들을 예방하거나 대응할 수 있는 아이디어를 생산해야 한다. 그리고 잠재적으로 보아 조력자일 수도 있고 동시에 저항자일 수도 있는 것은 조력을 최대화하고 저항을 최소화할 수 있는 방법을 탐색해 낸다.

(ⅱ) 해결책을 실행하기 위하여 수행해야 할 여러 행위들을 살펴본다.

그리고 이들 가운데 중요해서 반드시 수행해야 할 것 같이 보이거나 수행하는 것이 좋을 것 같은 것들을 체크한다. 그리고 그것들을 실행하는 데 요구되는 자원은 무엇이며, 누가 관여하며 어디서 수행할 것이며, 어떻게 실행할 것이며 그리고 그들은 왜 중요한 것인지 등을 질문하고 거기에 대한 대답을 나열한다.

그런 다음 이러한 행위들을 이미 생성해 낸 바 있는 '몇 개의 구체적인 단계'에 따라 전체적으로 조직해야 한다. 목적은 언제나 진술한 문제의 목표를 달성하기 위한 행위계획을 만드는 것임을 유의하는 것이 중요하다. 다시 말하면 의도하는 행위를 전체적으로 파악하고 모든 것은 '이 문제를 해결하기 위하여 내가 목표하는 것은 …'이란 시각에서 진행되어야 한다. 행위계획은 구체적이고 상세해야 한다.

행위계획이 얼마나 장기적인 것이어야 하는지는 과제에 따라 다를 수 있다. 그러나 일반적으로는 다음과 같은 세 가지의 행위 기간 수준이 포함되게 하는 것을 권고하고 있다.

(i) 24시간 단계

다음 24시간 내에 취하려는 행위: 행위 하기 전에 오래 기다릴수록 해결책을 실제로 행동에 옮길 가능성은 줄어든다. 그러므로 다음 24시간 내에, 실패하는 일 없이, 바로 실행할 수 있는 한두 개의 구체적 행위를 나열한다. 그리하여 과제에 확실하게 '발을 담그는' 것이다.

(ii) 단기적 단계

단기간 내에 즉시로 취하려는 행위: 당신의 계획을 진행시켜 갈 수 있는 몇 개의 단기적인 수준을 계획한다. '단기'를 어떻게 생각할 것인지를 결정한 다음 그러한 시간 구조에서 실행하려는 행위를 나열한다.

(iii) 장기적 단계

보다 긴 시간 내에 취하려는 행위: 마지막으로 과제의 전체적인 스케줄과 상황의 요구에 따라 '장기'를 정의하고 거기에서 당신이 수행하려는 구체적인 행위들을 나열한다. 시작할 수 있는 행위계획을 가지는 것이 중요하다.

개발한 행위계획은 실제로 실행해 가면서 무슨 일이 일어나느냐에 따라 수정하거나, 삭제하거나 또는 추가하는 것이 필요해질 수도 있다. 여기서는 두 가지가 중요해 보인다. 첫째, 당신은 자신이 개발한 행위의 계획을 '통제'할 수 있어야 하며 그래서 필요에 따라 언제든지 그것을 적절하게 관리할 수 있어야 한다. 둘째는 실행의 전체를 자세하게 기록해야 한다. 무엇을 했는지, 무엇이 어떻게 성공했거나 실패했는지 그리고 다음에 실행할 필요가 있는 것은 무엇인지 등을 자세하게 기록해야 한다. 아울러 계획과 거기에 대한 실행의 행위를 어떻게 평가할 것인지도 검토해야 할 것이다.

3. 하나의 사례

앞 단계에서 영수는 여러 해결 아이디어에 기초하여 최종적으로 '해결책'을 선정해 보았다. 그것은 '친구들과 스터디 그룹을 만들어 같이 공부하고 아울러 주별로 공부 스케줄을 만드는 것'이었다. 이제 영수는 이러한 해결책을 실제로 실행하기 위한 '행위계획을 개발'해야 한다. 먼저 조력자와 저항자들을 생각해 보았는데 거기에는 다음의 것들이 포함되었다.

조력자	저항자
• 부모님	• 자율 학습시간
• 선생님	• 오후 8시 이후
• 학교 자료실	• 부모님
• 우리집	• 공부 잘하는 친구
• 주말 시간	• 학원 시간
• 동생	• 교통

조력자와 저항자들을 정리해 본 다음 영수는 해결책을 실행하기 위한 계획을 단계에 따라 나열해 보기 시작하였다.

(i) 부모님께 계획을 말씀드리고 '우리 집'에서 스터디 하는 것이 가능한지를 확인해 본다.

(ii) 특히 과학과와 수학과 성적이 좋고 또한 인간적으로 소통할 수 있고 나를 도와줄 수 있는 A, B, C 세 명의 친구와 차례대로 접촉하여 계획을 이야기 한다. 일단 몇 명의 동의를 받으면 같이 모여 세부적으로 논의한다.

(iii) 각자의 스케줄을 확인하고 스터디 시간과 장소를 결정한다. 학교 자료실이나 우리집이 적당해 보이지만 어느 것을 결정하느냐에 따라 필요한 접촉을 한다. '학교 자료실'인 경우는 선생님과 도서 선생님, '우리집'인 경우는 어머니의 도움을 구할 것이다.

(iv) 선생님에게 그룹에서 공부하려는 것을 이야기 드리고, 가능한 대로 지도하고 평가해 주실 것을 요청한다.

(v) 두세 번 미팅을 가진 다음은 그 사이의 진행을 점검하고 무엇을 수정할 것인지를 확인한다. 그리고 선생님의 반응도 알아볼 것이다.

연습활동

활동 Ⅱ-1

박물관을 견학하는 계획서를 만들려고 한다.

(1) 견학을 가기 전에 미리 생각해 보아야 할 것들을 할 수 있는 대로 많이 생각해 보라. 계획을 세우는 데 필요한 것들을 많이 생각해 보라.

(2) 이제 생각해 낸 많은 아이디어를 쭉 훑어본다. 이들은 어지럽게 섞여 있기 때문에 '정리'가 필요할 수 있다. 한 가지 방법은 견학에 필요한 몇 가지의 '사항'들을 정리한 다음 이에 따라 구체적인 내용들을 정리하는 것이다. 예컨대 '견학할 내용', '방문 스케줄', '준비물', '주의할 점' 등이 있을 것이다.

(ⅰ) 비슷한 것끼리 묶음 할 수 있는 '기준' 되는 '사항'들을 더 생각해 보고 마지막으로 네 가지를 골라 보라.

(ⅱ) 취하려는 행위들을 진행시간 순서에 따라 정리한 다음 견학 계획서를 구체적으로, 그리고 가능한 자세하게 서술해 보라.

활동 Ⅱ-2

당신이 가입해 있는 고등학교 동기회에서는 한 달에 한 번씩 저녁 모임을 갖고 있는데, 순번이 되면 한 사람이 모임의 모든 프로그램을 책임지고 모든 것을 준비해야 한다. 다음 모임은 당신의 차례이다. 모두가 즐겁고 만족해 할 수 있는 동기회 모임을 만들고 싶다.

(ⅰ) 계획 세우는 데 필요한 정보에는 어떤 것들이 있는가?

(ⅱ) 진행의 순서에 따라 개략적인 행위계획서를 만들어 보라.

활동 Ⅱ-3

구내 식당의 음식의 질이 떨어지고, 종업원이 불친절하다고 여러 사람들이 불평하고 있다. 같이 모여 토의해 본 결과 아래와 같은 '해결책'에 합의하였다.

이 해결책이 제대로 실행되려면 실행하기 전에 일어날 수 있는 어려움들을 미리 생각하고, 필요하면 해결책이 수용되게 수정할 필요가 있을 수도 있다. 식당 지배인은 완고하고 보통 사람이 아니다.

- 식당 지배인에게 시정을 요구하고 필요하면 지속적으로 혁신 캠페인을 벌인다.

(ⅰ) 해결 아이디어가 지배인의 인정을 받을 수 있을까? 그럴 가능성은 거의 없다.

- 어떤 일이 벌어질 수 있을까?
- 지배인이 실상을 인정하고 식당이 달라지게 하려면 어떻게 해야 할까?
- 도움이 될 수 있는 '조력자'들을 나열해 보라.
  - 누가 도움이 될까?
  - 어느 날, 어느 시간이 적당한가?
  - 어디서 할까?
  - 언제 구체적인 계획을 세울까?
  - 어떤 방법이 있을까?

(ⅱ) 방해가 될 수 있는 '저항자'들을 나열해 보라.

- 어떤 문제가 생길 수 있는가?
- 이 해결책의 약점은? 보태거나 수정해야 할 것은?
- 누가 반대할까?
- 어떤 시간은 피해야 할까?
- 일이 생기면 어떻게 대처할 수 있을까?

(ⅲ) 해결책을 실행하는 데 필요한 '행위'들을 구체적으로 자세하게 나열해 보라. 앞에서 알아본 조력자와 저항자들을 고려한다.

(ⅳ) 이제 이러한 '행위'들을 '시간 스케줄'에 따라 정리해 보라. 그리고 필요하면 각기의 행위에 대한 '책임자'도 같이 제시한다.

활동 Ⅱ-4

이 책의 제목은 'CPS 창의적 문제해결'이다. 그런데 이제 이 책을 광고하고 '표지'도 디자인해 보려고 한다고 해 보자.

(ⅰ) 먼저 이 책이 담고 있는 핵심적인 내용을 확인해서 그것을 요약하여 정리해 보라. 한두 단락 정도의 길이로 한다.

(ⅱ) 이들 가운데 하나 또는 두 개를 최종적으로 골라 이것을 광고 문안이나 '슬로건'으로 진술해 보라. 그리고 선정한 내용이 잘 표현될 수 있게 책의 표지를 디자인해 볼 수도 있다.

활동 Ⅱ-5

직장인 중에 어떤 사람은 자신의 업무 노하우를 요약 정리하는 전자책을 만들어 펀딩을 하고 있다. 그리고 그 수익으로 재테크를 한다. 전자책은 또 다른 전자책을 만들게 하고, 온라인 강의에 사용할 수도 있다. 그런데 C씨는 자신만의 업무 노하우 중에서도 어떤 내용의 전자책을 만들지를 고민하고 있다. 전자책을 사는 사람들은 그들이 짧은 시간 동안 필요한 정보를 얻기 위해 전자책을 돈을 지불하여 구입한다. C씨는 행위계획을 개발하기 위해 조력자와 저항자를 찾아보고 구체적인 행위계획을 개발하고자 한다.

(ⅰ) 어떤 내용의 전자책들이 가능할까?

(ⅱ) 전자책을 만들기 위하여 수행해야 할 '행위'들을 나열해 보라.

(ⅲ) 가능한 조력자와 저항자들을 나열해 보라.

(ⅳ) 이제 생각해 낸 조력자와 저항자들을 고려하면서 해결을 위한 이들 '행위'들을 시간 순서에 따라 정리하여 '행위계획'을 만들어 보라.

(ⅴ) 행위계획을 실제로 실행해 간다면 어떤 것들을 '확인'하고 필요하면 수정하거나 보완해야 할까?

CHAPTER

07

창의적 문제해결: 미니 버전

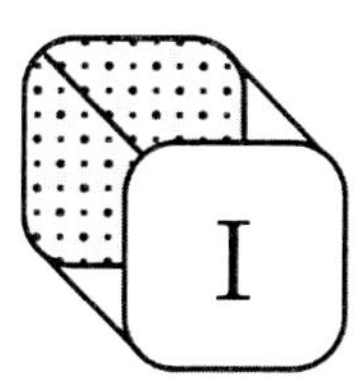

창의적 문제 해결의 과정

CPS 창의적 문제해결의 미니 버전은 CPS의 과정 요소와 단계의 '개념'을 쉽게 기억하고, 전체적으로 이해하여 문제해결의 과정을 자연스럽게 활용하기 위한 것이다. 같이 제시하고 있는 간단한 시각적인 '활동 양식'도 각기의 내용을 회상하고 활용하는 데 도움 될 것이다. 이미 익힌 바와 같이 CPS 창의적 문제해결의 과정에는 3개 과정 요소와 6개 단계가 있다. 그리고 앞에서 다루었던 여러 '연습활동'들 가운데 필요하다고 생각되는 것들을 골라 활동의 포인트와 정답을 제시하고 있다. 또한 몇 가지 사고기법들의 '활동양식'도 찾아볼 수 있다.

Ⅰ. 과정 요소Ⅰ: 문제의 확인/발견

(1) 이 요소의 목적은 문제를 확인하거나 발견하고, 그것을 '적절한' 범위 수준의 문제로 진술하는 것이다.

'적절한'이란 너무 넓어 막연하지 아니하고, 또한 너무 좁아 창의적인 사고가 불필요해지지 않는 수준을 말한다.

(2) '문제가 제시되어 있지 않는 경우'는 프로젝트가 다루어 갈 문제를 발견해야 한다.

여기에는 두 가지 경우가 있을 수 있다. 하나는 토픽과 장면의 내용이 주어져 있는 경우이다. 이는 대부분의 교과 수업의 경우인데 거기서는 '단원 이름'과 '단원의 내용'이 제시되어 있다. 다른 하나는 '토픽'조차 주어져 있지 않는 경우이다. 새로운 변화를 위하여 무엇을 해야 하기는 해도 어디서부터 손을 대야 할지를 모르는 경우이다. 예컨대 어떤 글을 쓰기는 해야 하는데 무엇에 대하여 글쓰기 할지를 모르는 경우이다. 이런 경우는 '단계 1'에서 시작하여 '토픽'을 찾고 그에 포함되어 있는 하위 영역의 '도전들을' 발견하고, 자료를 수집하고, 최종적으로 가장 중요한 하나의 '핵심 도전'을 찾아, 그것을 글쓰기의 '핵심의 문제'로 진술해야 한다.

(3) '문제가 제시되어 있는 경우'는 이를 확인하는 '단계 3'에서 시작한다.

이러한 경우에도 현재의 문제를 더 넓게 포섭하고 있는 '토픽'과 이와 관련한 '토픽 영역'(도전들)들을 알아보면 도움된다(단계 1). 또한 관련한 주요 정보/자료들을 수집하면(단계 2) 문제를 전체적으로 이해하는데 도움된다. 최종적으로 적절한 추상성 수준의 문제를 공식적으로 진술한다. 이때 사용하는 주요 기법은 '추상화 사다리 기법'이다.

단계 1: 도전의 발견

보다 넓고 막연한 것을 '도전'이라 하고, 좀 더 구체적 수준의 것을 '문제'라 부르지만 이들을 구분하지 아니하고 사용할 수도 있다. 어떻든 도전이란 문제, 기회, 이슈, 관심사 등이며 이들은 '걱정거리'이며 또한 기회이기도 하다.

(1) 도전 생성하기

(i) 질문과 브레인스톰

걱정되거나 다루어야 할 여러 가지 도전, 문제, 걱정들을 발산적 질문을 하거나 브레인스톰 하여 기회/도전을 여러 가지로 생산해 낸다.

(ii) WiBAI와 WiBNI

여러 기회/도전을 찾기 위한 질문에는 두 가지의 방식이 있다.

• WiBAI

(Wouldn't It Be Aweful If …, 만약에 …, ––– 큰 일이 아닐까?) 라는 형식으로

질문하여, 걱정스러운 것, 피하거나 고치면 좋을 것 같은 '도전'들을 발산적 사고한다.

• WiBNI

(Wouldn't It Be Nice If …, 만약에 …, ─ ─ ─ 좋지 않을까?) 식의 질문으로 바라는 소망, 희망, 꿈, 기회, 가능성들을 브레인스톰 한다.

WiBAI와 WiBNI에 따른 발산적 사고가 종료되면 WiBAI를 통하여 생산해 낸 부정적인 것들은 모두 WiBNI의 것과 같은 긍정적인 것으로 바꾼다. 도전/문제를 적극적이고 긍정적인 것으로 진술해야 우리는 열정을 가지고 건설적인 방향으로 문제를 찾고 그것을 해결해 갈 수 있기를 기대할 수 있다. 사실 '도전'이란 '기회'이다. 그러므로 보다 정확하게 표현하면 '도전/기회'이다.

(2) 도전의 진술

'도전'은 추구해 가는 목표와 방향을 제시할 수 있게 '3B'의 요령에 따라 간략하게 진술한다.

• 넓게(Broad)
• 간단히(Brief)
• 긍정적으로(Beneficial)

(3) 도전의 선택

생성해 낸 여러 도전/기회들 가운데 가장 중요하고 그럴듯해 보이는 한 개를 핵심 도전으로 결정한다. 핵심 도전을 결정할 때는 그러한 도전을 해결했을 때 미치는 영향, 흥미, 요구되는 상상력 및 중요성 등의 요인을 고려해야 한다.

단계 2: 자료의 탐색

선택한 '핵심 도전'이나 제시하고 있는 '문제'를 중심으로 토픽 전체에 대한 자료/정보를 탐색하여 다루는 '도전/문제'를 전체적으로, 그리고 깊게 구조적으로 이해해야 한다.

(1) 자료 탐색의 생성하기

(ⅰ) 자료의 유형

- 사실적 정보: 객관적 사실의 정보
- 정의적 정보: 의견, 감정, 태도
- 퍼지성 정보(fuzzy): 과제 관련의 불확실한 내용의 정보

(ⅱ) 6하 질문에 따른 자료/정보의 수집

- 누가?
- 무엇을?
- 언제?
- 어디서?
- 왜?
- 어떻게?

(2) 자료 탐색의 수렴하기

(ⅰ) 힛트와 핫 스파트 찾기

(ⅱ) 전체의 조직화

토픽과 핵심도전에 관한 여러 자료/정보가 가지고 있는 전체적인 형태와 경향의 파악한다. 그리고 보다 중요한 자료/정보가 어느 것인지를 확인한다.

자료 수집

도전의 장면을 위하여 문제 해결에 도움 되는 자료를 수집한다.

아는 것	알 필요가 있는 것

단계 3: 문제의 발견

(ⅰ) '문제가 사전에 미리 제시되어 있는 경우'는 이를 확인한다.

이러한 경우라도 '단계 1'과 '단계 2'를 통하여(경우에 따라서는 간단히라도) 문제의 토픽과 관련된 가능한 하위 문제들을 확인하고 찾아본다. 그리고 이들과 관련한 자료를 탐색한다. 그런 다음 '문제 진술'이 적절한지, 추상성 수준을 살펴보고 재진술할 수 있는지 등을 검토한다.

(ⅱ) '단계 1'과 '단계 2'를 통하여 '핵심 도전'을 발견해 낸 경우는, 이제 이것을 '문제 진술의 형식'에 맞추어 진술한다.

그런 다음 이러한 '시초의 문제 진술'을 기초로 문제가 너무 넓은지, 아니면 너무 구체적이고 좁은지를 살펴본다. 필요하면 문제의 진술을 여러 가지로 다르게 해 보고, 그리하여 최종적인 문제 진술을 선택한다.

(ⅲ) 훌륭한 문제 진술에 필요한 네 가지 요소

(ⅰ) 초대적인 어간: '어떻게(하면) …?'와 같은 의문문의 어간

(ii) 문제의 소유자/행위자

(iii) 행위 동사

(iv) 목적(목표)

(1) 문제 진술 생성하기

(i) 키워드 바꾸어 보기

'시초의 문제 진술'을 한다. 그런 다음 거기에 있는 '동사'나 '목적'(또는 행위의 대상), 또는 동사와 목적 모두를 여러 가지로 바꾸어 본다. 그리고 이들을 여러 가지로 조합해 보면서 새롭게 문제 진술한다.

(ii) 추상화 사다리 기법

'시초의 문제 진술'을 한다.

여기에 대하여 '왜?' 또는 '또 왜?'를 묻고 거기서 얻은 대답을 가지고 새롭게 문제 진술하면 보다 더 추상적인 문제 진술이 된다('추상화 사다리'를 올라가게 된다). 반대로 '어떻게?' 또는 '또 어떻게?'를 질문하고 거기서 얻은 대답을 새롭게 문제 진술하면 좀 더 구체적인 문제 진술이 된다('추상화 사다리'를 내려가게 된다).

(2) 문제 진술 수렴하기

문제를 여러 가지로 재진술 해 본 다음 이들 가운데 가장 그럴듯해 보이는 문제 진술 한 개를 선택한다.

(i) 가장 두드러진 문제 진술 선택

(ii) 하이라이팅 기법 사용

(iii) ALU 사용 등

문 제

• 수집한 자료를 활용하여 몇 개의 가능한 문제 진술을 만든다. – 어떻게 하면 ..., (또는) 어떤 방법으로 하면 ...   • 많은 재미있고 독창적인 아이디어들을 생성해 내는 데 사용할 수 있는 한 개의 문제 진술을 선택한다.

Ⅱ. 과정 요소 Ⅱ: 아이디어 생성

(ⅰ) 문제를 확인/발견하고 이를 효과적으로 진술하고 나면 이제는 이를 해결하기 위한 여러 가지의 해결 아이디어들을 생산해 내어야 한다.

(ⅱ) 단계 4: 해결 아이디어의 생성'에서는 많은 해결 아이디어들을 발산한 다음 '몇 개의 유망한 아이디어들을' 결정한다. 그런 다음 '단계 5: 해결책의 개발'에서 가장 그럴듯한 한 개의 아이디어(또는 몇 개 아이디어 조합)를 선택하거나 새롭게 조합하여 만든다.

단계 4: 해결 아이디어의 생성

(1) 해결 아이디어 생성하기

(ⅰ) 많은, 다양한, 독특한 아이디어들을 브레인스톰 기법 등을 사용하여 생성해 낸다.

(ii) 기타의 적절한 발산적 사고 도구를 사용한다.

- 아이디어 체크리스트
- 속성 열거법
- 강제 결부법 등

(2) 해결 아이디어 수렴하기

• 힛트와 핫 스파트 등의 기법을 사용하여 몇 개의 유망한 해결 아이디어를 수렴하여 선택한다.

해결 아이디어

• 진술한 문제에 대하여 할 수 있는 대로 많은 아이디어들을 생성한다.

• 그런 다음 몇 개의 유망한 해결 아이디어를 선택한다.

Ⅲ. 과정 요소 Ⅲ: 행위를 위한 계획

(ⅰ) 선정한 '몇 개의 해결 아이디어' 가운데 문제를 해결하는 데 가장 중요한 한 개(또는 몇 개의 아이디어를 조합한 한 개)를 결정하고, 이에 따라 '해결책'을 만든다.

(ii) 개발해 낸 '해결책'을 실제에서 행위하고 그래서 문제를 해결하여 결과/산출을 얻을 수 있는 자세한 '행위계획'을 만든다.

단계 5: 해결책의 개발

(1) 해결책 생성하기

(ⅰ) 준거의 생성

몇 개의 해결 아이디어 가운데 최종적으로 한 개(또는 몇 개를 조합한 한 개)를 선정하기 위한 '준거'(기준)를 발산적 사고한다.

- 일반적인 준거 CARTS(비용, 수용, 자원, 시간, 공간)
- 목적에 적합한 준거

(ⅱ) 준거를 진술하는 형식

- '어느 것이 … (할까)?' 형식의 의문문으로 진술한다.
- 각기의 준거는 한 개의 차원만을 다룬다.
- '최상급'을 사용한다.
- '바라는 방향'으로 진술한다.

(2) 해결책 수렴하기

주로 가지고 있는 해결 아이디어의 개수에 따라 적절한 사고도구를 사용한다.

(ⅰ) 한두 개의 정말로 의미 있는 대안을 가지고 있는 경우

- ALoU 사용

(ⅱ) 우선순위나 등급을 매겨야 하는 경우

- 쌍비교 분석법 사용

(ⅲ) 여러 개수의 대안을 평가하고 선택하는 경우

- 평가 행렬법 사용

해 결 책

- 아이디어들을 비교, 개선 또는 평가할 수 있는 여러 개의 '준거'를 생각해 낸다: 생각해 낸 준거들을 적는다:
  - 가장 중요한 준거를 선택하여 아이디어를 분석하는 데 사용한다.
  - 가장 유망해 보이는 아이디어는(또는 아이디어들의 조합)?

- 선택한 해결 아이디어들을 기초하여 '해결책'을 만든다.

단계 6: 행위계획의 개발

(1) 행위계획 생성하기

(i) 가능한 조력자 확인: 도움이 될 수 있는 사람, 시간, 장소 등

(ii) 가능한 저항자 확인: 장애가 될 수 있는 사람, 시간, 장소 등

(iii) 잠재적인 행위와 행위 단계 생성해 내기

(2) 행위계획 수렴하기

(i) 핵심적의 조력자와 저항자 확인

(ii) 실행을 위한 여러 가지의 행위를 생성해 낸 다음 이들을 행위 단계에 따라 전체적으로 조직화

(3) 행위 단계

(i) 24시간 단계의 행위계획

(ii) 단기 단계의 행위계획

(iii) 장기 단계의 행위계획

– 진행의 점검, 관리와 조정 그리고 평가를 위한 계획을 마련한다.

수 용

• 조력자와 저항자들을 확인하고 가장 유망해 보이는 아이디어들을 가지고 행위계획을 '유용한 아이디어'로 만들 수 있도록 "누가, 무엇을, 언제, 어디서, 왜" 등의 질문을 한다.

조 력 자	저 항 자

행위계획

• 이제 '단계'에 따라 '행위계획'을 가능한 대로 구체적이고 상세하게 적는다.

1. (24시간 단계)

2. (단기 단계)

3. (장기 단계)

창의적 문제해결– 점검을 위한 활동

활동 1

다음은 CPS 창의적 문제해결의 전체 과정에서 중요하게 사용되고 있는 '기법'들이다.

(ⅰ) 각기는 주로 어떤 경우에 그리고 어떤 목적으로 사용할 수 있는가?

(ⅱ) 각기의 기법을 사용할 때 특별히 유의해야 할 사항은 무엇인가?

- ALU(ALoU)
- SCAMPER
- 브레인스토밍 기법(brainstorming)
- 추상화 사다리 기법(ladder of abstraction)
- 평가 행렬법(evaluation matrix)
- 강제 결부법(forced connection method)
- 쌍비교 분석법(PCA)
- 하이라이팅(highlighting)
- 형태 분석법(morphological matrix)

활동 2

다음에는 CPS 창의적 문제해결의 단계의 이름과 각기가 하는 일을 서술하고 있다. 바르게 짝지워 보라.

CPS 단계	하는 일
- 도전의 발견	A. 핵심적인 도전을 골라 여러 가지로 문제 진술해 보고 그런 다음 많은 대안들을 자극할 수 있는 문제 진술을 만들기
- 자료의 탐색	B. 목적을 넓게 확인하고 도전이나 기회를 긍정적이고 건설적으로 진술하기
- 문제의 발견	C. 과제를 다루기 위한 많은, 다양한 그리고 독창적인 가능성들을 생각해 내고, 그런 다음 가장 유망해 보이는 대안을 선택하기
- 해결 아이디어의 생성	D. 집중할 수 있는 가장 중요한 영역을 알아보기 위하여 여러 가지의 견해나 시각에서 어떤 일반적인 목적, 과제 또는 장면의 내용들을 알아보기
- 해결책의 개발	E. 성공적인 행위를 보장할 수 있는 해결 아이디어를 선택하고, 이를 토대로 문제해결하기 위한 구체적인 계획 만들기
- 행위계획의 개발	F. 가장 유망한 해결책을 분석하고, 다듬기 하고 또는 선택하는 데 도움 될 수 있는 전략과 도구를 선택하고 사용하기

활동 3

다음에는 4개의 과제가 있다. 각기의 과제는 CPS의 어느 단계에서 시작하는 것이 적절할까? 물론이지만 CPS 사용이 부적절한 과제도 있을 수 있다.

- (　　　　　) 나는 이 프로젝트에서 무엇을 어떻게 해야 할지는 알고 있다. 그러나 다른 사람들의 도움이 없이는 먹혀들 것 같지가 않아.
- (　　　　　) 나는 지금의 이 문제를 해결할 수 있을 것 같은 여러 가지 아이디어가 필요해. 어떤 아이디어는 시도해 보았지만 만족할 수가 없고.
- (　　　　　) 나는 새로운 프로그램을 가지고 있는데 실천요령도 USB에 모두 실려 있지. 거기에는 지금의 과제를 성취하는 데 필요한 모든 정보와 행위 단계가 담겨 있다.
- (　　　　　) 우리 회사가 돌아가는 것을 보면 분명히 무엇이 잘못 된 것 같아. 그러나 그것이 무엇인지 꼬집어 말할 수는 없지만.

활동 4

어느 한 구내식당에서는 청결하고 고급스러움을 더하기 위하여 종이 접시나 플라스틱 수저 등을 사용하지 아니하고 고급의 은으로 만든 제품을 사용하고 있다. 그런데 엄청난 문제가 있는 것 같이 보였다. 식사를 한 다음 사용했던 접시와 수저를 휴지통에 내던져 버리는 사람이 상당히 많았다. 버린 것을 보충하기 위하여 새로 구입하려면 비용이 많이 든다. 그래서 관리자는 크게 화가 났다. 우리 특활 팀에서 이 문제를 심각하게 다루어 달라는 부탁을 받았다. 아래에는 우리 특활 팀이 창의적 문제해결의 '단계'들을 여러 가지로 적용해 볼 수 있는 것들이 있다. 각기에서 기술하고 있는 것이 창의적 문제해결의 어느 '단계'의 것인지 '단계의 이름'을 확인해 보라.

(i) 특활 팀과 식당 지배인이 함께 모여 해결책을 실행하는데 누가 도움이 될 수 있으며, 누가 장애가 될 수 있는지를 생각하였다. 그런 다음 최선의 해결책을 실행하기 위한 구체적인 '행위계획'을 만들었다.

- 창의적 문제해결 단계: ______________________________

(ii) 식당 지배인은 특활 팀과 함께 여러 가지의 중요한 사실과 자료들을 살펴보았다.

- 창의적 문제해결 단계: ______________________________

(iii) 특활 팀과 식당 지배인은 자신들의 아이디어들을 평가하기 위하여 사용할 수 있는 여러 '준거'를 생각해 내었다. 그런 다음 이들 준거를 사용하여 각기의 아이디어들을 평가하였다.

- 창의적 문제해결 단계: ______________________________

(iv) 특활반에서는 지금의 문제를 공식적으로 진술하기 위한 가능한 여러 방법을 생각하였다. 그런 다음 식당 지배인은 문제를 핵심적으로 가장 잘 진술하고 있는 것으로 "어떻게 하면 우리가 …"의 의문문으로 되어 있는 것 하나를 선택하였다.

- 창의적 문제해결 단계: ______________________________

(v) 특활 팀과 식당 지배인은 진술한 문제를 해결할 수 있는 새롭고 독창적인 여러 아이디어들을 생산해 내기 위하여 브레인스토밍과 기타의 발산적 사고도구를 사용하였다.

- 창의적 문제해결 단계: ______________________________

(vi) 특활 팀에서는 이 과제에는 식당 지배인이 중요한 사람이라 생각하고 그를 초대하여 같이 작업했으면 좋겠다고 제안 하였다.

- 창의적 문제해결 단계: ______________________________

활동 5

다음에 있는 각기의 질문에 가장 맞는 대답을 선택하라(문제에서 특별히 말하지 않으면 한 개만을 선택하라).

(1) '행위계획의 개발'의 주목적은?
가. 유망한 해결책을 실행하는 계획 세우기
나. 다른 사람들의 반대를 제거하기
다. 당신의 최초의 아이디어가 최선이란 것을 사람들에게 설득하기
라. 새로운 문제해결 기회를 발견하기

(2) "IWWM …"을 바르게 말하고 있는 것은?
가. I Wonder Who Might …
나. In What Ways Might …
다. In What Way Must …
라. If We Want Money …

(3) '판단 지연'의 의미는?
가. 창의적 아이디어는 절대로 평가하지 말라.
나. 대안들을 생성해 내고 있을 때는 평가하지 말라.
다. 비판은 정중하게 진술하라.
라. 정말로 좋은 아이디어만 칭찬하라.

(4) '핵심문제의 선정과 진술'의 주목적은?
가. 문제를 해결하기 위한 많은 아이디어들을 생성하는 것
나. 최선의 것을 발견하기 위하여 해결책들을 분석하는 것

다. 문제해결을 위하여 과거에 했던 노력을 점검하는 것
라. 열린, 표적에 맞춘 그리고 아이디어 초대적인 질문을 발견하거나 창의하는 것

(5) '도전의 발견'에 맞는 진술은?
가. 걱정거리나 장애을 진술하는 것이 중요하다.
나. 걱정거리와 장애는 부정적인 것이기 때문에 진술하지 말아야 한다.
다. 과제에 대한 이해를 건설적인 면에 초점을 두도록 도와준다.
라. 대부분의 사람들은 자연적으로 문제란 정말로 긍정적인 기회를 생각한다.

(6) '자료의 탐색'에 맞는 것은?
가. 모르는 것이 아니라 아는 것을 다룬다.
나. 감정이나 정서는 다루지 아니한다.
다. 과제에 관한 어떤 사실이 정확한지를 밝힌다.
라. 정보, 감정, 인상, 관찰 및 질문을 포함하여 다룬다.

(7) '창의적 문제해결' 방법을 바르게 서술하고 있는 것은?
가. 여타의 과학적 방법과 동일하다.
나. 정확한 순서를 조심스럽게 따라가게 하는 '규칙'이다.
다. 변화를 경영하고 문제를 해결하는 데 도움을 줄 수 있는 '구조화된 접근' 체제이다.
라. 창의적인 사람이 되는 데 도움 될 수 있는 가장 중요한 6개의 단계이다.

(8) '도전의 발견' 단계의 주목적은?
가. 문제를 해결하기 위한 많은 아이디어들을 생성하는 것
나. 아이디어를 생각할 때 사용하는 구체적인 문제를 만드는 것
다. 문제에 대한 사실과 질문들을 많이 고려하는 것
라. 토픽에 관한 하위 도전들을 분명하게 이해하는 것

(9) 여러 새로운 아이디어를 생성해 내는 데 유용한 도구일 수 있는 것은?(1개 이상 일 수 도 있다)
가. 브레인스토밍
나. 평가 행렬법
다. 속성 열거법
라. SCAMPER
마. 쌍비교 분석법

(10) 좋은 문제 진술의 한 부분이 될 수 있는 것은?(하나 이상일 수도 있다)
가. 아이디어들을 초대하는 어긴
나. 구체적인 평가 준거

다. 하나의 행위 동사
라. 문제의 소유자(행위자)
마. 중요한 자료의 리스트
바. 행위계획

(11) '긍정적 판단'에 포함되는 것은?
가. 어떤 사람의 아이디어나 계획을 반대하는 최선의 이유를 말하는 것
나. 대안을 개선 또는 강대화하기 위하여 건설적으로 작업하기
다. 어떤 새로운 아이디어가 작동하지 아니할 이유를 정직하게 지적해 주기
라. 어떤 아이디어가 최선인지 투표하기

(12) 대안들을 선택, 분석 및 다듬기 할 때 유용하게 사용할 수 있는 3개의 도구는?
가. 관계를 시각적으로 확인하기
나. 쌍비교 분석법
다. ALU
라. SQ3R 방법
마. 속성 열거법
바. 평가 행렬법

(13) 행위계획에서 24시간 수준의 것이 중요한 이유는?
가. 시작한 계획을 시작하여 끝마칠 가능성이 커지기 때문
나. 해결책에 대한 이해를 확인할 수 있기 때문
다. 당신이 그들의 아이디어를 정말로 좋아하는지 않는지를 보여주기 때문
라. 문제해결에서 가장 창의적인 부분이기 때문

(14) 창의적 문제해결의 6단계는 더 크게 보면 3개의 과정 요소로 나눌 수 있다. 왜 그럴까?
가. 더 빠르게 진행하기 위해서
나. 집단이 보다 창의적으로 일하도록 도움주기 위해서
다. 사람들은 '3'을 더 잘 기억해서
라. 창의적 문제해결의 자연스럽고 융통성 있는 접근을 잘 표현하기 위하여

(15) 효과적인 '수렴'(초점화)에서 중요한 가이드라인은?
가. 새로움과 독특한 점을 고려하는 것
나. 제대로 작동할 것 같은 아이디어들만 다루는 것
다. 투표로 결정하기
라. 각기의 아이디어를 수요자가 평가할 수 있는 시간을 주는 것

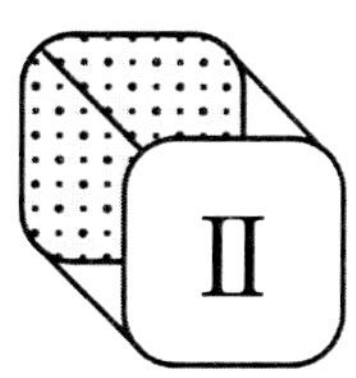

Ⅱ '연습활동'의 포인트와 해답

아래는 1~7장에 있는 여러 가지 연습활동들 가운데 특히 필요하다고 생각되는 일부만을 골라 각기의 활동이 의도하는 내용을 핵심 포인트로 간단하게 설명하거나 바른 해답을 제시하고 있다.

1장 창의력의 개관

활동 Ⅰ-1

사회가 급격하게 그리고 복합적으로 변화하고 있음을 주목하고 이를 스스로 이론화해 볼 수 있어야 한다. 이 장의 '2. 창의력을 저해하는 장애요인'에 있는 '삶겨 죽은 개구리의 비극'을 논의에 참고할 수 있다.

활동 Ⅰ-2

표면적으로 말하는 '창의력'과 우리 각자가 마음속으로 나름대로 생각하는 '창의력'은 다소간 다를 수 있다. 그러나 공식적인 정의를 존중하고 참조하는 것은 중요하다.

활동 Ⅰ-3

9점 수수께끼 문제. '가정하기'를 깨트리는 것이 중요하다. '9개의 점'은 4각형을 이루고 있으며 4개의 직선이 4각형 밖으로 나가서는 안 된다고 생각하면 문제는 해결되지 않는다. 이러한 '가정'을 깨트리면 쉽게 해결된다. 더 나아가 일반적으로 생각하는 '펜'이 아니라 충분히 큰 펜이라면 1개의 직선으로도 9개 점을 모두 통과할 수 있을 것이다.

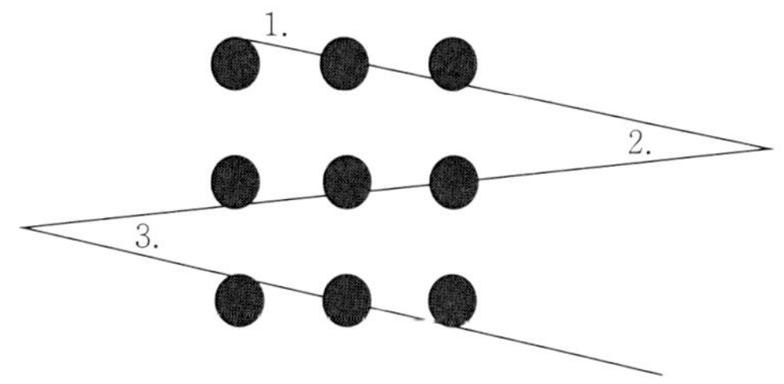

활동 Ⅰ-4

원의 내부 채우기. (ⅰ) 원의 내부를 까맣게 채우라고 하면 '원의 내부'만 까맣게 그리려고 하기 쉽다. 그러나 그렇게 한정하여 '지시' 하지는 아니하였다. 다음의 (a)뿐 아니라 (b)도 당연히 정답이다. 그리고 (b)와 같이 채우기가 보다 쉽고 효과적이다.

(ⅱ) 비슷한 활동보기로는 'Columbus의 달걀'과 같은 것으로 이들은 습관적으로 해오던 '가정'을 깨뜨려야 해결 가능하다.

(a) (B)

활동 Ⅰ-5

ⅰ — F, ⅱ — ?, ⅲ — F, ⅳ — T, ⅴ — T

활동 Ⅰ-6

ⅰ — T, ⅱ — F, ⅲ — T, ⅳ — F, ⅴ — T

활동 Ⅰ-7

ⅰ — F, ⅱ — F, ⅲ — F, ⅳ — T, ⅴ — F

활동 Ⅰ-7 및 활동 Ⅰ-8

우리가 수행하는 여러 가지 '행동'은 습관적으로 같은 형태인 경향이 있다. 우리가 수행하는 '사고'(생각)도 마찬가지이다. 그리고 나쁜 습관을 창의력과 같은 좋은 습관으로 고치는 데는 '의지'와 '노력'이 필요하다.

활동 Ⅰ-9

〈ⅰ〉과 〈ⅱ〉의 그림 모두가 두 가지로 다르게 보일 수 있다. 전체를 어떻게 보느냐에 따라 어떤 것은 중심 되는 '도형'이 되고 다른 것은 그것을 둘러싼 '배경'이 된다. 어떻게 보고(지각)하고 어떻게 이해하느냐가 중요함을 보여 준다. 당신의 마음은 관찰한 것을 나름대로 유의미한 어떤 형태로 조직화한다. 그래서 지각(知覺)이란 '이해'의 과정이라고 말한다. 흔히 주관적 현실과 객관적 현실을 말하기도 한다. 두 개의 그림의 각기는 '젊은 여자 vs 늙은 여자', 그리고 '병 vs 글라스'의 어느 것으로 보일 수도 있다.

2장 발산적 사고

활동 Ⅱ-1

1. , 2. ✓ , 3. , 4. ✓ , 5. ✓
6. ✓ , 7. ✓ , 8. , 9. ✓ , 10.

활동 Ⅱ-11

모르고 궁금한 것에 대하여 가능한 질문이나 대답을 '상상'(가상)하여 많이 제기해 본다. 그것은 주로 '원인'에 대한 것일 수도 있고, 또는 일어날 수 있는 '결과'에 대한 것일 수도 있다. 이러한 질문을 '과학'에서는 '가설'이라 부른다.

활동 Ⅱ-13 및 활동 Ⅱ-14

어떤 것의 '제목'이 달라지면 그에 따라 그 속에 포섭되어 있는 구체적인 내용은 당연히 달라진다. '제목'은 '주제'이기도 하고 '토픽'이기도 하다. 그리고 구체적인 내용을 자세히 사고해 보는 것을 사고의 '정교성'이라 부른다.

활동 Ⅱ-16 및 활동 Ⅱ-17

불완전한 도형(그림)을 보다 완전한 것으로 만들어 가는 것은 창의력(창의적 사고)의 중요한 한 부분이다. 그림이 보다 완전하고, 재미있고, 자세할수록 그것은 더 창의적인 것이다. 〈활동 Ⅱ-17〉에서는 어떤 현상에서 가능한 수리적 관계를 많이 생성해 낼 수 있어야 하며, 그리고 결국 이들 가운데 흥미롭고 중요한 '관계'의 어떤 것을 발견하고 탐구해 갈 수 있어야 한다.

3장 수렴적 사고

활동 Ⅱ-2 및 활동 Ⅱ-6

이 두 가지의 활동 사례는 ALU(또는 ALoU 기법)를 유용하게 사용할 수 있는 대표적인 경우이다. 이들의 경우는 어떤 정책적인 대안이 제시되고 그러한 대안에 대하여 더욱 합리적으로, 창의적으로 사정해 보고 그리고 그것을 선택하거나 또는 독특한 장점을 살리면서 더 나은 대안으로 발전시킬 수 있다.

활동 Ⅳ-1 및 활동 Ⅳ-2

몇 가지 그럴듯해 보이는 아이디어/대안들이 있어 이들을 평가해 보고, 가장 그럴듯한 것을 선택해야(또는 몇 개를 조합하여 가장 그럴듯한 것을 만드는) 하는 경우에 사용할 수 있는 대표적인 기법은 '평가 행렬법'과 '쌍비교 분석법'이다. 이들 기법은 몇 가지 아이디어/대안들을 비교 평가하고 선택하기 위한 것임을 주목해야 한다. 이들은 8장에서 다루고 있는 '창의적 산출의 평가'와는 다르지만 이들의 평가 방법과 내용도 같이 참고해 보면 도움될 것이다. 그리고 함께 제시하고 있는 '학생 발명 평정지'도 활용할 수 있을 것이다.

4장 창의적 문제해결(Ⅰ) — 문제의 확인/발견

활동 Ⅲ-4

일반적으로 아이디어를 생성해 가다 보면 앞부분에서는 친근한 것, 익히 아는 것, 구체적인 것이 많다가 중간 부분을 넘어서면 다소간 추상적이고 상상적인 아이디어가 많이 떠오른다. 그러므로 유용한 아이디어들은 세션의 중반부 이후에서 많이 발견할 수 있다.

활동 Ⅳ-1

효과적인 문제 진술에는 네 가지 요소가 있다고 하였다. 거기에는 의문문의 어간, 문제의 소유주/책임자, 행위 동사 및 목적(목표) 등이 포함되어 있다.

(ⅰ) 창의적인 해결을 요구하는 문제가 전혀 아니다. 문제의 네 개의 요소가 빠져 있을 뿐 아니라 '햄릿'(Hamlet)의 '죽을까 말까'와 같은 고민일 뿐 문제의 제시가 아니다.

(ⅱ) 좋은 문제 진술. 그러나 문제의 책임자를 포함시킨다면 더 좋을 것이다.

(ⅲ) 문제의 소유자와 목적(목표)이 진술되어 있지 않아서 해결을 위한 방향이 없다.

(ⅳ) 잘못된 문제 진술의 보기가 된다. 해결을 찾아가기 보다는 포기하고 신세타령하는 진술이다.

(ⅴ) '쓸어버리다'는 지나치게 단정적인 행위 동사이다. 그리고 문제를 누구가 책임지고 해야 할지가 나타나 있지 않다. 이러한 단점만 시정하면 좋은 문제 진술로 바꿀 수 있을 것이다.

활동 Ⅳ-2

세상에는 일상적인 것이든, 또는 직장 관련의 전문적인 것이든 간에 무언가 일을 벌려야 하기는 하는데 어디서부터 시작해야 할지가 막연한 경우가 적지 않게 있다. 이것을 CPS 창의적 문제해결의 첫 번째 과정 요소인 '문제의 확인/발견'에서 사용하는 전문 용어로 표현하면 좀 넓은 범위의 것인 '토픽'을 확인한 다음 그 속에 포함되어 있는 보다 구체적인 영역(도전영역)의 문제(또는 좀 넓은 의미의 '도전')를 확인해 내거나 발견하는 것이다. 이 활동에서 보면 원고를 써야 하기는 하는데 '무엇에 대하여' 쓸 것인지를 생각해 내는 것이다. 다루어야 할 중요한 문제(도전)를 찾아가는 요령도 연습의 경험을 통하여 익히고 터득해 가야 한다.

활동 Ⅳ-4

'어떻게 하면 내가 남친(또는 여친)을 사귈 수 있을까?'란 질문은 젊은 시절의 젊은이들은 거의 누구나 제기해 볼 수 있는 관심사이고, 해결해 보고 싶은 문제이다. 그러나 이러한 '문제'도 더욱 현명하게 실제적인 것으로 '재진술'해 볼 수 있어야 한다. 그러면 다루어야 할 문제가 달라지고, 따라서 해결을 위한 접근의 행동이 달라질 것이다. 그럴수록 성공의 가능성은 커질 것이다. 참고할 수 있는 것은 〈활동 Ⅳ-9〉이다.

활동 Ⅳ-9

1) C. 내가 할 수 있는 일이 아니다.
2)와 7), C. 자신이 아닌 남들이 무엇을 하도록 해서 해결해야 하는 과제는 대개가 바람직하지 않다.

5장 창의적 문제해결(Ⅱ) — 아이디어 생성

활동 Ⅰ-2

창의력(창의적 사고)의 핵심은 여러 가지의 다양한 아이디어들을 생성해낸 다음, 이들 가운데 가장 그럴듯하고 중요한 것을 사정하여 선택하는 것이다. 이렇게 사고하는 것, 즉 이러한 사고의 과정과 방법을 여러 맥락에서 반복하여 적용하여 연습해 봄으로써 창의적 사고의 '습관'이 만들어져야 한다. 선정한 아이디어/대안을 어떻게 성공적으로, 생산적으로 '실행' 하느냐는 것은 다음으로 따라오는 과제이다.

활동 Ⅰ-8

〈활동 Ⅰ-8〉 시초에 진술한 문제, 즉 '시초의 문제 진술'을 여러 가지로 '재정의'하기 위하여 추상화 사다리 기법을 적용하여 연습한다.

6장 창의적 문제해결(Ⅲ) — 행위를 위한 계획

활동 Ⅰ-1 및 활동 Ⅰ-3

창의력(창의적 사고)는 크게 보면 여러 가지 아이디어/대안을 생산해 내는 '발산적(확산적) 사고'와 이렇게 생산해 낸 것을 정리, 평가, 판단하는 '수렴적(비판적) 사고'의 두 개의 축으로 이루어져 있다. 그리고 이들 두 가지 축은 하나의 전체를 이루면서 균형 있게 수행되어야 함을 강조하였다. 이러한 '수렴적(비판적) 사고'는 달리 보면 '의사결정'(decision-making)의 과정이라 말할 수도 있다. 그리고 '의사결정'은 '가치판단'(value judgment)의 과정이라 말할 수도 있다. 의사결정/가치판단을 하려면 준거(기준, 표준)가 있어야 한다. '준거'는 마음속에 있는 은밀한 것일 수도 있고(내현적 준거), 우리가 일상에서 하고 있는 의사결정/가치판단은 이러한 내현적 준거에 의한 것이 많다. 그러나 준거를 사용하여 보다 합리적이고 공식적인 결정/판단을 내려야 하는 경우도 많이 있다. 이러한 의사결정/가치판단을 요구하는 것일수록 개인적으로 또는 조직에서 더욱 더 중요한 것이다. 이들 활동은 '준거'를 발산적 사고하고 그런 다음 '준거'를 사용하여 수렴함으로써 더욱 합리적인 사고를 할 수 있는 기능/역량을 개발하기 위한 것이다.

활동 Ⅱ-3

현실에서 흔히 있을 수 있는 장면이다. 이러한 장면에서는 '창의적 문제해결'의 6단계를 적용해 볼 수 있어야 한다.

7장 창의적 문제해결 – 점검을 위한 활동

활동 2

B, D, A, C, F, E

활동 3

- 행위계획의 개발
- 해결 아이디어의 생성
- CPS 부적절
- 도전의 발견

활동 3

(1) 행위계획의 개발
(2) 자료의 탐색
(3) 해결책의 개발
(4) 문제의 발견
(5) 해결 아이디어의 생성
(6) 행위계획의 개발

활동 5

(1) 가	(2) 나	(3) 나	(4) 라	(5) 다
(6) 라	(7) 다	(8) 라	(9) 가다라	(10) 가다라
(11) 나	(12) 나다마	(13) 가	(14) 라	(15) 가

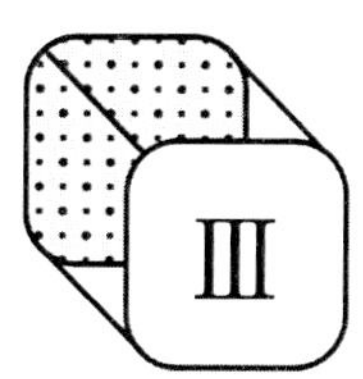

사고기법의 활동양식

#7-1: 브레인스토밍 기법

문제/과제: ______________________________

____

아이디어 / 대안

- ______________________________
- ______________________________
- ______________________________
- ______________________________
- ______________________________
- ______________________________
- ______________________________
- ______________________________
- ______________________________
- ______________________________
- …

/ / /

#7-2: 브레인라이팅 기법

문제/과제: ____

____

사용자 \ 아이디어	아이디어 1	아이디어 2	아이디어 3
1			
2			
3			
4			
5			
6			

/ / /

#7-3: SCAMPER 기법

* 다음에 있는 7개의 질문 리스트에 따라 새로운 아이디어들을 많이 생각해 보라.

(1) 대치하면? 다른 것으로 바꾸면?

- __________
- __________

(2) 같이 조합하면? 합해 보면?

- __________
- __________

(3) 각색/조정하면?

- __________
- __________

(4) 수정-확대-축소하면?

- __________
- __________

(5) 다른 용도는? 맥락을 바꾸면?

- __________
- __________

(6) 제거하거나 줄이면?

- __________
- __________

(7) 거꾸로 하면? 배치를 다르게 하면?

- __________
- __________

/ / /

#7-4: 속성 열거법

문제/과제: ____

____

속 성:	가능한 창의적 아이디어

/ / /

#7-5: 형태 분석법

문제/과제: ____________________

____

속성 \ 차원				
1				
2				
3				
4				
5				
6				
7				
8				
9				

/ / /

#7-6: 강제 결부법

무선적으로 선택한 대상/물건:		당신의 문제/과제:		새로운 아이디어
	+		=	
	+		=	
	+		=	
	+		=	
	+		=	

/ / /

#7-7: ALU 기법

아이디어 / 대안:

강점: 이 아이디어가 가지고 있는 '강점', '플러스' 또는 '긍정적인 측면'들은 무엇인가?

•
•
•
•
•
•

제한: 이 아이디어가 가지고 있는 '약점'이나 '염려'는 무엇인가? 그리고 이 아이디어를 더욱 발전시키기 위하여 이러한 제한들을 극복할 수 있는 아이디어를 생성해 보라(어떻게 하면 …?)

•
•
•
•
•
•

독특한 내용: 이 아이디어가 가지고 있는 독특하고 흥미로운 특성들을(또는 가능한 결과) 확인한다. 이 아이디어는 다른 대안들이 갖고 있지 아니한 어떤 특별한 가능성이나 특성을 가지고 있는가?

•
•
•

/ / /

#7-8: 평가 행렬법

총점

기준

대안(아이디어)

/ / /

CHAPTER

08

창의력의 평가

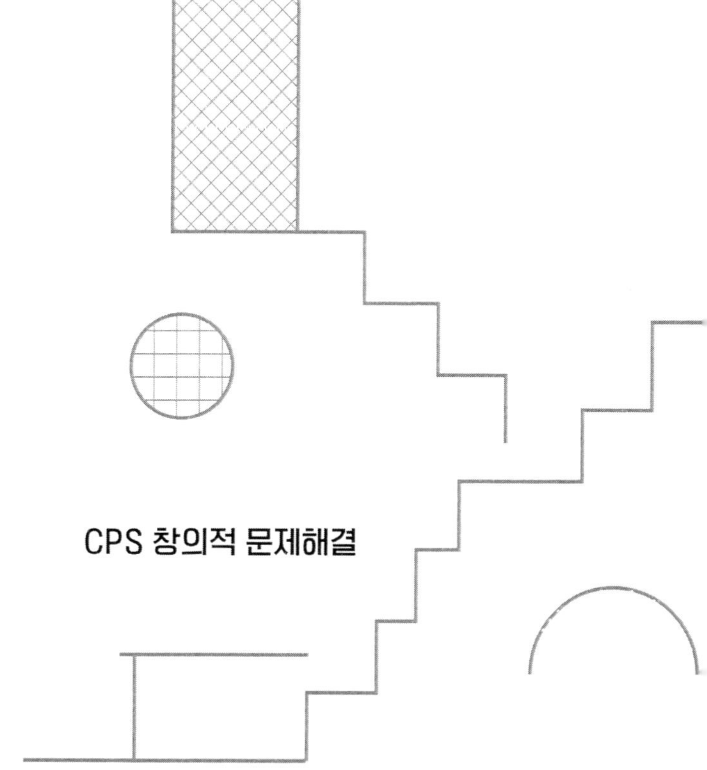

CPS 창의적 문제해결

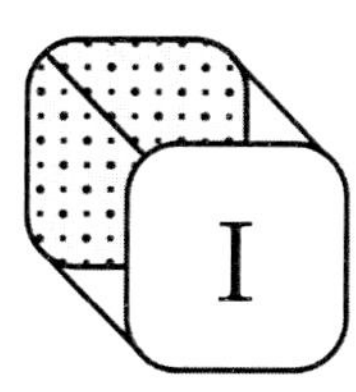

창의적 문제해결 과정의 평가

이 장에서는 창의적 사고와 문제해결의 평가를 다룬다. 창의적 사고의 과정은 결국에는 어떤 산출을 생산해 내게 되는데 여기에는 행동, 아이디어, 디자인, 제품, 서비스, 기술 및 과정의 방법 등이 다양하게 포함된다. 어떤 사고가 '창의적인'지는 이러한 산출의 평가에 따라 정의할 수밖에 없다. 그리고 평가의 결과를 가지고 피드백하는 것이 가능해진다. 먼저 창의적 문제해결의 여섯 개 단계의 각기와 전체를 평가하는 구체적인 방법을 다룬다. 다음으로 창의적 산출, 예컨대 지다인, 제품, 글(작문), 그림, 작품, 서비스 발표 등의 평가를 어떻게 할수 있는지를 제시하고 있다. 이어서 창의적 성격검사를 간략하게 알아본 다음 토란스 TTCT 창의력 검사를 비교적 자세하게 다루고 있다. TTCT는 대표적인 창의력 검사로서 전 세계적으로 가장 광범위하게 사용되고 있다.

여기서는 FPSP의 단계별 평가를 다룬다. FPSP(토란스 미래 문제해결 창의력 프로그램, 현재는 FPSPI 개칭)는 E. P. Torrance가 Osborn의 CPS를 학교 교육에 맞게 수정하여 개발한 것인데 수정의 주요 특징들은 다음과 같다.

(ⅰ) '전단계'에서 시작한다.

거기에서 다루려는 '토픽'을 연구하고, 토픽 관련의 내용인 '미래 장면'(future scene)을 읽고 깊게 이해하고 자료 수집 한다. 그것은 학교 수업은 거의 대개가 '교과 단원'을 다루는데 거기에는 '단원명'이 있고 그리고 교과서에 그에 관한 '단원내용'의 서술이 있는 것과 같은 형태의 것이다. '단원명'은 바로 토픽이며, '단원 내용'은 여기서 말하고 있는 '미래 장면'에 해당된다.

(ii) CPS의 '해결책의 개발'을 '준거의 생성과 선택' 및 '준거의 적용'의 두 개 단계로 더욱 자세하게 세분하고 있다.

(iii) 문제 해결의 '단계의 이름'은 다르지만 의미하는 내용은 크게 다르지 않다.

상응하는 단계의 이름은 <표 8-1>을 참고할 수 있다. FPSP에서 사용하고 있는 FPS 모형의 문제해결의 6단계 과정의 내용을 CPS 모형과 대비하여 제시하고 있는 것이 <표 8-1>이다.

〈표 8-1〉 FPSP와 CPS의 비교

FPSP 모형	CPS 모형
• **문제의 이해**	• **확인/발견**
전단계-토픽의 연구	단계 1: 도전의 발견
미래장면을 읽고 분석	
단계 1: 도전 확인해 내기	단계 2: 자료의 탐색
단계 2: 핵심문제의 선정	단계 3: 문제의 발견
• **아이디어 생성**	• **아이디어 생성**
단계 3: 해결 아이디어의 생성	단계 4: 해결 아이디어의 생성
• **행위를 위한 계획**	• **행위를 위한 계획**
단계 4: 준거의 생성과 선택	단계 5: 해결책의 개발
단계 5: 준거의 적용	
단계 6: 행위계획의 개발	단계 6: 행위계획의 개발

FPSP에서의 창의력 교육은 주로 비경쟁적인 분위기에서 이루어지지만 그러나 경쟁적인 조건도 창의력 개발에 중요할 수 있다고 본다. 그 어느 경우에서건 간에 '창의적 문제해결'의 사고 능력이 어떻게 발달하고 있는지를 사정하고 피드백 하는 것은 매우 중요할 것이다. 'FPSP 창의력 올림피아드'를 개최할 때는 이러한 창의적 사고 능력을 할 수 있는 대로 신뢰롭게 평가하여 피드백 할 수 있어야 하고 '등위'를 매겨 시상할 수도 있어야 한다.

아래에서는 FPSP에서 사용하고 있는 단계에 따라 '평가'를 어떻게 하고 있는지를 알아본다. 여기에 있는 내용은 창의적 문제해결의 단계별 평가로 사용할 수도 있고, 또는 전체적인 평가를 위하여 사용할 수도 있다. 상세한 내용은 <표 8-2>에 있는 '창의적 문제해결의 단계별 평가'를 참조할 수 있다. 그러나 여기서는 단계 1, 단계 3, 단계 6 및 전체적 평가만을 다루고 있다.

단계 1: 도전 확인해 내기

토픽의 장면 속에서 발산적 사고를 수행하여 중요한 도전들을(기회, 이슈, 꺼리) 많이 생성해 낸 다음 이들 가운데 16개를 수렴적 사고하여 진술한다. 여기서 말하는 '도전'은 다소간 막연하고 일반적인 문제를 말한다. 평가자는 16개 각기에서 그것이 일어날 가능성이 큰 도전인지를 결정한다(이를 'y 도전'이라 부른다). 그런 다음 창의력의 3개 요소에 따라 채점한다.

- 유창성: y 도전의 총수에 따라 채점
- 융통성: y 도전에서 사용하고 있는 범주의 총수에 따라 채점
- 명료성: 도전을 얼마나 분명하게 설명하고 있는가에 따라 채점

단계 2: 핵심 문제의 선정

16개의 도전들 가운데서 핵심적인 한 개의 도전을 선택한 다음 그것을 아이디어 탐색을 자극할 수 있게 적극적 형태의 '문제'로 진술한다. 문제 진술에서 조건구, 목적 및 핵심동사(구)가 있는가 그리고 문제의 초점이 분명하며 문제 장면에 적합한지 등에 따라 채점한다.

단계 3: 해결 아이디어의 생성

핵심 문제를 해결할 수 있는 해결 아이디어들을 발산적 사고하여 많은 것을 생성해 내고 그런 다음 이들 가운데 16개를 선택하여 진술한다.

- 유창성: 적절한 해결 아이디어의 총수에 따라 채점
- 정교성: 정교하게 서술한 해결 아이디어의 총수에 따라 채점
- 융통성: 해결 아이디어가 속하고 있는 상이한 범주의 수에 따라 채점
- 독창성: 독특한 창의나 통찰을 보여주는 해결 아이디어에 따라 채점

단계 4~5: 판단 준거의 생성과 적용

해결 아이디어의 잠재력과 중요도를 평가할 수 있는 준거(척도, 기준)를 발산적 사고한 다음 최종적으로 다섯 개를 선택한다. 그리고 이들을 적용하여 최선의 해결 아이디어를 선택한다.

- 준거 서술의 정확성: 준거를 정확하게 기술하고 있느냐에 따라 채점
- 적용 가능성/적절성: 준거가 해결하려는 핵심 문제에 얼마나 구체적이고 중요한지에 따라 채점
- 사용의 정확성: 가장 그럴듯해 보이는 해결 아이디어를 선택하기 위한 평가 행렬표를 정확하게 사용하고 있느냐에 따라 채점

단계 6: 행위 계획의 개발

최선의 해결 아이디어를 실천하기 위한 구체적인 행위계획을 만든다.

- 적절성: 행위 계획이 핵심 문제에 적절한가?
- 효과성: 행위 계획이 핵심 문제를 효과적으로 해결할 수 있을까?
- 충격(영향): 행위 계획이 다루고 있는 미래장면에 얼마나 긍정적인 충격을 미칠까?
- 인도적 잠재력: 행위 계획은 건설적인가, 거꾸로 파괴적인가?
- 행위 계획의 개발: 얼마나 상세하게 설명하고 있는가?

전체적인 평가

- 연구의 적용: 다루는 토픽에 관한 정보를 수집하여 연구한 것을 창의적 문제 해결에 잘 활용하고 있는 정도에 따라 채점
- 창의적인 강점: 문제 해결을 기록하고 있는 소책자 전반에서 나타나는 창의적이고 신선한 통찰의 정도에 따라 채점
- 미래지향적 사고: 자신의 아이디어가 미래에 미칠 수 있는 충격(영향)을 이해하고 있는 정도에 따라 채점

〈표 8-2〉 창의적 문제해결의 단계별 평가

창의력 한국 FPSP *<팀 문제해결 부문>* 문제 #: ______ 평가자: ______ 반별: ______ 팀 #: ______

단계 1의 채점 가이드라인	낮음 ——— 높음			
유창성 – Y 도전('예'도전)은 무엇이 도전이며, 왜 그것이 도전이며, 그리고 어떻게 그것이 미래장면에 관련되는지를 말해준다. ( )점	유창성은 Y 도전의 수를 계산한 다음 아래의 척도를 사용하여 결정 Y 도전의 수: 1, 2, 3, 4, 5–6, 7–8, 9–10, 11–12, 13–14, 15–16 부여하는 점수: 1, 2, 3, 4, 5, 6, 7, 8, 9, 10			
융통성 – Y 도전에서 사용하고 있는 상이한 범주의 수로 측정 ( )점	Y 도전들이 3개 또는 2 이하의 범주와 관련되어 있다 1 2 3	4–7개의 상이한 범주와 관련되어 있다 4 5 6	8–11개의 상이한 범주와 관련되어 있다 7 8	12개 또는 그 이상의 다양한 범주와 관련되어 있다 9 10
명료성 – 도전들을 얼마나 분명하게 설명하고 있는가? ( )점	도전이 미래장면과 관련되어 있지 않다: W와 D의 수가 Y와 P의 수보다 많다 1 2 3	진술이 기본적인 아이디어는 전달하고 있으나 서술이 결여: P와 W의 수가 Y의 수보다 많다 4 5 6	Y 도전들을 분명하게 설명: 유창성에서 P의 수가 Y의 수보다 많다 7 8	도전들을 잘 기록하고 있고: 서술이 명료하고: Y의 수가 P의 수보다 많다 9 10
독창성 – 미래장면에 대한 통찰과 독특한 창의성을 보여주는 Y 도전에 대하여 3점의 보너스 점수를 줌				

	Y	범주	O	P, W, S, D	단계 1 도전에 대한 피드백
1					
2					
3					
4					
5					
6					
7					
8					
9					
10					
11					
12					
13					
14					
15					
16					
				단계 1의 논평:	

Y(예, Yes) – 도전이 일어날 가능성이 큼
P(아마도, Perhaps) – 일어날 가능성은 좀 있으나, 단어가 적절하지 않거나 애매함
W(왜, Why) – 도전에 대한 설명이 없거나 미래장면과 관련되어 있지 않음
S(해결, Solution) – 도전이 아니라 어떤 도전에 대한 해결책임
D(중복, Duplicate) – 다른 '예'. 도전의 중복
O(독창적, Original) – 미래장면에 대한 비범한 통찰을 보여줌

범주 리스트	
1. 예술과 취미	10. 정부와 정치
2. 기본적인 욕구	11. 법률과 정의
3. 사업과 무역	12. 운송
4. 커뮤니케이션	13. 신체적인 건강
5. 국방	14. 심리적 건강
6. 경제	15. 레크리에이션
7. 교육	16. 인간관계
8. 환경	17. 기술
9. 윤리와 종교	18. 기타

단계 1의 점수		
유창성	1–10	
융통성	1–10	
명료성	1–10	
독창성	3×____	
단계 1의 총점		

단계 3의 채점 가이드라인	낮음 ———— 높음			
유창성 – 적절한 해결 아이디어는 조건구, KVP 및 목적을 다룸 ( )점	유창성은 적절한 해결 아이디어의 총수를 가지고 다음의 척도에 따라 결정			
정교성 – '누구가, 무엇을, 왜 및 어떻게'의 4가지 요소 중 적어도 3가지를 설명함 ( )점	적절한 해결 아이디어 가운데 3개 또는 그 이하를 정교화 함 1 2 3 1 2 3	4–6개 해결 아이디어를 정교화 함 4 5–6 4 5	7–10개 해결 아이디어를 정교화 함 7–8 9–10 6 7	11개 또는 그 이상의 해결 아이디어를 정교화 함 11–12 13–14 15–16 8 9 10
융통성 – 적절한 해결 아이디어 속에 있는 범주(아이디어)의 수로 측정함 ( )점	적절한 해결 아이디어가 3개 또는 그 이하의 범주와 관련됨 1 2 3	4–7개 상이한 범주와 관련됨 4 5 6	8–11개 범주와 관련하여 다양한 아이디어가 있음 7 8	12개 또는 그 이상의 범주와 관련하여 광범위하게 다양한 해결 아이디어가 있음 9 10
독창성 – 미래장면에 대하여 독특한 창의성이나 통찰을 보여주고 있는 해결 아이디어들은 각기에 대하여 3점을 보너스로 줌				

적절한 해결 아이디어의 총수	1	2	3	4	5–6	7–8	9–10	11–12	13–14	15–16
부여하는 점수	1	2	3	4	5	6	7	8	9	10

	R	E	범주	O	P, W 또는 D	단계 3 해결 아이디어에 대한 피드백
1						
2						
3						
4						
5						
6						
7						
8						
9						
10						
11						
12						
13						
14						
15						
16						

단계 3의 논평:

R(적절한) – 해결 아이디어는 KVP와 조건구에 적절하며 목적에 관련됨
P(아마도) – UP의 목표와 핵심 동사구의 관련 불분명
E(정교화) – '누구가, 무엇을, 왜, 어떻게' 중 적어도 3가지를 포함하고 있음
O(독창성) – 비상한 통찰력과 창의적인 사고를 보임
W(왜?) – 해결 아이디어가 불명료하거나 부적절함
D(중복) – 다른 '적절한' 해결 아이디어와 중복됨

범주 리스트	
1. 예술과 취미	10. 정부와 정치
2. 기본적인 욕구	11. 법률과 정의
3. 사업과 무역	12. 운송
4. 커뮤니케이션	13. 신체적인 건강
5. 국방	14. 심리적 건강
6. 경제	15. 레크리에이션
7. 교육	16. 인간관계
8. 환경	17. 기술
9. 윤리와 종교	18. 기타

단계 3의 점수		
유창성	1–10	
정교성	1–10	
융통성	1–10	
독창성	3×______	
단계 3의 총점		

단계 6의 채점 가이드라인	낮음 ――			높음
적절성 – 행위 계획이 UP에 대하여 가지고 있는 관계 ( )점	행위 계획이 UP를 다루고 있지 않음 1	행위 계획이 UP와 얼마간의 관계를 가지고 있음: 그러나 다른 해결 아이디어가 더 좋았을 것임 2 3	UP를 그런대로 잘 다루고 있음 4	UP와 매우 훌륭한 관계를 가지고 있음 5
효과성 – 행위 계획이 UP를 해결할 수 있는 효과 ( )점	행위 계획이 UP를 별로 해결하지 못한다 1	UP의 어떤 측면을 해결할 수 있다: 정교화가 약하다 2 3	UP를 적절하게 해결할 수 있다: 계획이 정교화 되어있다 4	UP를 창의적으로 해결하고 있으며 설명도 상세하다 5
충 격 – 행위 계획이 미래장면에 미치는 충격(효과) ( )점	행위 계획이 별로 효과가 없다: 단계 2에서 UP의 '적합성'의 점수가 상당히 낮다 1	미래장면에 미치는 효과가 그렇게 강력하지 않다: UP는 적합성에서 다소간 낮다 2 3	미래장면에 효과가 있다: UP가 적합성 점수는 평균적인 점수이다 4	미래장면에 강력한 충격을 미친다: UP의 적합성 점수가 높다 5
인도적 잠재력 – 행위 계획이 가지고 있는 긍정적, 인간적인 잠재력 ( )점	부정적 또는 파괴적인 행위 계획 1 2	행위 계획이 중립적 – 긍정적이지도 않고 부정적이지도 않음 3	행위 계획이 긍정적인 잠재력을 가지고 있음 4	행위 계획이 실천적, 긍정적, 그리고 건설적임 5
행위 계획의 개발 – 행위 계획을 상세히 설명하고 있는 정도 ( )점	행위 계획을 최소로 서술하고 있다: 단계 3에 있는 해결 아이디어를 다시 쓰고 있다 1 2 3	어느 정도의 정교화를 하고 있다: 해결 아이디어를 보다 더 뒷받침해줄 필요가 있다 4 5 6	'누구가, 무엇을, 왜, 및 어떻게'를 자세히 설명하고 있다 7 8	정교화하고 있으며 취해야 할 행위를 자세히 설명하고 있다 9 10

단계 6의 논평:

단계 6의 점수		
적 절 성	1–5	
효 과 성	1–5	
충 격	1–5	
인도적 잠재력	1–5	
행위 계획의 개발	1–10	
단계 6의 총점		

전체적인 평가의 채점 가이드라인	낮음			높음
연구의 적용 – 연구를 사용하고 있는 증거가 있음 ( )점	'연구', '용어' 등등의 말이 최소로 나타나 있다 1 2 3	토픽에 대한 제한적인 지식을 보여줌; 더 많은 연구가 가능함 4 5 6	도전, 해결 및 행위 계획에서 연구가 상당히 많음 7 8	도전, 연구 및 행위 계획에서 연구한 것이 분명하게 나타남 9 10
창의적인 강점 – 소책자의 전반에 나타나 있는 창의력 ( )점	소책자에 혁신적인 아이디어보다는 전통적인 아이디어들이 있음 1 2 3	혁신적 사고의 증거가 보임 4 5 6	창의적인 사고, 신선한 통찰; 소책자는 통상적인 것을 넘어서고 있음 7 8	혁신적, 독창적인 아이디어들이 강하게 보임 9 10
미래지향적 사고 – 소책자에 포함되어 있는 미래지향적 아이디어 ( )점	자신의 아이디어가 미래에 어떠한 충격을 줄 것인지를 거의 이해하지 못함 1 2 3	자신의 아이디어가 미래에 어떠한 충격을 주는지를 기본적으로는 이해 4 5 6	자신의 아이디어가 미래에 어떠한 충격을 주는지를 잘 이해하고 있음 7 8	자신의 아이디어를 미래적인 개념에 훌륭하게 연결시키고 있음 9 10

문제해결 소책자 총점
팀 # ______________________
총 점: ____________, 등 위: ____________

'전체적인 평가' 점수		
연구의 적용	1–10	
창의적인 강점	1–10	
미래지향적 사고	1–10	
'전체적인 평가'의 총점		

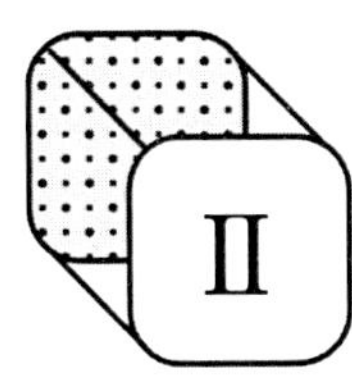

창의적 산출의 평가

CPS의 창의력 교육에서는 창의의 '과정'(過程)이 강조된다. 그러나 그러한 과정의 결과는 대개가 어떤 '산출'(products)을 생성해 내기 마련이다. 산출에는 제품, 디자인, 글(작문), 그림, 제품, 작품, 음악발표, 연출, 서비스, 봉사학습, 발표 등이 다양하게 포함될 것이다. 무엇이 어떻게 창의적인 것인지는 생산해 내는 결과, 즉 산출에 따라 거꾸로 평가할 수밖에 없다. 산출이 창의적이면 관련의 사람, 과정, 반응, 동기 또는 환경변수는 창의적인 것이라 추론하게 된다. 그러면 창의적 산출은 어떻게 평가할 수 있는가? 아래에서는 두 가지 접근을 살펴본다.

(i) Sternberg의 창의적 산출의 평가
(ii) Amabile의 합의에 의한 사정 기법

1. Sternberg의 창의적 산출의 평가

Sternberg(1995)는 자신의 이론인 '창의력에 대한 투자이론'을 검증하기 위한 일련의 연구를 수행하면서(Sternberg & Lubart, 1996) 창의적 산출을 평가하는 한 가지의 방법을 사용하였다. 그는 CAT라는 용어는 사용하지 않았지만 그가 사용한 연구의 방법은 다음에서 다루고 있는 Amabile의 CAT와 거의 같다.

Sternberg는 글쓰기, 그림 그리기, 광고 만들기 및 과학 연구 등의 영역에서 검사자가 제시한 자료를 가지고 학생들이 나름대로의 산출(작품)을 만들어 보게 하였다. 그리고 전문가들이 이들 작품의 창의력 정도를 평가하였다. '글쓰기' 영역에서는 여러 가지 제목이 있는 리스트를 준 다음 그들 중 두 개를 골라 각기에 대하여 짧은 글을 써보게 한다. 제목에는 '모서리를 넘어', '다섯 번째의 기

〈표 8-3〉 창의적인 작문

보다 창의적인 작문

나는 외계인이라는 생각이 드는 사람이 살고 있는 장면에서 같이 많은 시간을 보낼 것이다. 그리고 역사, 문화, 세계사 등에 관한 장면에서도 많은 시간을 보낼 것이다. 그리고 역사, 문화, 세계사 등에 관한 질문을 수 없이 해 볼 것이며 개인적인 사항에 대하여서도 물어볼 것이다. '외계인'이랑 영화도 같이 보면서 그 영화에 대한 그의 반응도 자세하게 관찰해 볼 것이다. 또한 미국의 전통적인 서부 영화를 보게 하여 반응을 비교해 볼 것이다. 그래도 아무것도 알아내지 못하면 외계인을 놀려주고 조롱해 보고 그리고 지구 밖에 산다는 것이 우습다는 것 등으로 약을 올려 볼 것이다. 만약 외계인도 감정이 있다면, 그는 화를 내고 분노할 것이다.

덜 창의적인 작문

미국에서는 사회보장제도의 일련번호를 받기 위해서는 혈액 검사를 해야 한다. 외계인은 모양이 우리와 비슷하다고 하더라도 혈액 구조는 분명하게 다를 것이다. 지구 밖에서 온 외부인도 자기가 살고 있는 사회에 어울려야 하기 때문에 사회보장제도에 들지 않고는 미국에서는 살아남기가 어려울 것이다.

회', '구원', '책상 밑', '선 사이', '충분하지 아니한 시간', '열쇠 구멍', '2983', '뒤로 움직이고 있다' 등이 들어 있었다.

'그림 그리기' 영역에서도 여러 개의 제목을 주고 이들 중 두 개를 골라 각기에 대하여 그림을 그려보게 하였다. 제목은 그림의 소재가 될 것 같지 아니한 것들이었으며, '꿈', '희망', '분노', '쾌락', '곤충이 보는 지구', '대조', '긴장', '움직임' 및 '시간의 시작' 등이 포함되었다.

'광고' 영역에서는 두 개의 제품에 대하여 TV광고를 만들어 보게 하였다. 제시하고 있는 제품은 가능한 한 재미없는 것이었으며, '이중 창문', '걸레', '쇠', '나비넥타이', '손잡이' 및 '설탕 대용품' 등이었다. 그리고 '과학' 영역에서는 이전에 부딪혀 보았을 가능성이 거의 없는 종류의 과학 문제 두 가지를 해결해 보도록 하였다. 과학 문제에는 '외계인이 우리 가운데 살고 있다면 우리가 이들을 어떻게 찾아 낼 수 있을까?', '어떤 사람이 지난 주 달에 다녀왔는지를 어떻게 하면 알 수 있을까?' 또는 '스타워즈 방위체제에서 유혹의 문제를 어떻게 해결할 수 있을까? 등이었다.

연구자들은 평정자의 평정 신뢰도를 .92로 높게 보고하고 있다. 참고로 "과학: 외계인이 우리 가운데 살고 있다면 우리가 이들을 어떻게 찾아 낼 수 있을까?"라는 문제에서 '보다 창의적인' 작품과 '덜 창의적'인 작품 하나씩을 예시해 본다.

2. Amabile의 '합의에 의한 사정 기법'

Amabile(1983)은 창의적 수행에 대한 사회심리학적 연구를 위하여 CAT(합의에 의한 사정 기법, Consensual Technique for Creativity Assessment)을 공식적으로 체계화하였다. 이미 지적해 둔 바와 같이 Sternberg는 CAT라 부르지는 않았지만 거의 같은 평가 방법을 사용한 바 있고, Getzels & Csikszentimihally(Hennessy & Amabile, 1999)도 비슷한 연구를 수행한 바 있지만 합의에 의한 사정기법(CAT)를 공식화하고 광범위하게 사용한 사람은 Amabile이다.

CAT는 경험적 연구에 쉽게 적용할 수 있게 창의력을 조작적으로 정의하는 데서 출발한다. CAT에서는 창의력을 창의적 과정이 아니라 창의적 산출에 따라 조작적으로 정의 한다: "어떤 산출이나 반응은 적합한 관찰자들이 그것이 창의적인 것이라 동의하는 정도만큼 창의적이다. 적합한 관찰자란 그러한 산출을 창의하거나 전문적인 반응을 표현하고 있는 영역에서 활동하는 정통한 사람들이다"(Hennessy & Amabile, 1999. p.350).

그녀의 CAT는 사실 매우 간단하다. 참가자들에게 현장에서 어떤 작품을 산출해 내도록 요구하고(예컨대, 콜라주 그림, 이야기, 시 등), 전문가가 이러한 산출의 창의적 수준을 평정한다. 전문가들은 자기 분야의 창의적인 작품들을 평가할 수 있는 '내현적 준거'(implicit criteria)를 이미 마음속에 내면화하고 있기 때문에 이들 전문가들이 사용해야 하는 준거를 실험에서 구체적으로 제시할 필요는 없다고 본다.

이러한 연구를 위한 창의적 산출의 평가에서는 이야기 만들기, 콜라주 만들기(collage-making), 또는 과학이나 수학 문제 등을 풀기하며 이에 따라 생산된 산출을 몇 명의 전문가가 평정하여 이들이 합의하는 정도에 따라 창의력의 수준을 측정하게 된다. 이러한 과제는 피험자들이 가지는 이전까지의 지식, 기능 또는 경험의 영향을 별로 받지 아니하는 것일수록 보다 더 적절한 것이다. 이들이 사용한 활동 내용 몇 가지를 예시해 보면 다음과 같다.

(ⅰ) 이야기 만들기

동화나 이야기 글의 도입부분을 제시한 다음 거기에 이어서 기존 내용과는 다른 새로운 이야기를 만들어 보게 하거나 '시'를 써보게 한다.

(ⅱ) 콜라주 만들기

수검자들에게 같은 모양과 같은 크기의 색종이 그리고 콜라주 작품을 붙일 수 있는 큰 도화지와 풀 등을 제공해 주고 재미있는 작품을 만들어 보게 한다.

(ⅲ) 수학 문제 만들기와 발명품 만들기

재미있는 수학 문제를 할 수 있는 대로 많이 만들어 보게 한다. 과학적 발명품 만들기는 문제 상황을 제시하고 발명품을 만들어 보게 한다.

CAT 기법을 사용할 때는 다음과 같은 요구 조건들을 만족시켜야 한다.

(ⅰ) 판단자(검사자)들은 과제가 다루고 있는 영역에 대하여 상당한 경험을 가지고 있어야 한다(그러나 모든 판단자들의 경험의 수준이 동일할 필요는 없다).

어떻든 이 사정 방법에서는 산출을 평정하는 모든 사람들이 해당 과제의 영역에 충분히 친근하여 창의력 및 기술적인 우수성 등에 대한 내현적인 준거를 이미 가지고 있어야 한다.

(ⅱ) 판단자들은 독립적으로 사정해야 한다.

실험자는 이들이 서로 합의를 할 수 있게 훈련을 시키거나, 창의력을 판단하기 위한 구체적인 평가 준거를 제시하거나 또는 사정할 때 서로 의논하고 협의하는 것을 허용해서는 안 된다.

(iii) 판단자들은 산출을 상대적으로 평정해야 한다.

어떤 절대적인 준거에 따라 평정해서는 안된다.

(iv) 각기의 판단자들은 서로 다른 상이한 순서에 따라 산출들을 평정해야 한다.

모든 판단자들이 같은 순서로 평정하면 방법론적인 문제가 생긴다.

(v) 과거에 적용해 본 적이 없는 과제에 이 기법을 적용하여 수행을 평가하려면 판단자들에게 산출이 가지고 있는 '창의'에 추가하여 다른 차원에 대하여서도 평정하도록 요구해 볼 수 있다.

적어도 산출의 기술적인 면에 대하여서는 반드시 평정토록 해야 하며, 가능하면 심미적인 매력도 평정하게 해야 한다. 그래야 주관적 판단에서 창의력 차원이 이들과는 독립적인지 또는 어떤 관계가 있는 지등을 살펴볼 수 있다. CAT의 채점자간 신뢰도는 대개 .90 이상으로 상당히 높게 나오고 있다.

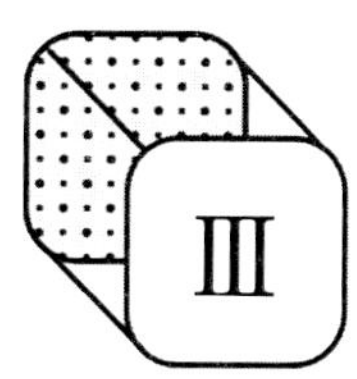

창의적 성격검사

창의적인 '사람'에 대한 검사들은 창의적 성격검사, 태도검사, 흥미검사 또는 기질검사 등 다양한 이름으로 불리고 있다. 이들은 창의적인 사람은 그렇지 못한 사람과 비교되는 여러 가지의 성격특성을 가지고 있다고 본다. 그리고 이러한 성격특성은 창의적인 사람에서 매우 공통적이라고 본다. 창의적 성격검사들은 그러한 비교적 안정적인 특성을 가지고 있는 창의적인 사람을 확인해 내려고 한다. 아래에서는 카테나-토란스 창의적 지각검사와 Renzulli & Hartmann의 렌주리-하르트만 평정척의 두 가지에 대하여 알아본다.

1. 카테나-토란스 창의적 지각 검사

Khatena & Torrance(1976)가 만든 이 검사(Khatena-Torrance Creative Perception Inventory, KTCPI)는 두 개의 검사 목록으로 구성되어 있다. KTCPI는 '당신은 어떠한 사람인가?'(What Kind of Person are You?, WKOPAY)와 '나 자신에 대한 어떤 것'(Something About Myself, SAM)의 두 가지로 이루어져 있지만 이들 두 개의 검사는 이론적인 바탕이 다른 별개의 검사들이다.

먼저 WKOPAY 대하여 알아볼 것이다. WKOPAY 검사는 창의적 자아개념 이론에 바탕하고 있는데 이들은 다음과 같이 말한다: "개인은 창의적 및 비창의적인 행동방식에 대하여 자기 자신이 정의하고 있는 하위적인 자아를 가지고 있다 … 그리고 개인의 창의적 기능은 개인의 성격 특성 속에, 그가 사고하는 방법 또는 사용하는 사고전략의 종류 속에, 그리고 창의적 노력의 결과로 나타나는 산출 속에 반영된다"(p. 5)고 말한다.

WKOPAY 검사에는 쌍으로 된 50개 문항이 있는데 수검자는 이들을 조심스럽

〈표 8-4〉 WKOPAY 검사의 요인별 성격 성향의 내용

요인 I: 권위의 수용(AA)
순종적이고, 예의바르고, 규칙을 잘 지키며, 그리고 힘 있는 사람을 쉽게 인정한다(비창의적인 내용의 문항으로만 구성됨).

요인 II: 자신감(SC)
자기 자신을 알고, 에너지가 넘치며, 배우기를 원하고, 기억을 잘하며(창의적인 문항), 그리고 남과 잘 지내며, 시간을 지켜 일한다(비창의적인 문항).

요인 III: 탐구심(I)
항상 질문을 하고, 인정받기를 원하며, 강한 정서를 느끼고, 자기 주장하고(창의적인 문항), 그리고 말을 많이 하고, 순종적이다(비창의적인 문항).

요인 IV: 타인에 대한 의식(AO)
남의 아이디어를 기꺼이 고려하며, 확고한 신념을 가지며, 남들과 마찰을 빚더라도 사실대로 말하며, 규칙을 잘 따르지 아니하며(창의적인 문항), 그리고 공손하고 예의 바르고, 인기가 있고 다른 사람들이 좋아하며, 남들과 잘 지내며, 집단에서 남들과 더불어 일하기를 좋아한다(비창의적인 문항).

요인 V: 적극적인 상상(DI)
에너지가 넘치고, 상상적이고 권태를 느끼지 않으며, 어렵고 도전적인 과제를 선호하며, 쉽게 포기하지 않고, 열심히 일하고, 모험을 추구한다(창의적인 문항으로만 구성됨).

게 읽어보고 자기 자신을 더 잘 나타낸다고 생각되는 하나를 선택한다. 반드시 하나를 선택해야 하는 강제선택법을 사용하고 있다. 예컨대 일반적으로 창의적인 사람은 '예의바르다'보다는 '이타적이다'를 선호하며, 또한 '자신만만하다'보다는 '호기심이 많다'를 그리고 '순종적이다'보다는 '적극적이다'를 선택하는 경향을 보여주고 있다. 채점은 정답지에 따라 50개 문항 각기에 대하여 1점 또는 0점을 주어 요인별 성향점수를 계산한다. 다섯 개 요인의 내용은 <표 8-4>와 같은데, '권위의 수용' 요인은 비창의적인 성격 요인인 반면 절제된 '적극적인 상상' 요인은 창의적인 문항들로만 구성되어 있다. 기타의 요인은 창의적 성향과는 별로 상관이 없다.

SAM 검사는 창의적인 성격특성, 사고 전략 및 창의적 산출 등의 범주에서 자신의 모습을 자기 평가하여 보고하게 하고 있다. SAM 검사에는 50개 진술문이 있고 수검자는 각 문항이 자신을 적절하게 기술하고 있는지 어떤지를 판단하여, 만약에 적절한 진술이라 생각되면 체크 표시(✓)할 것을 요구한다. 그리고

〈표 8-5〉 SAM 검사의 요인별 성격 성향의 내용

요인 1: 환경적 민감성
다른 사람의 아이디어에 민감하며, 아이디어를 보고 만지고 또는 들을 수 있는 어떤 것에 관련시키며, 아름답고 유머러스한 경험에 흥미를 가지며, 유의미한 상호 관계에 대하여 민감하다.

요인 2: 진취성
연극을 연출하거나 지휘하며, 새로운 산출이나 공식을 생산해 내며, 그리고 일을 처리하는 규칙이나 방식을 바꾸기를 좋아한다.

요인 3: 자기 강점
자기 자신의 재능을 확신하며, 어떤 것을 수행할 수 있는 방법을 찾아내며, 다재다능하며, 모험을 감수하며, 더 낫게 할 수 있기를 열망하며, 그리고 조직 능력이 뛰어나다.

요인 4: 지성
지적인 호기심을 가지며, 도전적인 과제를 즐기고, 상상력이 뛰어나며, 통상적인 것보다는 모험적인 것을 선호하며, 다른 어떤 것을 만들기 위하여 아이디어나 물건을 재구성하는 것을 좋아하며, 일을 남들이 요구하는 대로 하는 것을 싫어한다.

요인 5: 개성
집단 보다는 혼자서 작업하기를 선호하며, 자신의 흥미와 관심에 따라 프로젝트를 시작하고 계속하며, 남들이 보기로는 자신은 무언가 다르다고 생각하며, 남들의 결점을 찾아 그것을 향상시키도록 하며, 독립적으로 사고하며, 장시간 동안 지치지 않고 일한다.

요인 6: 예술성
예술이나 수예 작품을 생산하며, 노래나 무용을 새롭게 만들며, 상을 받거나 작품 전시회를 하며, 이야기나 시를 만들어 낸다.

체크 표시한 문항에 1점을, 빈 칸의 문항에는 0점을 주어 채점한다. 이 검사에 있는 여섯 개 요인의 내용은 <표 8-5>와 같다.

다른 검사들과 마찬가지로 이 검사에서도 각 문항이 검사 요인을 얼마나 잘 반영하고 있는가 그리고 요인 내 문항의 일관성 등에 대하여 의문을 제기하는 사람도 있다. 그러나 발산적 사고 검사에 성격 검사를 더하기 한 것이나 자전적 검사 목록 하나만 사용하는 것이 마찬가지로 효과적일 수 있음을 지적하는 사람도 있다. 이 검사는 자신의 창의력을 자기 진단하고 스스로 논의해 볼 수 있게 하기 때문에 매우 유용하게 사용할 수 있다. 원래 이 검사는 창의력 프로그램에 참가할 대상자들을 확인해 내는 데 사용하기 위하여 만든 것이다. 이 검사의 한국판은 현재 창의력 한국 FPSP (www.fpsp.or.kr)에서 관리하고 있다.

2. 렌주리—하르트만 평정척도

이 평정척도(Renzulli–Hartman Rating Scale, Renzulli & Hartman,1971)는 교사들이 학생들의 창의력을 평가하기 위하여 사용할 수 있는 척도이다. 이 검사는 <표 8–6>과 같은 10개 문항으로 되어 있으며 평소 학생들을 잘 알고 있는 교사가 쉽게 사용할 수 있다.

〈표 8-6〉 렌주리-하르트만 평정척도

	1	2	3	4
1. (이 학생은) 여러 가지에 대하여 많은 호기심을 보인다. 그리고 많은 것에 대하여 끊임없이 질문을 한다.	…	…	…	…
2. 문제나 질문에 대하여 많은 갯수의 아이디어를 생성해 낸다. 때로는 독특하고, 새롭고, 영리한 반응도 한다.	…	…	…	…
3. 의견을 억압하지 않고 표현한다. 때로는 급진적이고 완강할 정도로 반대되는 의견도 말한다.	…	…	…	…
4. 모험적이며 위험을 감수한다.	…	…	…	…
5. 지적인 유희를 하고, 상상할 줄 알며(…이면 어떻게 될까?), 아이디어들을 조작하고, 대상, 기관 또는 체제 등을 개조, 향상, 수정하는 데 관심을 보인다.	…	…	…	…
6. 유머 감각이 있으며 남들에게는 유머러스하게 보이지 아니하는 장면에서도 유머를 즐길 줄 안다.	…	…	…	…
7. 자신의 충동을 자각하고 자기 속에 있는 비합리적인 것에 개방되어 있고 (소년이 소녀에 대하여 보이는 성적 관심의 표현, 소녀가 보이는 지나칠 정도의 독립성), 정서적 민감성을 보인다.	…	…	…	…
8. 미에 대하여 민감하며, 사물이 가지고 있는 심미적 특성에 주의를 기울인다.	…	…	…	…
9. 비동조적이고, 무질서를 수용하며, 세부적인 것에는 관심이 적으며, 개인주의적이고, 남들과 의견이 달라도 두려워하지 아니한다.	…	…	…	…
10. 건설적으로 비판적이며, 권위적인 결정이나 의견을 비판적 음미 없이 아무렇게나 수용하지는 않으려 한다.	…	…	…	…

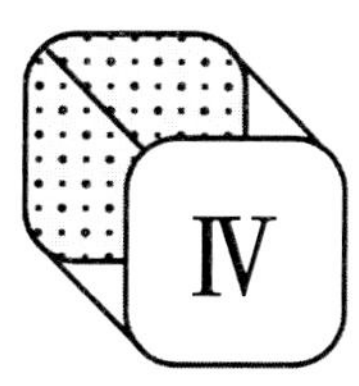

Ⅳ 토란스 TTCT 창의력 검사

E. Paul Torrance(1966, 1990)의 TTCT 창의적 사고력 검사(창의력 검사, Torrance Tests of Creative Thinking, TTCT)는 창의력, 즉 발산적 사고의 대표적인 검사이며 현재 전 세계적으로 가장 광범위하게 사용되고 있다. 창의력 연구에 관한 한 종합적인 서베이에 의하면(Torrance & Presbury, 1984), 초중등 학생을 포함한 모든 출판된 창의력 연구들의 약 75% 그리고 대학생과 성인이 포함되어 있는 모든 창의력 연구의 약 40%가 TTCT 검사를 사용하고 있다. TTCT 검사가 창의력 연구 분야를 이처럼 지배하고 있기 때문에 여러 가지 창의력 훈련 프로그램의 효과를 종합적으로 메타 분석하고 있는 여러 연구에서는 TTCT 검사를 사용한 연구들만 분석에 포함시키고 있다(Rose & Lin, 1984). TTCT에는 TTCT－언어검사(Thinking Creatively with Words, TTCT: Verbal)와 TTCT－도형 검사(Thinking Creatively With Pictures, TTCT: Figural)의 두 가지 종류가 있고 이들 각기에는 A형과 B형의 두 가지 동형검사가 있다. 이들 이외에 유자격자가 연구용으로 제한적으로 사용할 수 있는 것으로 Torrance, Khatena & Cunnington (1973)의 '소리와 단어의 창의력 검사'(Thinking Creatively with Sounds and Words)가 있고 또한 유아와 초등학생용으로 만든 '행위와 동작의 창의력 검사'(Thinking Creatively in Action and Movement)가 있다.

Torrance와 그의 동료들은 유치원에서 성인에 이르기까지 그리고 모든 문화권에서 사용할 수 있는 창의력 검사를 만들려고 노력하였다. Torrance는 창의력(창의성, 창의적 사고)은 매우 복합적인 현상이며 그래서 사람이 창의적일 수 있는 방법에는 여러 가지가 있다는 전제에서 출발하고 있다. TTCT의 몇 가지 가운데 현재 시판되고 있는 것은 TTCT－언어 검사와 TTCT－도형 검사의 두 가지이고 이들의 한국판은 '창의력 한국 FPSP'(www.fpsp.or.kr)에서 관리하고 있다.

TTCT 창의력 검사에서는 '창의적인 사고 능력'(creative thinking abilities)이란 창의적인 성취를 수행할 때 작용한다고 생각되는 '일반화된 정신 능력들의 집합'(the constellation of generalized mental abilities)이라 정의한다. 많은 교육학자와 심리학자 들은 이러한 능력을 발산적 사고, 생산적 사고, 발명적 사고 또는 상상력 등으로 부르고 있다. 물론 일부 학자들은 매우 드문 어떤 특별한 능력을 창의력이라 지칭하는 사람도 있다. 그리고 지적 능력, 성격 및 문제해결 특성들의 집합이 창의력의 핵심은 아니라고 보는 사람도 있다. 어떻든Torrance는 TTCT와 같은 검사에서 높은 점수를 받는 사람은 창의적으로 행동할 가능성이 높다고 주장한다. 다시 말하면 TTCT는 현재의 창의적인 능력뿐만 아니라 창의적 잠재력을 검사하고자 한다. 창의적인 능력이란 현재의 창의력을 말하고, 창의적 잠재력이란 미래에서의 창의적인 가능성을 말한다. 그러나 창의적 잠재능력을 가졌다고 하여 그 개인이 미래에 반드시 창의적으로 행동하리라 보증되는 것은 아니다. 거기에는 건강 등 여타의 변수들이 관여하기 때문이다. 그러나 고등학교 때 검사 받은 TTCT 점수와 성인이 되어 창의적 성취를 거두는 것 사이에는 .51의 상관이 있는 등 그의 주장을 뒷받침하는 연구는 많이 있다. Torrance는 TTCT의 예측 타당도에 특별히 많은 관심을 보이고 있다. 그리고 지난 몇십 년 동안 TTCT의 실시와 채점 방법을 개선해 왔다.

TTCT의 저자 E. Paul Torrance는 일반적, 특수화되지 아니한 그리고 내용과는 무관한 이러한 능력을 '문제나 결손에 대한 민감성', '유창성', '융통성', '독창성', '정교성' 및 '재정의' 등으로 명칭을 붙이고 이들이 바로 창의력(창의력의 요소능력)이라 정의한다. 그래서 그는 창의력을 모든 사고와 기본적으로는 같은 것으로 본다는 비판을 받을 수도 있다. 그러나 우리 모두가 알고 있듯이 인간의 사고는 매우 복합적인 것이기 때문에 이러한 능력이 어떠한 유형의 사고에서라도 어느 정도로는 같이 포함되어 작용하고 있을 것이다. 그리고 TTCT의 검사과제는 모든 문화에서 그리고 유치원에서 대학원생이나 성인에 이르기까지 공통적으로 사용할 수 있다.

1. TTCT-언어 검사

(1) 검사의 내용

토란스 창의력 검사-'TTCT-언어'(TTCT: Verbal) 검사에는 다음과 같은 7개의 하위검사가 포함되어 있다. 이들 각기의 검사과제를 그는 '활동'이라 부르고 있다(다만 '활동 6'은 '활동 5'와 상관관계가 높다는 이유로 현재 사용하지 않는다).

1) '질문하고 추측하기'(Ask-and-guess)

'질문하고 추측하기'에는 세 가지의 하위 검사가 있는데 이들은 '질문하기', '원인 추측하기', '결과 추측하기' 등이다. 이들 하위 과제들은 모두 [그림 8-1]과 같은 '이상해 보이는 그림'을 사용하고 있다. [그림 8-1]에 있는 그림은 '활동 1-3'(질문하고 추측하기)에서 사용하고 있는 것과 유사한 것이다.

첫 번째 하위과제(활동 1)인 '질문하기'(Asking)는 제시되어 있는 그림을 보고 그것에 대하여 생각나는 질문을 할 수 있는 대로 많이 적어 보도록 요구한다. 그림을 보면 바로 대답할 수 있는 그런 질문이 아니라 무슨 일이 일어나고 있는지를 확실하게 아는 데 필요한 질문을 어떤 것이라도 좋으니 그것을 적어 보도록 요구한다. 이 검사는 그림을 보고서는 바로 발견할 수 없는 것이 무엇인지를 민감하게 알아차리고 지각(知覺)상의 괴리를 메꿀 수 있는 질문을 할 줄 아는 능력을 측정한다.

두 번째 과제(활동 2)인 '원인 추측하기'(Guessing Causes)는 제시되어 있는 그림에서 볼 수 있는 행위의 원인들을 가능한 대로 많이 나열할 것을 요구한다. 그림에서 일어나고 있는 일의 바로 앞서 일어났다고 생각되는 것이나 오래 전에 일어났을 어떤 일을 나열해도 좋다.

세 번째 과제(활동 3)인 '결과 추측하기'(Guessing Consequences)는 제시되어 있는 그림에서 현재 일어나고 있는 것의 결과로 앞으로 일어날 수 있을 것 같이 생각되는 것을 가능한 대로 많이 나열해 볼 것을 요구한다. 이다음에 바로 일어날 것 같은 것뿐 아니라 오랜 시간이 지난 다음 일어날 것 같은 것도 마음대로 추측해서 나열할 수 있다. 활동 2와 활동 3은 모두 원인과 효과(결과)에 대한 가설을 형성하는 능력을 알아보기 위한 것이다.

▼ [그림 8-1] TTCT의 '질문하고 추측하기'

출처: Torrance(1995). p. 88

'활동 1-3'(질문하고 추측하기 검사)은 각기에 대한 지시를 하기 전에 먼저 [그림 8-1]과 같은 그림을 제시하고 다음과 같은 일련의 지시를 한다: 지시를 이해하게 한 다음 활동별로 지시하고 검사를 실시한다.

2) 작품 향상시키기

이 하위검사(활동 4)는 주어진 장난감 동물을 아이들이 더 즐겁고 재미있게 가지고 놀 수 있는 것으로 변화시킬 수 있는 현명하고, 재미있고 그리고 독특한 방법을 가능한 대로 많이 생성해 낼 것을 요구한다. 예컨대 [그림 8-2]와 같은 장난감 개를 제시하고 더 즐겁고 재미있게 놀 수 있는 것으로 향상시킬 수 있는 방법을 생각해 보게 한다.

▼ [그림 8-2] TTCT의 작품향상 시키기

출처: Torrance(1995). p. 89

3) 독특한 용도

'활동 5'인 이 과제는 마분지 상자나 속이 채워진 장난감 코끼리와 같이 우리가 흔히 접할 수 있는 대상을 재미있게 그리고 색다르게(독특하게) 사용할 수 있는 방법을 생각나는 대로 많이 나열할 것을 요구한다. 예컨대 알루미늄 깡통을 색다르게 사용하는 것이면 깡통의 크기나 종류는 어떠한 것을 사용해도 좋다.

4) 색다른 질문

'활동 6'인 이 과제에서는 알루미늄 깡통과 같이 우리가 흔히 볼 수 있는 대상에 대하여 가능한 많은 질문을 생각해 볼 것을 요구한다. 질문은 다양한 대답을 요구하는 것이어야 하고 사람들의 관심과 호기심을 불러일으킬 수 있어야 한다. 그 대상에 대하여 일반적으로 사람들이 생각해 보지 아니하는 측면에 대한 질문을 생각해 보게 한다. 그러나 '활동 6'은 현재의 TTCT(언어) 검사에서는 사용되지 않고 있다. 그 이유는 '활동 5'와 상관이 높기 때문이다.

5) 가상해 보기

'활동 7'인 이 과제에서는 수검자에게 있을 것 같지 아니한 어떤 장면을 제시하고 만약 그러한 불가능해 보이는 장면이 실제로 일어났다고 가상해 보게 한다. 만약 그렇게 된다면 그에 따라 일어날 수 있는 일을 상상해 볼 것을 요구한다. 예컨대 “비가 오는데 모든 빗방울이 공중에서 바로 고체가 되어 움직이지 않는다고 가상해 보라. 그러면 무슨 일이 일어날까? 어떤 변화가 생길까?”라고 묻고 생각나는 아이디어와 추측을 나열해 보게 한다. 이러한 ‘가상하기’ 과제에서는 있을 법하지 아니한 장면을 보여주는 재미있는 그림을 지시와 함께 제시한다.

(2) 검사의 결과 보고

여섯 개의 활동을 채점하면 ‘평균 창의력 지수’와 함께 ‘창의력의 세 가지 요소’에 따라 검사결과를 보고한다. 세 가지 요소에는 유창성, 융통성, 독창성이 포함된다. 그리고 이들 창의력 지수와 세 개의 요소 점수는 표준점수와 백분위를 사용하여 표시한다. 표준점수는 평균치 100과 표준편차 20을 사용하고 있다. 각기 점수의 속성상 통계처리를 할 때는 표준점수를, 일반인에게 검사결과를 해석할 때는 백분위를 사용하는 것이 좋다.

2. TTCT-도형 검사

(1) 검사의 내용

토란스 창의력 검사–‘TTCT–도형’(TTCT: Figural) 검사는 그림을(도형, 시각적인 재료, 비언어적) 이용하는 세 가지 활동으로 이루어져 있다. 이들 세 가지 활동에는 ‘그림 구성하기’, ‘그림 완성하기’, ‘반복적인 닫힌 그림’ 검사 등의 하위 검사가 있다. 이들은 모두 불완전한 그림을 제시하고 그것을 유의미한 것으로 완성시킬 것을 요구한다. 그러나 그림의 모양은 각기 다르다. 모든 하위검사에서는 자신이 그린 그림에 대하여 적절한 제목을 붙일 것도 같이 요구하고 있다. 이들 세 가지 하위 검사는 유치원에서 대학원에 이르기까지 모든 학교 수준에서 그리고 여러 가지의 직업 집단에서 사용할 수 있다.

‘그림 구성하기’ 검사는 곡선 모양의 형태를 하나 제시한 다음 그것이 일부가 되는 재미있는 그림이나 물건을 그려보게 한다. 이 검사활동은 목적이 분명하지 아니한 어떤 그림에 대하여 목적을 찾아내고 그리고 그러한 목적이 달성될 수 있게 그림을 정교화하는 방향의 창의적 경향성이 작용한다고 본다.

두 번째인 ‘그림 완성하기’ 검사는 10개의 불완전한 도형을 제시하고 이들의 각기를 가지고 될 수 있는 대로 완전하고 재미있는 이야기의 물건이나 그림을 그릴 것을 요구한다. 이 활동은 불완전한 것을 구조화하고 통합시키는 식의 창의적 기능을 요구한다.

마지막인 '반복적인 그림' 검사는 쌍의 직선 또는 원을 여러 개 제시한 다음 여기에다 선을 그려 넣어 재미있는 어떤 물건이나 그림을 만들어 보게 한다. 이 활동은 반복적으로 제시되는 그림 재료를 다시 또다시 접하면서도 그것들을 새로운 방식으로 생각해 볼 것을 요구한다. 여기서는 새로운 어떤 것을 만들기 위하여 기존의 구조를 파괴하는 방향의 창의적 경향성이 요구된다.

또한 이들 검사과제는 정교화를 잘 하는 소위 '훌륭한 정교자'와 '생산적이고 창의적인 사고자'를 구분시켜 주는 경향도 있다. 어떤 사람은 후자로서 매우 독창적인 아이디어를 다수 생산해 내지만 이들 가운데 어떠한 것도 제대로 다듬고 정교화하지 못하는 경우도 있다. 그 반대인 경우도 있고, 양자 모두를 잘하는 사람도 물론 있다.

1) 그림 구성하기

'활동 1'인 이 검사에는 실시를 하기 전에 우선 다음과 같은 지시를 한다. 지시에 앞서 [그림 8-3]과 같은 그림을 같이 제시하고 이것이 전체의 일부분이 되는 어떤 그림이나 물건을 생각해서 그려보게 한다.

▼ [그림 8-3] TTCT의 '그림 구성'

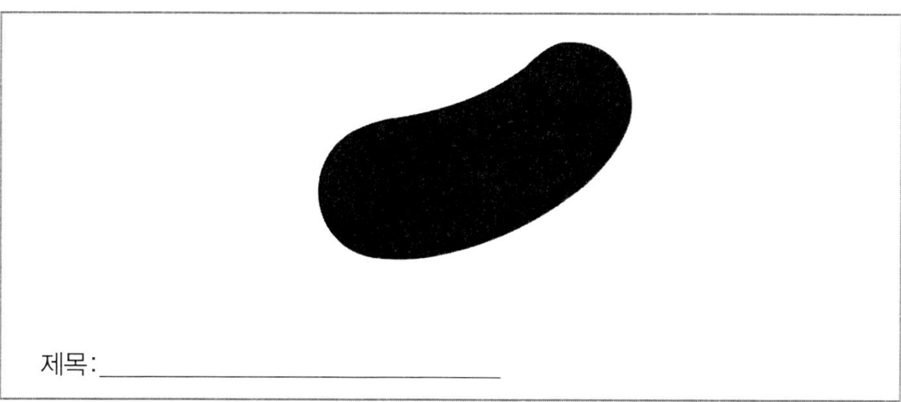

출처: Torrance(1995). p. 93

2) 그림 완성하기

'활동 2'인 이 검사에서는 [그림 8－4]에 있는 것과 같은 불완전 그림(도형)을 자극재료로 사용한다. 그리고 이들 10개 도형과 함께 다음과 같은 지시를 하고 어떤 재미있는 물건이나 그림을 그려 볼 것을 요구한다.

▼ [그림 8-4] TTCT의 그림 완성하기

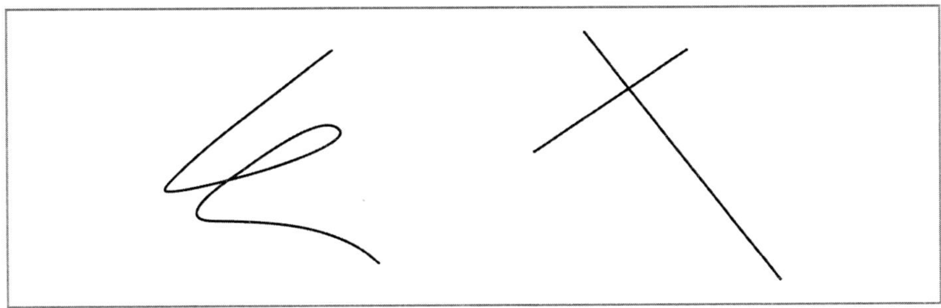

출처: Torrance(1995). p. 92

3) 반복적인 닫힌 그림 검사

이 검사는 2~3페이지로 되어 있고 거기에는 삼각형이나 원과 같은 닫힌 그림들이 제시하고 이들 '원'들을 가지고 어떤 물건이나 그림을 될 수 있는 대로 많이 그려 보라. 그런데 당신이 무슨 그림을 그리든 간에 '원'이 그림에서 중심적인 것이 되게 해야 한다.

(2) 검사의 결과 보고

세 개의 활동들을 채점하면 '평균 창의력 지수'와 함께 '창의력의 다섯 가지 요소'에 따라 검사결과를 보고한다. 그리고 창의적 강점 리스트도 같이 제시한다. 유창성은 주어진 자극을 유의미하게 사용하여 해석 가능한 반응으로 표현한 아이디어의 개수를 말한다. 독창성은 그 반응이 통계적으로 보아 얼마나 드물게 일어나며 특별한 것인지에 따라 채점한다. 제목의 추상성(Abstractness of titles)은 그림을 완성한 다음 거기에 붙인 제목이 그림에 포함되어 있는 정보의 본질을 포착하고 무엇이 중요한지를 보여줄 수 있는 능력이다.

참고문헌

김소영, 김은지, 김지영, 김종민, 정세영, 최려원(2020). 창의력과 글쓰기. 청운출판사.

김영채(2009). FPSP 핸드북. 창의력 한국 FPSP.

김영채(2014). CPS 창의 프로그램과 창의적 문제해결. 유원북스.

김영채(2019). 창의력. 서울: 윤성사.

김영채(2021). 학교 창의력. 박영사.

조연순, 이명자(2017). 문제중심학습의 이론과 실제(2판). 학지사.

Amabile, T. M. (1983a). Social psychology of creativity: A componential conceptualization. Journal of Personality and Social Psychology, 45, 357－376.

Amabile, T. M. (1983b). The social psychology of creativity. New York: Springer－Verlag.

Amabile, T. M. (1996). Creativity in context. Boulder, CO: Westview Press.

Arnald, J. E. (1962). Useful creative techniques. In S. J. Parnes & H. F. Harding(Eds.), A source book for creative thinking(pp. 63－105). New York: Charles Scribneris Sons.

Besemer, S. P., Treffinger, D. J. (1981). Analysis of creative products: Review and synthesis. Journal of Creative Behavior, 15, 158－178.

Craft, A. (2003). Early years education in England and little c creativity-the third work? Korean Journal of Thinking & Problem Solving, 13(1), 31－49.

Cropley, A. J. (1999). Definitions of creativity. In M. A. Runco & S. R. Pritzer (Eds.), Encyclopedia of creativity. San Diego, CA: Academic Press.

Csikszentmihályi, M. (1996). Creativity: Flow and the psychology of discovery and invention. New York: Harper Collins.

Damanpour, F., & Aravind, D. (2012). Organizational structure and innovation revisited: Form organic to ambidextrous structure. In M. D. Mumford(Ed.), Handbook of Organizational Creativity. Academic Press. (pp. 483－514).

Dewey, J. (1933). How we thinkin. Lexington, MA: D. C. Heath & Co.

Eberle, B. (1971). SCAMPER. Buffalo, NY: DOK Publishers.

Eberle, B. (1996). SCAMPER. Pruprock Press.

Eysenck, H. J. (1994). The measurement of creativity. In M. A. Boden (Ed.), Dimensions of creativity. London, England: Bradford Book.

Guilford, J. P. (1950). Creativity. American Psychologist, 5, 444－454.

Henessey, B. A. (2017). Intrinsic motivation and creativity in the classroom. Have we come full circle? Nurturing creativity in the classroom. Cambridge University Press. pp. 227-263.

Hennessy, B. A., & Amabile, T. M. (1999). Consensual assessment. In M. A. Runco & S. R. Pritzker (Eds.) Encyclopedia of Creativity. Vol. 1, 347-359. Academic Press.

Horwath, R. (2009). Deep dive: The proven method for building straegy, focusing your resource and taking smart action. Austin: Greenleaf Book Group Press.

Isaksen, S. G., & Dorval, K. B., & Treffinger, D. J. (2000). Creative approaches to problem solving. Kendall/Hunt.

Isaksen, S. G., & Treffinger, D. J. (1985). Creative problem solving: The basic course. Buffalo, NY: Bearly Limited.

Isaksen, S. G., Dorval, K. B., & Treffinger, D. J. (2011). Creative approaches to problem solving: A framework for innovation and change. Sage.

Kaufman, J. C., & Baer, J. (2004). The Amusement Park Theoretical(APT) model of creativity, The Korean Journal of Thinking & Problem Solving, 14(2), 15-25.

Khatena, G., & Torrance, E. P. (1976). Khatena-Torrance creative perception inventory. Chicago, IL: Stoelting.

Nickerson, R. S., Perkins, D. N., & Smith, E. E. (1985). The teaching of thinking. Hillsdale, NJ: Erlbaum.

Osborn, A. F. (1957). Applied imagination. New York: Scribner.

Osborn, A. F. (1963). Applied imagination: Principles and procedures of creative problem-solving (3rd ed.). New York: Scribneris Sons.

Parnes, S. G. (1967). Creative behavior guide. New York, NY: Chanles Scribneris Sons.

Renzulli, J., & Hartman, R. (1971). Scales for rating the behavioral characteristics of superior students. Exceptional Children, 38, 243-248.

Roberts, B. (1988). Managing invention and innovation. Research-Technology Management, 33, 1-19.

Rose, L. H., & Lin, H. T. (1984). A meta-analysis of long-term creativity training programs. Journal of Creative Behavior, 18, 11-22.

Sternberg, R. J. (1995). Investing in creativity: Many happy returns. Educational Leadership, December, 1995, 80-84.

Sternberg, R. J. (2017). Teaching for creativity, In Beghetto, R. A., & Kaufman, J. C.

(Eds.). Nurturing creativity in the classroom. Cambridge University Press, pp. 355–380.

Sternberg, R. J., & Lubart, T. I. (1995). Defying the crowd: Cultivating creativity in a culture of conformity. New York: Free Press.

Sternberg, R. J., & Lubart, T. I. (1996). Investing in creativity. American Psychologist, 31(7), 677–688.

Torrance, E. P. (1966). The Torrance Tests of Creative Thinking: Figural. Bensenville, IL: Scholastic Testing Service.

Torrance, E. P. (1995). Why fly? Norwood, NJ: Ablex publishing Corporation.

Torrance, E. P. (2000). The millennium: A time for looking forward and looking backward. The Korean Journal of Thinking & Problem Solving, 10(1), 5–20.

Torrance, E. P., & Presbury, J. (1984). The criteria of success used in 242 recent experimental studies of creativity. Creative Child & Adult Quarterly, 9, 238–243.

Torrance, E. P., Khatena, J., & Cunnington, B. F. (1973). Thinking creatively with sounds and words. Bensenville, IL: Schalastic Testing Service.

Treffinger, D. J., Isaksen, S. G., & Dorval, K. B. (2000). Creative problem solving: An introduction. Prufrock Press.

Treffinger, D. J., Isaksen, S. G., & Firestien, R. L. (1982). Handbook of creative learning. Wlliamsville, NY: Center for Creative Learning.

Weisberg, R. W. (2006). Creativity: Understanding innovation in problem solving, science, invention, and the arts. Hoboken, NJ: John Wiley & Sons.

West, M. A. (2002). Sparkling fountains or stagnant ponds: An integrative model of creativity and innovation implementation in work groups. Applied Psychology: An International Review, 51, 355–424.

찾아보기

저자 소개

김영채(金濚埰)

경북대를 졸업하고, University of New Hampshire에서 석사, Michigan State University에서 철학박사 학위를 받았고, Univ. of Missouri와 Univ. of Michigan 박사추수과정에서 연구하였다. 계명대 심리학과 교수, 교육개혁심의회 상임 전문위원, 대학평가위원장 및 대한사고개발학회장 등을 역임하였다. 사고와 문제해결 심리학(박영사), 창의력의 이론과 개발(교육과학사), 사고력 교육(유원북스) 등의 다수의 저서, 역서와 논문들이 있다. 현재 '사고개발'(대한사고개발학회)과 'Gifted Child Quarterly'(NAGC)의 편집위원, 창의력 한국 FPSP 대표, 그리고 계명대 심리학과 명예교수이다.

정세영(鄭世影)

계명대에서 실험 및 인지심리학 전공으로 석사학위, 부산대에서 교육심리 및 상담심리 전공으로 박사학위를 취득하였다. 창의력 한국 FPSP, 영남대 교육개발센터 연구원을 역임하였고 대학생을 위한 숨겨진 학습비밀, 청소년들의 자기조절학습 능력 향상을 위한 학습전략 프로그램, 창의력과 글쓰기 등의 공동저서가 있고, 학습컨설팅, 창의적 문제해결, 자기주도학습과 관련된 논문들이 있다. FPSP. AbPS 전문코치, TTCT 검사전문가로 활동하고 있으며 현재 창의력 한국 FPSPI의 공동대표이고 계명대 교수학습개발센터 조교수이다.

정혜인(鄭惠仁)

계명대에서 실험 및 인지심리 전공 석사학위와 임상 및 상담심리 전공 박사학위를 취득하였다. 나사렛대와 선문대 교수직을 역임하였고, 서울특별시, 인천교육지원청, 대구광역시, 삼성, ㈜카카오, 한국문화예술진흥원, 한국콘텐츠진흥원, 한국도박문제관리센터, 서일대, 수원문화재단, 보건복지부, 여성가족부, 교육과학기술부, 서울산업진흥공단, KOICA, 한국과학창의재단 등과 다수의 프로젝트를 수행하였다.
보건복지인력개발원 창의상, 대한민국공공디자인 빅터마골린상을 수상하였다. 현재 창의력 한국 FPSP 서울경기본부장, 창의력 올림피아드 심사위원, ㈜플리마인드 대표, 그리고 서울사이버대 특수심리치료학과 겸임교수이다.

CPS 창의적 문제해결

–창의력 교육의 길을 찾다

초판발행 2021년 5월 10일

지은이 김영채·정세영·정혜인
펴낸이 안종만·안상준

편 집 이면희
기획/마케팅 장규식
표지디자인 BEN STORY
제 작 고철민·조영환

펴낸곳 (주) 박영사
서울특별시 금천구 가산디지털2로 53, 210호(가산동, 한라시그마밸리)
등록 1959. 3. 11. 제300-1959-1호(倫)
전 화 02)733-6771
f a x 02)736-4818
e-mail pys@pybook.co.kr
homepage www.pybook.co.kr
ISBN 979-11-303-1263-7 93370

정 가 19,000원